2024年版
最新の情報を網羅

ケアマネ・相談援助職必携

現場で役立つ!

# 社会保障制度

## 活用ガイド

中央法規「ケアマネジャー」編集部 編集
福島敏之 著

中央法規

早わかり！ ケース別活用できる制度一覧

# 1 生活保護
## ──健康で文化的な最低限度の生活を保障

### ●“困りごと”とそれに対応する主な制度

**最低限度の生活を維持できない**

無所得または著しい低所得で、活用できる資産もなく、生活維持の見込みが立たない。

対応する制度 **生活保護制度**

生活扶助、医療扶助、住宅扶助、生業扶助など8種類の扶助により生活を保障。

P24参照

**生活困窮のリスクを抱えている**

長期失業、ひきこもり、多重債務など、生活困窮や社会的孤立のリスクを抱えている。

対応する制度 **生活困窮者自立支援制度**

ワンストップで相談を受け付け、自前の給付も含め制度横断的に支援につなぐ。

P40参照

**当座の現金が必要**

差し迫った事情により現金が必要だが、預貯金も乏しく調達が困難。

対応する制度 **生活福祉資金貸付制度**

用途に応じた資金メニューを用意し、無利子または低利で貸付。

P46参照

**雇用保険による給付を受けられない**

雇用保険の適用外で、失業状態にありながら制度による支援を受けられない。

対応する制度 **求職者支援制度**

職業訓練の提供、訓練期間中の生活を支援する給付金を支給。

P50参照

早わかり！ ケース別活用できる制度一覧

# 2 障害者福祉

## ──障害者の自立と社会参加をサポート

### ●“困りごと”とそれに対応する主な制度

**Case 1 日常生活上の援助が必要**

障害を有することで、日常生活や社会生活を営むうえでサポートを必要としている。

対応する制度 **障害福祉サービス**

日常生活上の介護・援助、居住の場、自立生活のための訓練、就労や社会参加にかかる支援を提供。

P78 参照

**Case 2 受診が必要**

障害の軽減に資する医療を必要としている。

対応する制度 **自立支援医療**

「更生医療」「育成医療」「精神通院医療」について、自己負担を軽減。

P92 参照

**Case 3 器具・機器が必要**

身体機能を補完・代替したり、暮らしを支える器具・機器を購入したい。

対応する制度 **補装具費支給等**

身体機能を補完・代替する「補装具」、生活上の困難を軽減する「日常生活用具」の購入費等を支給。

P96 参照

**Case 4 経済的自立が困難**

就労を通じて生活保持に必要な収入を得ることが困難。介護に要する出費が家計を圧迫している。

対応する制度 **障害年金、特別障害者手当**

20歳以上の全国民を対象とした「障害年金」、在宅で暮らす重度障害者を支える「特別障害者手当」など。

P98 参照

**☑ 最新の動向をチェック！**

現在、「精神障害にも対応した地域包括ケアシステム」の普及が図られるとともに、ひきこもり状態の人やその家族、依存症の人やその家族を支える機関や社会資源の整備が進められています。

早わかり！ ケース別活用できる制度一覧

# 3 医療保障

## ――保険証１枚で必要な医療を受けられる

### ●“困りごと”とそれに対応する主な制度

**Case 1 治療にお金がかかる**

治癒の期待できる薬剤が極めて高額で、個人ではとても払いきれない。

**対応する制度 療養の給付**

公的医療保険に加入していれば、必要な医療を受療できる。受診に際して本人が支払わなければならない負担額は、年齢等に応じて1～3割。

P134 参照

**対応する制度 高額療養費制度**

自己負担額が限度額を超えた場合は、申請により払い戻される。マイナンバーカードを被保険者証として受診すれば、限度額を超えて請求されない。

P138 参照

**対応する制度 保険外併用療養費制度**

保険適用に至っていない高度先進医療であっても、厚生労働大臣の認めたものであれば、保険診療と併用して受療が可能。

P142 参照

**Case 2 難病にかかった**

治療法の確立していない難病にかかった。

**対応する制度 指定難病医療費助成制度**

- 窓口での自己負担は「2割負担」に軽減（指定難病の治療費のみ）。
- 高額療養費制度よりもさらに低い自己負担上限額（月額）が設定され、上限額を超えた支払いは不要。

P148 参照

**Case 3 保険料を払えない**

家計が厳しく、保険料を継続して納めることが困難になった。

**対応する制度 保険料の減免制度**

事業廃止、病気などで収入が激減し、生活が著しく困難となった世帯を対象に、保険料の徴収を猶予し、減額または免除する制度。

P158 参照

早わかり！ ケース別活用できる制度一覧

# 4 権利擁護

## ──「人間らしく生きる権利」を守る制度

### ●“困りごと”と求められる対応／対応する主な制度

**Case 1 虐待被害**

生命の危険等をはらむ虐待を受けている（と推定できる）。

**対応　通報と緊急対応**

●**通報義務**

| 虐待種別 | 通報（勧告）先 |
|---|---|
| 高齢者虐待 | 市町村、地域包括支援センター |
| 障害者虐待 | 障害者虐待防止センター |
| 児童虐待 | 児童相談所、市町村 |
| DV 被害 | 配偶者暴力相談支援センター |

●**一時保護や措置入所を含む緊急対応**

P180 参照

**Case 2 意思決定・手続き・契約等が困難な状況**

認知症、精神障害等のために意思決定が困難である。

**対応　判断能力に応じた制度の活用**

● 判断能力あり
→日常生活自立支援事業 P192 参照

● 判断能力が不十分
→成年後見制度 P194 参照

**Case 3 悪質商法による被害**

訪問販売や電話勧誘販売などで、消費者が不利な取引を行った。

**対応　契約の解除**

●**クーリング・オフ**

●**消費者契約法に基づく解約**

P184 参照

**Case 4 特殊詐欺による被害**

オレオレ詐欺、架空請求詐欺などの被害に遭った。

**対応　被害額の回復**

●**被害回復分配金の活用**

●**被害回復給付金支給制度の活用**

P212 参照

**Case 5 希死念慮、孤立**

「死んだら楽になるかな」などの発言がみられる。

**対応　専門相談機関へつなぐ**

●**「いのちの電話」「よりそいホットライン」などの電話相談やSNS相談**

P218 参照

早わかり！ ケース別活用できる制度一覧

# 5 年金

## ―― 生涯にわたって経済的自立を支える

### ●ケース別 支給される年金

65歳に達した

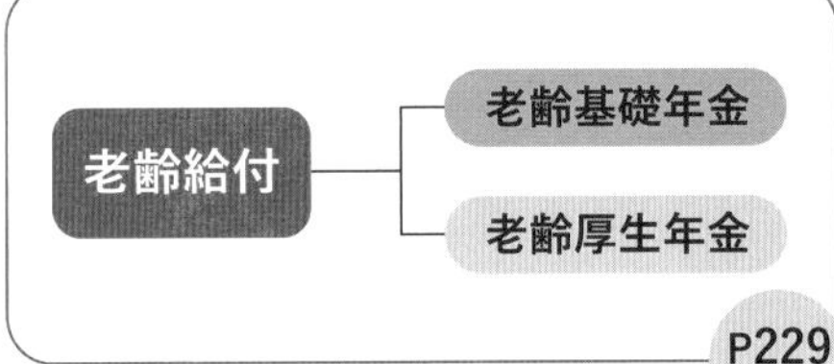


P229 参照

Case 2 障害を負った

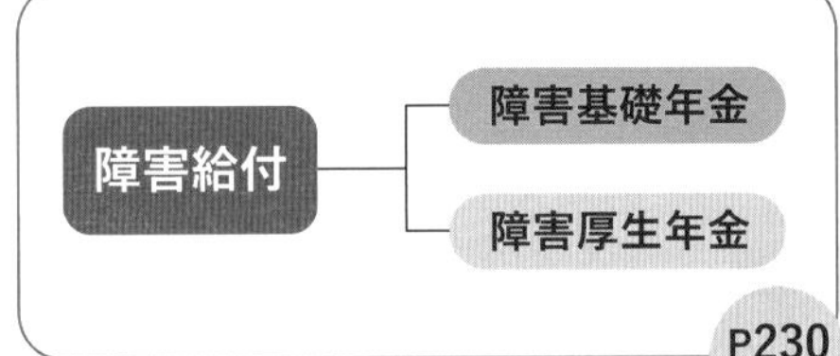


P230 参照

Case 3 扶養者の死

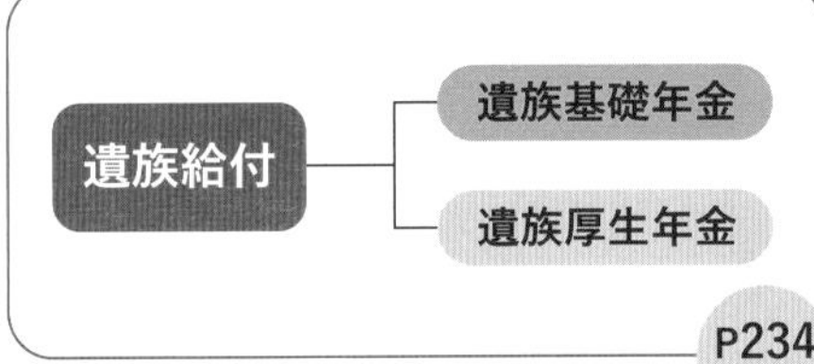


P234 参照

年金額が乏しい

年金生活者支援給付金

P235 参照

保険料が
納められない

- 保険料免除制度
- 保険料納付猶予制度

P240 参照

早わかり！ ケース別活用できる制度一覧

# 6 子ども家庭福祉

## ──子どもの「健やかな成長・発達・自立」を保障

### ●“困りごと”とそれに対応する主な支援・制度

**Case 1 子育てに不安や孤立感を感じる**

→ **相談受付、情報提供、交流支援など**

- こども家庭センター P259参照
- 地域子育て相談機関 P259参照

**Case 2 一時的に子どもの世話ができない**

①仕事等で日中に子どもを世話できない。
②子どもの世話をできない時間帯がある。
③保護者の入院等で養育が一時的に難しい。

→ **家庭のニーズに応じた保育サービスで対応**

①保育所、地域型保育、学童保育 P263参照
②一時預かり事業、ファミリーサポートセンター P265参照
③子育て短期支援事業 P265参照

**Case 3 ひとり親世帯**

就業と育児の両立に困難がある。家計が逼迫している。

→ **ニーズに応じた各種支援**

- ひとり親家庭支援

（日常生活支援、教育支援、就業支援、所得保障）

P266参照

**Case 4 保護者がいない 虐待を受けている**

→ **子どもの保護、親の支援、社会的養護**

- こども家庭センター
- 児童相談所

P268参照

**Case 5 子どもに障害がある**

子どもに障害があり、日常生活上の特別の支援や指導・訓練が必要。

→ **障害に応じたサービス**

- こども家庭センター
- 児童相談所
- 児童発達支援センター

P270参照

# 各制度の最新の動きをチェック！

※「通常国会で法案審議」との注記のついた項目は、国会で可決成立前の改正法案に盛り込まれた事項です。確定したものではありませんので、ご注意ください。

## ① 生活保護等

### ● 2024 年 3 月

**医療扶助で「オンライン資格確認」の運用を開始**

マイナンバーカードを用いたオンライン資格確認を医療扶助にも適用。従来、手渡しや郵送で交付されていた医療券を、マイナポータルを通じた電磁的な交付に切り換えて、受診の流れを合理化。

### ● 2024 年公布日

**被保護世帯の高卒就職者向け「新生活立ち上げ支援」の一時金を創設** ※通常国会で法案審議

被保護世帯の子どもが高校等を卒業後に就職して、保護世帯から独立したり、世帯全体で保護が廃止されたりする場合に、新生活の立ち上げ費用を支援する趣旨で「一時金」が支給されることに。▼別居の場合は 30 万円支給、▼同居で世帯が保護廃止となった場合は 10 万円支給。2024 年生活保護法改正により実施される見込み。対象となるのは、2024 年 3 月に高等学校等を卒業し、同年 4 月から就職する者から（改正法制定後、遡及して支給される）。

### ● 2024 年 10 月

**子育て世帯向けの「訪問相談支援」を創設** ※通常国会で法案審議

貧困の連鎖を防止する観点から、生活保護の被保護世帯の子どもおよびその保護者に対し、訪問等により学習・生活環境の改善、進路選択、奨学金の活用等に関する相談・助言を行い、本人の希望をふまえた多様な進路選択に向けた環境改善を図る事業（子どもの進路選択支援事業）を創設。

**就労自立給付金の算定方法の見直し**

被保護世帯の「就労による自立」を促す就労自立給付金について、早期に保護脱却できた場合に支給額が上積みされるように、算定方法を見直して、早期自立へのインセンティブを強化。

### ● 2025 年 4 月

**生活困窮者自立支援制度で「居住支援」の取り組みを強化** ※通常国会で法案審議

生活困窮者自立相談支援の定義に「居住」にかかる課題への対応を追加。住居確保給付金の支給対象として「経済的に困窮して住まいの維持が困難となり、家計改善のため低家賃の物件への転居を要する者」を追加。

**生活困窮者自立支援制度と生活保護制度で“事業相乗り”** ※通常国会で法案審議

生活困窮者自立支援制度に位置づけられた「就労準備支援」「家計改善支援」「居住支援」の各事業について、生活保護被保護者も利用できるしくみを創設し、両制度の連携を強化。

**医療扶助等のデータ分析事業を創設、適正化を促進** ※通常国会で法案審議

生活保護制度における医療扶助や健康管理支援事業について、都道府県が広域的観点からデータ分析等を行い、市町村への情報提供を行うしくみを創設。データに基づく「医療扶助の適正化」に乗り出す。

**対応力強化へ向け生活困窮分野での会議体設置を努力義務化** ※通常国会で法案審議

多様で複雑な課題を有するケースへの対応力強化のため、関係機関間で情報交換や支援体制の検討を行う会議体の設置を促進。生活困窮者自立支援制度では「支援会議」の設置を各福祉事務所設置自治体の努力義務として規定。生活保護制度でも「調整会議」を法定化。

## ② 障害者福祉

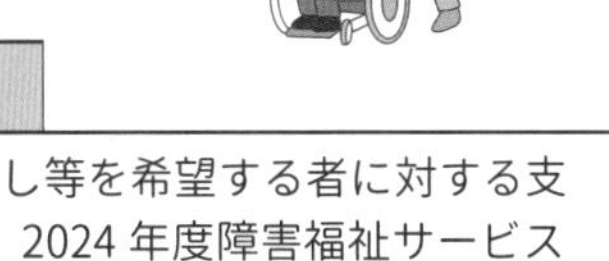

● 2024年4月

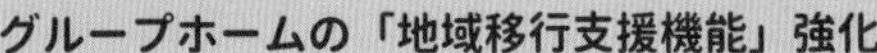

### グループホームの「地域移行支援機能」強化

共同生活援助（グループホーム）が提供する支援内容に、「一人暮らし等を希望する者に対する支援や退居後の相談等が含まれる」ことを、法律上明確化。あわせて、2024年度障害福祉サービス等報酬改定において、一人暮らし等の希望者だけを受け入れて、一定の期間、地域移行に向けた集中的な支援を実施する取り組みを加算で評価。「移行支援住居」と命名。

### 地域の「相談支援」と「居住支援」の体制強化

「基幹相談支援センター」と「地域生活支援拠点」の整備を、法律上、市町村の努力義務に位置づけ。

### 協議会の機能強化

地域の改善を進めるための会議体＝「協議会（自立支援協議会）」の機能強化を図る趣旨で、地域課題等を把握するために必要な「障害者の個別事例に関する情報」について、相談支援事業所等の関係機関に情報提供等の協力を求める権限を付与。協力依頼を受けた関係機関には、情報提供の努力義務が課せられ、協議会のメンバーや元メンバーには守秘義務が課せられる。

### 就労中であっても就労系障害福祉サービスが利用可能に

一般就労中の障害者についても、企業等での働き始めに勤務時間を段階的に増やしていく場合や、休職から復職を目指す場合であれば、就労系障害福祉サービスを一時的に利用できるよう見直し。

### 難病罹患を証明する「登録者証」の発行開始

難病患者や小児慢性特定疾病児童が、福祉や就労等の各種支援を円滑に利用しやすいように、難病または小児慢性特定疾病に罹患して「要支援」であることを証明する「登録者証」を、都道府県が書面または電磁的方法で交付（医師の診断書に代わるものとして取り扱えるようにする）。

### 障害者総合支援制度の対象となる難病の追加

障害福祉サービス等の対象となる難病が、366疾病から369疾病へと拡大。
【追加される疾病】
① MECP2重複症候群、②線毛機能不全症候群（カルタゲナー症候群を含む）、③ TRPV4異常症

### 補装具費の基準額の見直し

補装具費の基準額について、近年の材料費等の変化や補装具事業者の実態をふまえた見直しを実施（告示改正）。

### こどもの補装具費支給制度における所得制限を撤廃

障害児（18歳未満）の補装具利用に関して、成長に応じて交換が必要となることに鑑み、補装具費支給制度の所得制限を撤廃（従前は同一世帯内に「市町村民税の所得割額年間46万円以上」に該当する人がいる場合は対象外となっていた）。なお、18歳以上の「障害者」にかかる所得制限は、従来どおり維持される（本人または配偶者のいずれかが「市町村民税の所得割額年間46万円以上」に該当する場合は、支給対象外）。

### 特別障害者手当等の改定

・特別児童扶養手当
【1級】2023年度5万3700円→2024年度5万5350円
【2級】2023年度3万5760円→2024年度3万6860円
・特別障害者手当：2023年度2万7980円→2024年度2万8840円
・障害児福祉手当：2023年度1万5220円→2024年度1万5690円

● 2025年10月

| 新サービス「就労選択支援」の創設 |
|---|
| 就労支援に関する新しいサービス「就労選択支援」を創設。就労系サービスの利用意向がある障害者を対象に、本人と協働する形で、①就労ニーズの把握、②就労に向けた能力・適性の評価、③就労開始後の配慮事項等の整理（＝いわゆる就労アセスメント）を行うもの。 |

## ③ 医療保障

● 2024年4月

| 後期高齢者医療制度の保険料負担の在り方の見直し |
|---|
| 後期高齢者の保険料負担と現役世代の支援金について、一人あたりの伸び率が均衡するよう見直し。高齢者の保険料負担については低所得層に配慮しつつ、賦課限度額、所得割率を引き上げ |
| **「かかりつけ医」の定義を法定** |
| 改正医療法で“かかりつけ医機能”の定義を「医療を受ける者が身近な地域における日常的な診療、疾病の予防のための措置その他の医療の提供を行う機能」と明文化。 |
| **難病医療費助成制度の対象となる難病の追加** |
| 難病医療費助成制度の対象となる難病が、338疾病から341疾病へと拡大。<br>【追加される疾病】<br>① MECP2重複症候群、②線毛機能不全症候群（カルタゲナー症候群を含む）、③ TRPV4異常症 |
| **市町村長同意による医療保護入院の範囲拡大** |
| 医療保護入院に関して、「家族等が同意・不同意の意思表示を行わない場合」についても、市町村長の同意に基づく入院医療の開始が可能に。 |
| **医療保護入院を「更新制」に** |
| 医療保護入院について、入院期間を「6か月以内で政令で定める期間内」とし、当該入院期間ごとに入院中の医療保護入院者について、入院の要件（病状、同意能力等）の確認を行うことを精神科病院に義務づけ。要件を満たしている場合に限り、入院期間の更新が認められるよう見直し。 |
| **「入院者訪問支援事業」の創設** |
| 精神科病院の入院患者（主として市町村長同意による医療保護入院患者）を対象に、本人の希望のもと、入院者の体験や気持ちを丁寧に聴き、必要な情報提供を行う「入院者訪問支援事業」を創設。 |
| **感染症の感染拡大下における医療体制確保** |
| 都道府県等と医療機関等の間で、病床、発熱外来、自宅療養者等（高齢者施設等の入所者を含む）への医療の確保等に関する協定を締結するしくみを法定化。公立・公的医療機関、特定機能病院、地域医療支援病院に、感染症発生・まん延時に担うべき医療提供を義務づけ。 |
| **外出自粛対象者の外来および在宅医療にかかる公費負担を法定化** |
| 感染症法の定めるところにより、宿泊療養や自宅療養を要請された患者（外出自粛対象者）の外来および在宅医療について、患者の自己負担分を公費で負担するしくみを法定化（従前では「新型コロナウイルス感染症緊急包括支援交付金」による補助事業の位置づけ）。 |

● **2024年6月**

**入院時の食事にかかる標準負担額の引き上げ**

食材料費の高騰を反映する形で、入院時の食事にかかる標準負担額が引き上げられる。
住民税課税世帯：460円→490円
住民税非課税世帯：210円→230円
住民税非課税世帯で所得が一定基準未満の70歳以上：100円→110円　ほか

● **2024年10月**

**長期収載医薬品が選定療養の対象となり、患者負担が拡大**

特許が切れて後発品（ジェネリック医薬品）も出回っている、かつて新薬だった薬（＝長期収載品）の一部について、薬価の一部が「選定療養」として扱われる。具体的には、当該長期収載品とそれに対応する最高値の後発品とで薬価を比較し、価格差の４分の１が選定療養に置き換えられ、長期収載品の処方を受けた患者には、そのぶんの追加負担が求められるようになる。

● **2024年12月2日**

**マイナカード被保険者証に一本化**

従前の被保険者証が「廃止」され、マイナンバーカードを保険証として利用する「マイナ保険証」に一本化される（有効期限として記載されている年月までは使用可能だが、最長でも１年間が限度）。マイナンバーカードを保有していない人は、本人からの申請がなくても「被保険者資格確認書」が医療保険者から発行され、これを医療機関の窓口に提示すれば従来どおり保険診療を受けられる。

● **2025年4月**

**「かかりつけ医機能報告制度」の創設**

- かかりつけ医機能を提供していると自認する医療機関が“手挙げ方式”で自院のかかりつけ医機能の詳細（「日常的な診療を総合的かつ継続的に行う機能」「時間外診療」「入退院支援」「在宅医療」「介護等との連携」など）を都道府県に報告し、都道府県が確認のうえ公表するしくみ＝「かかりつけ医機能報告制度」を創設。
- 同制度の対象となった医療機関に対して、かかりつけ医として継続的に診療を提供している患者本人等からの希望があれば、原則として、疾患名や治療計画など医療の内容について文書等で説明するよう努めなければならない「努力義務」が新設（患者の範囲は厚生労働省令で定める）。

## ④ 権利擁護

● **2024年4月**

**「困難女性支援法」施行**

生活困窮、性暴力・性犯罪被害、家庭関係破綻など、困難な問題を抱える女性支援の根拠法が施行され、同法のもと、先駆的な女性支援を実践する「民間団体との協働」といった視点も取り入れた新たな支援の枠組みが構築されることに。

**「孤独・孤立対策推進法」施行**

孤独・孤立の状態を「日常生活もしくは社会生活において孤独を覚えることにより、または社会から孤立していることにより心身に有害な影響を受けている状態」と定義し、①孤独・孤立の状態となることの予防、②迅速かつ適切な支援、③その他孤独・孤立の状態からの脱却に資する取り組みを推進するため、基本理念、国・地方公共団体の責務、施策の基本事項、推進体制などを規定。

**精神科病院における虐待について通報義務を法制化**

精神科病院における「業務従事者による虐待」（著しい減食や長時間の放置を含む）について、発見者に「都道府県への通報」を義務づけ。あわせて、業務従事者はじめ関係者に対する研修・普及啓発の実施や、入院患者向けの「虐待に関する相談体制」の整備について、精神科病院の講じるべき業務として法制化。

**法テラスの「民事法律扶助」、返済免除の適用拡大**

経済的に余裕のない人が法的トラブルにあったときに、訴訟費用や弁護士費用等を日本司法支援センター（法テラス）が一時的に立て替える「民事法律扶助」において、償還免除とされる対象が拡大される。従前は、償還免除の対象は、生活保護の被保護者、高齢、病気、障害、障害を有する家族を扶養などの理由で「資力回復困難」と認められたケースに限られていたが、元配偶者に対する未払い養育費の請求事案で、中学生以下の子どもを育てているひとり親世帯も対象に追加。

## ⑤ 年金

● **2024 年 4 月**

**年金額の改定**

・基礎年金額：（67 歳以下の人）2023 年度 6 万 6250 円→ 2024 年度 6 万 8000 円
（68 歳以上の人）2023 年度 6 万 6050 円→ 2024 年度 6 万 7808 円
※障害基礎年金１級は 25%上乗せ

**年金生活者支援給付金の改定**

・老齢・障害２級・遺族：2023 年度 5,140 円→ 2024 年度 5,310 円
・障害１級：2023 年度 6,425 円→ 2024 年度 6,638 円

**国民年金保険料の改定**

2023 年度 1 万 6520 円→ 2024 年度 1 万 6980 円

● **2026 年 10 月**

**国民年金第１号被保険者の育児期間における保険料免除措置**　※通常国会で法案審議

自営業・フリーランス等の育児期間中の経済的な給付に相当する支援措置として、国民年金の第１号被保険者の「育児期間に係る保険料免除措置」を創設。父母ともに対象。期間は、原則として子を養育することになった日から子が１歳になるまで（産前産後免除が適用される実母の場合は産後免除期間に引き続く９か月）。所得要件や休業要件はなし。免除期間中の基礎年金額は満額を保障。

## ⑥ 子ども家庭福祉

● **2024 年 4 月**

**包括的な相談支援体制の構築**

従前の「子ども家庭総合支援拠点」と「子育て世代包括支援センター」の機能を統合し、児童および妊産婦の福祉に関する包括的な支援を行う「こども家庭センター」を、市町村単位で設置。あわせて、保育所、認定こども園、地域子育て支援拠点事業を行う場所等で、地域住民からの子育てに関する相談に応じる「地域子育て相談機関」を整備。いずれも、市町村の努力義務として規定。

**家庭支援の新事業創設**

子ども家庭支援のための各種新事業を新設。
・妊産婦等生活援助事業…困難を抱える妊産婦等に一時的な住居や食事の提供、養育に関する相談支援
・子育て世帯訪問支援事業…訪問による家事・養育支援と相談・助言等
・児童育成支援拠点事業…児童の居場所を開設し、相談受付、情報提供、連絡調整
・親子関係形成支援事業…親子間の適切な関係性の構築を支援するための相談・助言等
・親子再統合支援事業…虐待や親子分離等により傷ついた親子関係を修復するための相談・助言等

**児童発達支援の類型の一元化**

従来「福祉型」と「医療型」に分かれていた児童発達支援を一元化し、障害種別にかかわらずすべての障害児を支援するサービスに見直し。

**一時保護所の環境改善**

一時保護所の環境改善が図られるように、設備・運営基準を策定。

**「里親支援センター」を児童福祉施設に**

里親になろうとする人、里親をしている人、里親に養育される子どもに対して、一貫した体制で継続的に支援が提供されるように、「里親支援機関」を児童福祉施設に位置づけ。

**児童自立生活援助の年齢制限の緩和**

児童自立生活援助について、在学中・求職活動中・職業訓練受講中であるなど、「やむを得ない事情により援助が必要」と都道府県知事が認めた場合は、年齢にかかわらず利用可能に（現行の「満22歳に達する年度の末日まで」という一律の利用制限を弾力化）。

**「社会的養護自立支援拠点事業」の創設**

社会的養育経験者向けの支援拠点を設置し、相互交流できる「居場所」の提供、通所や訪問による相談支援全般を行う「社会的養護自立支援拠点事業」を創設。

**障害児入所施設への入所を22歳まで継続可能に**

障害児入所施設の入所者について、満20歳に到達してもなお引き続き指定入所支援が必要であれば、22歳まで継続可能に。

**児童の意見聴取等のしくみの整備**

入所措置や一時保護の実施・解除は「児童本人の意見・意向」を勘案して行わなければならないものとされ、児童相談所の業務として、年齢・発達の状況等に応じた「児童の意見聴取等の措置」が法定化。あわせて「児童の福祉に関し知識または経験を有する者」が、入所措置等や処遇にかかる意見・意向を児童本人から聴取その他の方法で把握し、これを勘案して関係機関との連絡調整等を行う「意見表明等支援事業」を創設。

**「子ども家庭ソーシャルワーカー」の創設**

児童福祉司の任用要件に、「子ども家庭ソーシャルワーカー」（児童虐待等の専門的な対応を要する事項について、児童や保護者に対し的確な支援を実施できる十分な知識・技術を有する者として内閣府令で定めるもの）を追加。こども家庭ソーシャルワーカーは、一般財団法人日本ソーシャルワークセンターが認定する「認定資格」。2024年度早期から福祉系大学など研修実施機関による受講者の募集・講習が開始され、同年度末に第１回試験が実施される予定。

**児童扶養手当の改定**

【第１子】2023年度4万4140円→2024年度4万5500円
【第２子】2023年度1万420円→2024年度1万750円
【第３子以降】2023年度6,250円→2024年度6,450円（１人につき）

● **2024年中（改正子ども・若者育成支援推進法の公布日）**

**「ヤングケアラー支援」を法制化** ※通常国会で法案審議

ヤングケアラーへの支援について法律上の根拠を持たせる趣旨で、子ども・若者育成支援推進法において定める「国および地方公共団体等が各種支援に努めるべき対象」に「家族の介護その他の日常生活上の世話を過度に行っていると認められる子ども・若者」を追加。

● **2024年10月**

**児童手当の拡充** ※通常国会で法案審議

①所得制限が撤廃され、子育て中のすべての世帯が「子の年齢」「子の人数」に応じた同じ給付額を受け取れるようになる。②従来は15歳到達後の年度末で支給終了であったが、18歳到達後の年度末まで支給されるようになる。③第3子以後にかかる支給額が従来の1人につき「1万5000円」から同「3万円」へと倍増。④支給回数が従来の2月・6月・10月の年3回から、隔月（偶数月）の年6回に見直し。2024年10月分から実施（拡充後の初回支給は同年12月）。

● **2024年11月**

**児童扶養手当の拡充** ※通常国会で法案審議

①ひとり親の就労収入の上昇等をふまえて所得制限を緩和し、全部支給および一部支給の対象となる層を拡大。②第3子以降の加算額（6,250円）を第2子の加算（1万420円）と同額まで引き上げ。2024年11月分から実施（拡充後の初回支給は2025年1月）。

● **2024年度中**

**ひとり親支援にかかる所得要件の撤廃・緩和**

ひとり親の教育訓練受講や学び直しを支援する「自立支援教育訓練給付金」「ひとり親家庭高等学校卒業程度認定試験合格支援事業」の対象要件から、従前の「児童扶養手当の支給を受けているか、同様の所得水準であること」という所得要件を撤廃。そのかわりに、「母子・父子自立支援プログラムの策定を受け、自立を図るための活動を行うこと」を要件として追加。また、看護師等の資格取得を支援する「高等職業訓練促進給付金」の所得要件が緩和され、所得制限水準を超過しても「1年に限り引き続き対象者とする」ことに。

● **2025年4月**

**「出産・子育て応援給付金」の制度化** ※通常国会で法案審議

2022年度第2次補正予算で創設された「出産・子育て応援給付金」（妊婦届出時5万円相当、出生届出時5万円相当の現金給付。クーポン含む）について、2024年度も継続して実施するとともに、2025年度から子ども・子育て支援法に基づく新たな給付として制度化。伴走型相談支援（妊婦等包括相談支援事業）と組み合わせて実施。

● **2025年6月**

**一時保護開始時の判断に関する司法審査の導入**

一時保護の開始にあたり、親権者等が同意した場合等を除いて、児童相談所は事前または保護開始以後7日以内に、裁判官に一時保護状を請求しなければならないように、手続きを見直し。

● **2026年4月**

**「こども誰でも通園制度（仮称）」の創設** ※通常国会で法案審議

現行の幼児教育・保育給付とは別に、月一定時間までの利用可能枠のなかで、就労要件を問わず時間単位等で柔軟に利用できる新たな通園給付「こども誰でも通園制度（仮称）」を創設。なお、2023年度から試行的事業を開始している。

## その他（介護離職防止関連）

● **2025年4月**

| 家族の要介護に直面した従業員に対する「会社側の対応」を義務づけ | ※通常国会で法案審議 |
|---|---|
| 「家族が要介護となり、自分が介護に当たらなければならない状況にある」と従業員から申し出を受けた場合の会社側の対応について、①「介護休業制度」や「短時間勤務制度」や「残業免除」など、仕事と介護の両立にかかる負荷を軽減する制度（仕事と介護の両立支援制度）があることを案内すること、②従業者本人と面談等の機会をもって①の制度の利用に関する意向を確認すること──を法律により義務づけ。 | |
| **40歳到達従業員への「仕事と介護の両立支援制度」の周知を義務づけ** | ※通常国会で法案審議 |
| 介護保険の第2号被保険者となる「40歳」に達した従業員に対し、「仕事と介護の両立支援制度」に関する情報を記載した資料を配布するなど、周知・啓発を事業主に義務づけ。 | |
| **勤続期間にかかわらず介護休暇取得は労働者の権利に** | ※通常国会で法案審議 |
| 勤続6月未満の労働者について、労使協定があれば介護休暇取得の対象から「除外」することを認めている現行の規定を廃止。 | |
| **「介護＋テレワーク」という選択肢の用意を努力義務に** | ※通常国会で法案審議 |
| 家族を介護する労働者に関して「事業主が講ずるように努めなければならない措置」の内容に、テレワークを追加。 | |

## その他（居住支援関連）

● **2025年6月**

| 居住支援法人が「残置物処理」も実施可能に | ※通常国会で法案審議 |
|---|---|
| 居住支援法人の業務内容を拡大。事前に入居者から委託を受けておくことで、入居者死亡時に残置物処理を実施可能に。 | |
| **家賃債務保証業者の「認定制度」を創設** | ※通常国会で法案審議 |
| 家賃債務保証の利用を希望する住宅確保要配慮者に対して、「正当な理由なしに断らない」「親類等の連絡先の情報提示を求めない」などの配慮をして債務保証に応じている事業者に対して、国土交通大臣が“認定”するしくみを創設。 | |
| **居住支援協議会の設置促進** | ※通常国会で法案審議 |
| 居住支援協議会の設置を市区町村の努力義務として規定。住まいに関する相談窓口から入居前・入居中・退居時の支援まで、総合的・包括的な居住支援体制の整備を推進。 | |
| **「居住サポート住宅」認定制度の創設** | ※通常国会で法案審議 |
| 単身高齢者、障害者、低所得者などのいわゆる「住宅確保要配慮者」も入居できる賃貸物件の市場が拡大するように、「居住サポート住宅」というしくみを創設。居住支援法人が賃貸住宅を借り上げるなどして住居を確保し、入居者に見守り、安否確認、困りごと相談、サービスへのつなぎや手続きへの同行など、継続的な伴走支援を提供することとし、これを都道府県等が認定する。 | |

# はじめに

社会情勢の急激な変化、高齢化の進展、核家族化等による家族構成の変容など、さまざまな要因が相まって、昨今では利用者のニーズが多様化しています。ケアマネジャーをはじめとする相談援助職はこうした日常生活におけるニーズに対応するために支援を組み立てます。その際に必要となるのが、社会保障制度や社会資源に関する知識・情報です。しかし、押さえるべき分野は広範囲にわたり、用語や決まりごとの一つひとつが難解です。しかも、それらは頻繁に見直されるため、最新の動きに合わせて、知識・情報をアップデートすることは、決してたやすいことではありません。

そこで、本書では、各制度における押さえておきたいポイントについて、図解を交えながらできるかぎり噛み砕いて解説しました。加えて、実践に役立つ情報として、手続きや窓口（機関)、提出書類などをふんだんに盛り込むとともに、「こんなときはどうなのか？」という現場で生じる疑問に応えるQ&Aも多く収載しています。

社会保障制度の全体像とともに、どういう場面で何が使えるのか、どのような点に気をつけたらよいのかなど、制度活用に必要な知識を網羅的に把握できるようにとことんこだわって制作しています。

相談援助職の皆様はもとより、福祉業界に興味・関心のある方、利用者やそのご家族など、幅広い皆様にお手にとっていただき、お役立ていただけますと幸いです。

中央法規「ケアマネジャー」編集部／
福島敏之

## 第3章 医療保障

## 第4章｜権利擁護



## 第5章｜年金

## 第6章 | 子ども家庭福祉



## 第7章 | 地域共生

# 第1章

# 生活保護

# ①「生活保護・生活困窮者自立支援制度」をザックリ押さえよう!

## 「切れ目」なくリスクに対応

人の一生は「試練」の連続です。時には、暮らしが破綻したり、貧困に陥るかもしれないリスクに脅かされることもあります。それは、病気、障害、失業、事業の失敗、借金、依存症、ひきこもり、DV、生計維持していた親族の死亡・失踪・離縁・病気・要介護など、多岐にわたります。

わが国の社会保障では、国民の最大公約数的なリスクには、「社会保険」というしくみが用意されています。たとえば、病気やけがには「医療保険」、要介護には「介護保険」、障害・老齢・生計維持者の死亡については「年金」、失業には「雇用保険」という具合です。

それらの制度の対象にはならないものの、生活困窮の要因となるリスクについては、「生活困窮者自立支援制度」というしくみで対応します。

それでもなお、健康で文化的な最低限度の生活が維持できない状況である場合には「生活保護制度」が適用されます。

生活困窮者自立支援制度と生活保護制度は、次ページのように、切れ目なく生活困窮者・要保護者のニーズに対応して支援を実施することとなっています。

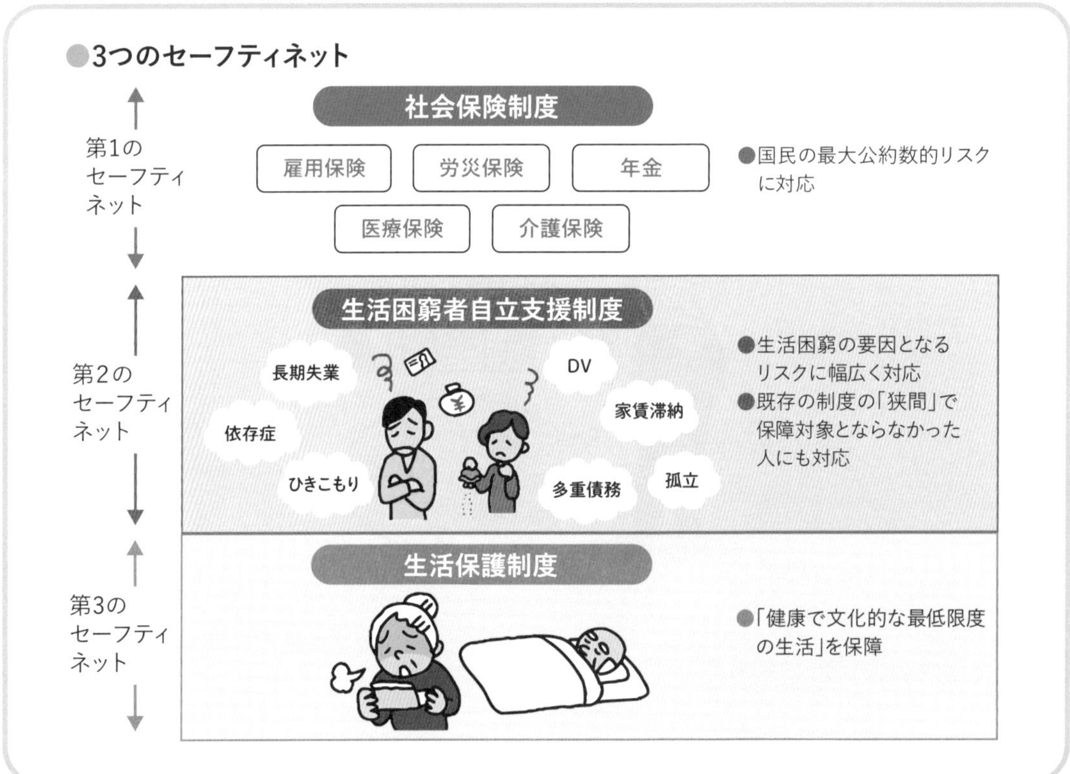

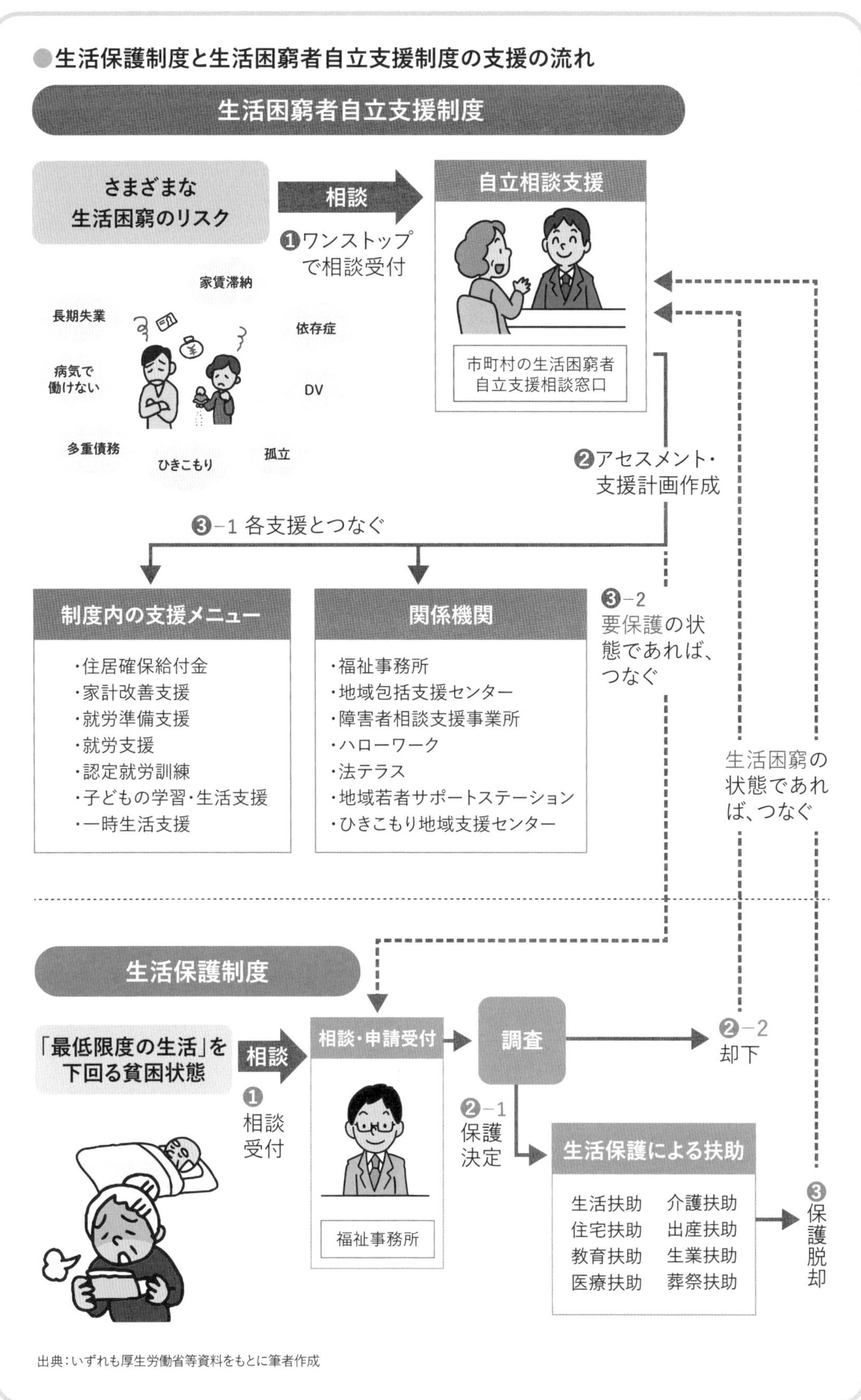


出典:いずれも厚生労働省等資料をもとに筆者作成

# ❷ 活用までの流れとポイント

人として貧困に苦しむことがないように必要な支援を行う制度として、以下の２つがあります。それぞれの支援の内容と手続きの流れについて解説します。
①最低限度の生活を維持できなくなった人について、生活費の支給をはじめ必要な扶助を行う「生活保護制度」
②さまざまな生活困窮のリスクについて、ワンストップで相談を受け付けて対応する「生活困窮者自立支援制度」

## 1. 生活保護制度

### 利用できる人

#### ①生活保護受給の条件

以下の２点に当てはまっていることが、生活保護受給の条件です。

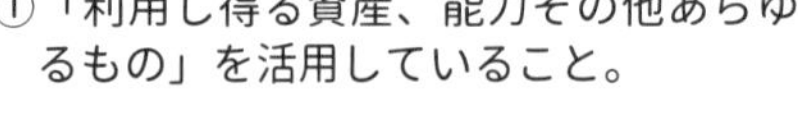
①「利用し得る資産、能力その他あらゆるもの」を活用していること。

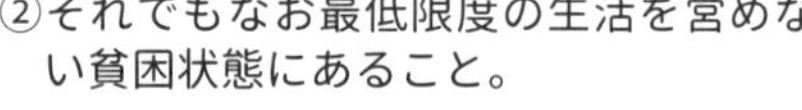
②それでもなお最低限度の生活を営めない貧困状態にあること。

＋

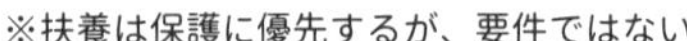
※扶養は保護に優先するが、要件ではない

#### ②最低限度の生活を営めない貧困状態

福祉事務所による調査の結果、世帯の全収入が、国の定める生活保護基準を個別の世帯に当てはめて計算された「最低生活費」を下回っていた場合のことを指します。

**●生活保護を利用できる場合・できない場合**

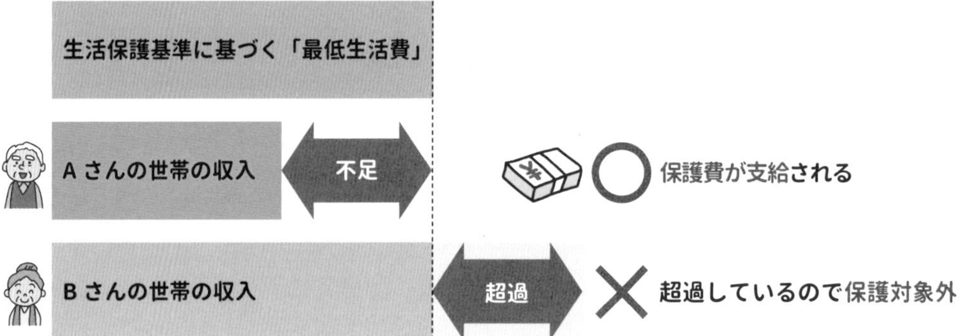

## 保護の８つの種類

| 扶助の種類 | 内容 |
|---|---|
|  生活扶助 | 衣食、光熱費等の日常生活の費用<br>特別な事情がある人には、次のような加算がある<br>・妊産婦加算（妊産婦）<br>・児童養育加算（高校生以下の養育者）<br>・母子加算（ひとり親世帯等）<br>・障害者加算（重度の障害者等）<br>・介護施設入所者加算（介護施設入所者の嗜好品、理美容代等）<br>・介護保険料加算（介護保険料実費）　など |
|  住宅扶助 | 家賃、地代等の住まいの費用（共益費・管理費は除く） |
|  教育扶助 | 義務教育を受けるための学用品、給食費等の費用 |
| 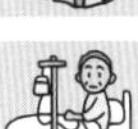  医療扶助 | 病院や診療所での受診や薬局での薬の費用、治療材料や施術の費用 |
|  介護扶助 | 介護サービスを利用する費用、住宅改修や福祉用具を購入する費用 |
|  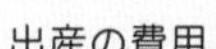 出産扶助 | 出産の費用 |
|   生業扶助 | ・就職のために必要な技能の修得や資格の取得をするための費用<br>・高等学校等に就学をするための費用 |
|  葬祭扶助 | 葬祭の費用 |

**CHECK!!**

生活保護では上記の８種類の扶助が世帯の状況に応じて給付される。医療扶助・介護扶助は原則として、病院や介護サービス事業者等に直接支払われ、それ以外は現金で支給される。住宅扶助については、家賃等を直接家主等に支払う方法（代理納付）がとられることもある。

## 臨時に支給される「一時扶助」

上記のほか、一時的に費用が必要となったものの、日々のやりくりでは賄えない場合について、毎月の保護費に加えて臨時に支給される「一時扶助」という給付があります。事前の申請が原則で、見積書や領収書等の書類が必要となります。

**一時扶助の例**

長期入院から退院後の布団代や衣服代（ない場合）、おむつ代、アパートや借家の契約更新料、引越しに必要な敷金や運送代、家屋の修繕費、通院時の交通費など

# 申請から受給開始までの流れ

## ❶相談

窓口へ出向いて手続き

①住んでいる市町村の福祉事務所に相談します（電話でも可）。

↓

②家庭の事情や困っている状況を聴いたうえで、利用できる制度について案内があります。
保護申請の意思を伝えると、申請に必要な書類が手渡されます。

### 手渡される書類

生活保護申請書、収入申告書、資産申告書、同意書※

※調査のために関係先に照会することに同意する書面

## ❷申請

窓口へ出向いて手続き

申請書と相談時に指定された添付書類を提出します。
添付書類は申請後の提出も可能です。

### 求められる添付書類の例

- **預貯金の通帳・証書**（世帯全員分）
- **生命保険の証書**（加入している人。世帯全員分）
- **給与明細書**（就労収入のある人）
- **年金証書・通知書等**（受給している人、受給権のある人）
- **保険証**（世帯全員の健康保険、国民健康保険など）
- **障害者手帳**（所持している人）
- **住居の賃貸契約書・重要事項説明書**（賃貸住宅に居住している人）など

### 留意事項

- 本人が申請できないときは、同居の親族または扶養義務者もしくは成年後見人による申請も可能です。
- 明らかに急迫した状況であれば、申請がなくても職権で保護開始となることもあります。

## ❸調査

自宅などを訪問して調査

生活状況や収入・資産状況等が調査されます。
そのプロセスは以下のとおりです。

**❶自宅への訪問**
居住の状況や、申請者本人および家族の生活状況等が確認されます。

↓

❷資産調査
申請書の添付書類の確認、金融機関等の関係先への照会を通じて、生活保持に活用できるものがないかが調査されます。

❸他制度による給付の確認
年金、各種手当、雇用保険等のうち生活保持に活用できるものがないか、年金事務所等への調査が行われます。

❹就労の可否の検討
病気や障害が理由で働くことが難しい場合、「検診命令」が出され、医師等の意見を参考に、就労の可否が検討されます。これに伴う本人負担はありません。

❺親族への照会（援助の可能性の検討）
親、子ども、兄弟姉妹等の親族から、仕送りや同居による扶養を受けることができないかどうか、照会が行われます。

**留意事項**
親族による援助は「可能な範囲で」行うものとされているので、親族がいるという事実をもって、生活保護を受給できないということはありません。

**❹審査**

調査の結果、生活保護の受給が必要かどうか、必要な場合には保護費がいくら必要かが審査されます。

**❺決定**

自宅

福祉事務所

生活保護の受給の可否の通知が郵送されます。原則として、申請があってから14日以内に決定がなされます（最長で30日以内）。

保護決定通知　　申請却下通知

**保護開始**

保護開始と同時に、担当の「ケースワーカー」が決まります。ケースワーカーは、定期的に自宅を訪問して生活状況を確認し、各種の相談に応じ、自立に向けた支援・助言を行います。

**申請却下**

決定に納得できないときは、決定を知った日の翌日から数えて3か月以内に、都道府県知事に対して審査を求めることができます。

## 「資産活用」のしくみ

### ①申告内容を事実確認、家庭訪問も

保護の申請にあたっては、現在の収入の状況を記入した「収入申告書」と、資産の状況（不動産、現金、預金、有価証券、生命保険、自動車、貴金属等）を記入した「資産申告書」を福祉事務所に提出する必要があります。あわせて、それを証明する書類も提出しなければなりません。

申請を受けた福祉事務所は、申告内容が事実かどうか、金融機関や官公署に照会して確認します。また、自宅を訪問して住まいの状況や暮らしぶりを確認します。これを「資産調査」といいます。資産調査を通じて、処分可能な資産はないか（現金化して生活費に充てるべきものはないか）――の検討が行われます（資産の活用）。

### ●資産調査の流れ

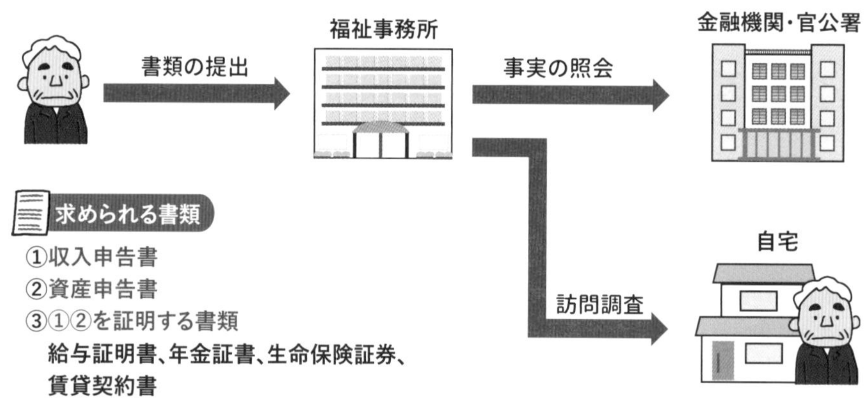


### ●最低生活費と収入・資産と生活保護

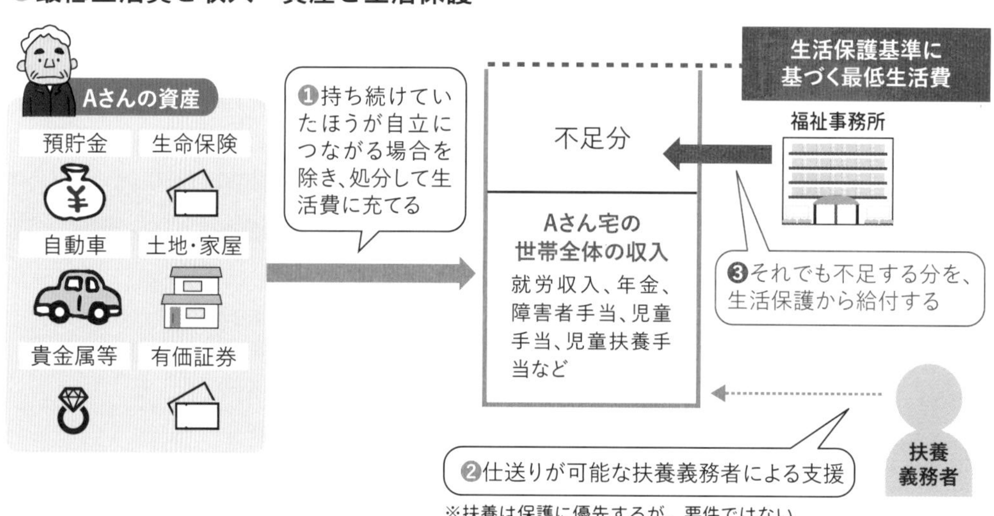

### ②「資産」があっても保護受給できる場合

資産がある場合は、基本的には処分して生活費に充てることが求められますが、持ち続けていたほうが結果的に自立につながると福祉事務所が判断した場合は、そのまま保有が認められることがあります。

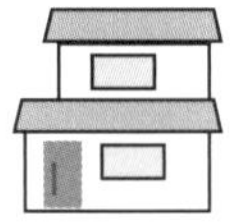

#### ●土地・家屋の保有が認められる場合

54ページ（Q2）をご参照ください。

#### ●自動車の保有が認められる場合

以下のような場合で、「社会的に適当」と判断された場合に該当します。

**①障害者が通勤するにあたってほかに手段がない**

**②障害の状況により公共交通機関の利用が困難・ほかに手段がない**

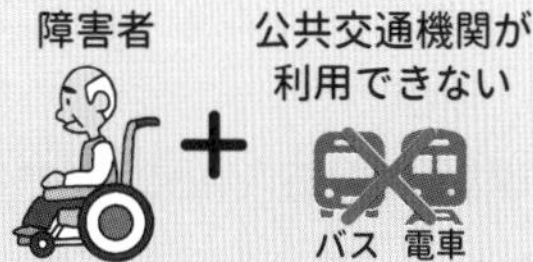


**③居住地や勤務先（深夜勤務等に従事している場合も含む）により公共交通機関の利用が困難・ほかに手段がない**

※通勤途中に保育所への送迎を行うために自動車が必要な場合を含む

自動車の処分価値が小さく、通勤に必要な範囲であること。勤務に伴う収入が自動車の維持費を大きく上回ること。その地域の自動車の普及率からして、自動車を保有しない低所得帯とのバランスで問題がないこと——が前提となります。

**④公共交通機関がほとんど利用できない地域に住んでいて、通院等のためにほかに手段がない**

**⑤事業専用に使っていて、事業継続のために必要**

事業継続の妥当性があり、事業に伴う収入が自動車の維持費を大きく上回り、自動車の処分価値が小さいことが前提となります。

#### ●預貯金

1か月分の最低生活費（居住地域や世帯構成によって異なります）を超える預貯金があると、まずはそれを取り崩して生活費に充てるよう助言されます。

#### ●生命保険

解約払戻金が最低生活費の3か月程度以下と少額で、かつ、保険料額が最低生活費の1割程度以下である場合は、加入継続が認められる可能性があります。

#### ●有価証券／貴金属

保有は認められません。

## 「扶養照会」の流れとしくみ

生活保護受給を申請すると、申請者の親、子ども、兄弟姉妹等の親族に対して、仕送りや同居による扶養が可能かどうかを尋ねる確認作業が行われます。これを「扶養照会」といいます。

### ①「収入、資産、家族構成、ローン残高」等が尋ねられる

具体的には、保護申請者から家族関係を聴き取り、音信不通等であれば戸籍をたどって住所を確認のうえ、どの程度の金銭的援助ができるか期限付きで回答を求めるものです。回答を書き込む様式「扶養届」には、収入、資産、家族構成、ローン残高等を書き込む欄があり、その内容を証明する書類の添付を要求するものとなっています。

### ②甥姪・伯叔父母にまで扶養照会されることはほぼ「ない」

ただし、福祉事務所も親戚縁者のすべてに照会しているわけではありません。民法で規定する扶養義務の範囲は、実質的には配偶者、直系血族、兄弟姉妹までです（次ページ図の十字の帯）。現状では、甥姪・伯叔父母にまで扶養照会されることは、ほぼ「ない」といってよいでしょう。

### ●扶養照会の流れ（イメージ）

扶養照会の例

生活保護法による保護の決定に伴う
扶養義務について（照会）

**①申請があった旨の伝達**
あなたの○○にあたる××さんが現在、保護を申請中です。

**②制度上の義務の伝達**
親子・兄弟姉妹など扶養義務者の扶養は生活保護に優先します。あなた方は互いに扶養をする義務があります。

**③支援の可否の確認**
あなたはどの程度の支援ができますか。

**④資産状況の確認**
お宅の家族構成、収入、資産、負債を示してください。

**⑤証明書類の確認**
源泉徴収票や給与明細書の写しなどを添付してください。

※このような内容の文書が郵送されます

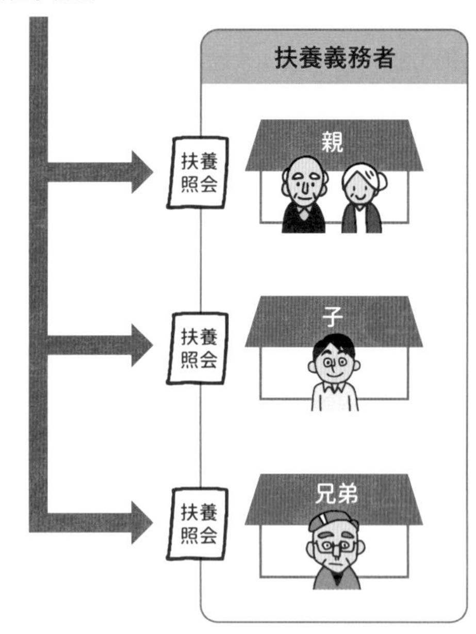

## ●扶養義務の範囲

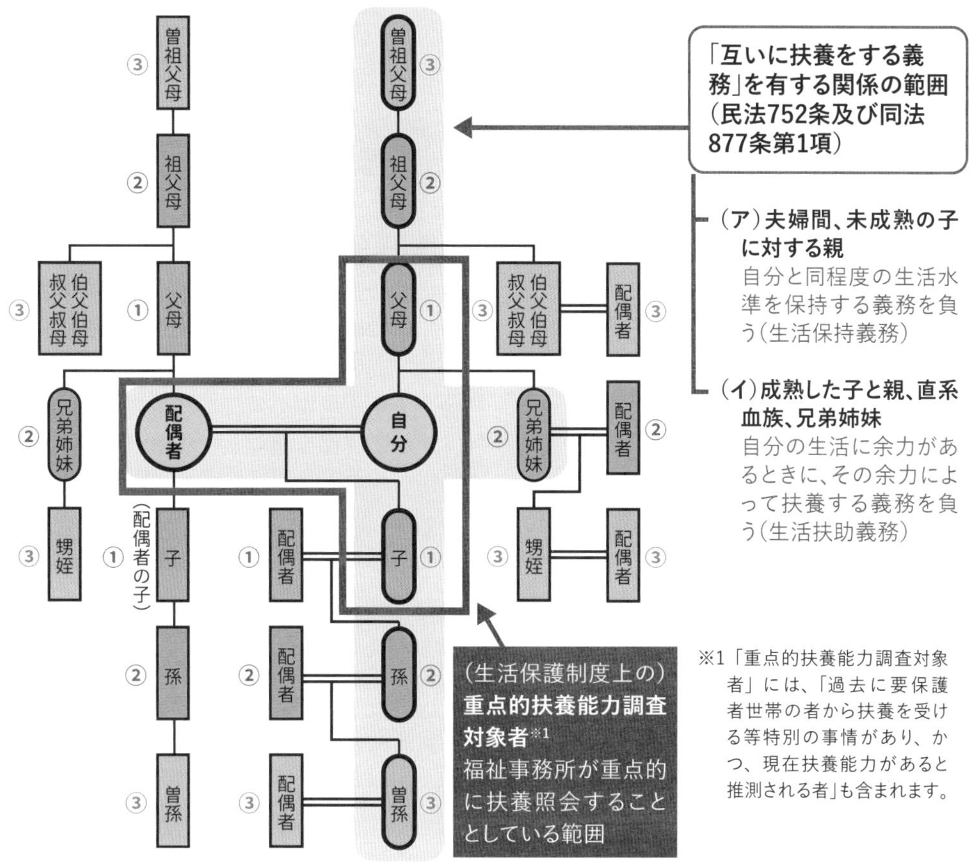

①＝1 親等　②＝2 親等　③＝3 親等

曽祖父母③　祖父母②　伯父伯母 叔父叔母③　父母①　兄弟姉妹②　甥姪③　配偶者　(配偶者の子)子①　孫②　曽孫③

曽祖父母③　祖父母②　父母①　伯父伯母 叔父叔母③　配偶者③　自分　兄弟姉妹②　配偶者②　甥姪③　配偶者③　配偶者①　子①　配偶者②　孫②　配偶者③　曽孫③

「互いに扶養をする義務」を有する関係の範囲（民法752条及び同法877条第1項）

**（ア）夫婦間、未成熟の子に対する親**
自分と同程度の生活水準を保持する義務を負う（生活保持義務）

**（イ）成熟した子と親、直系血族、兄弟姉妹**
自分の生活に余力があるときに、その余力によって扶養する義務を負う（生活扶助義務）

（生活保護制度上の）**重点的扶養能力調査対象者**※1
福祉事務所が重点的に扶養照会することとしている範囲

※1「重点的扶養能力調査対象者」には、「過去に要保護者世帯の者から扶養を受ける等特別の事情があり、かつ、現在扶養能力があると推測される者」も含まれます。

その他の親族（3親等以内）は、特別な事情※2 があって、家庭裁判所が審判で定めた場合において、扶養義務を負うことになる（民法 877 条第 2 項）。
※2「特別な事情」とは、たとえば、かつて扶養してもらっていたなどの“恩義”があり、現在一定の経済力がある場合

### ③扶養照会されないケース

扶養照会は保護決定のうえで必須の手続きとして位置づけられていますが、扶養を要請することが明らかに「本人の自立の阻害」となる場合は、制度の趣旨（自立の助長）に反することがないように配慮されます。以下のような場合は、照会を控える取り扱いが検討されます。

**①相手方が以下に該当する場合**
- 未成年者
- 社会福祉施設入所者
- 長期入院患者
- 主たる生計維持者でない非稼働者
- おおむね 70 歳以上の高齢者 等

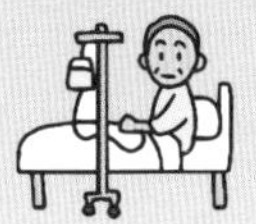

**②特別な事情があり、明らかに扶養できない場合**
- 相手に借金を重ねている
- 相続で対立している
- 縁が切られている
- 10 年以上音信不通 等

**③扶養を求めることで、明らかに要保護者の自立を阻害することになると認められる場合**
- 夫の暴力から逃れてきた母子
- 虐待等の経緯がある者　等

## 保護開始後の権利と義務

生活保護を受給した場合、以下の権利と義務が発生します。

| 権利 | 義務 |
|---|---|
| ●正当な理由なく、保護費減額や保護の停止・廃止などの処分を受けることは、**ありません。**<br>●保護費として受け取るお金や品物が、課税や差し押さえの対象となることは、**ありません。**<br>●**処分の決定に疑問があるとき**は、決定を知った日の翌日から数えて**3か月以内**に、都道府県知事に対して審査を求めることができます。 | ●働くことができる人は、能力に応じて、働いて収入を得る努力が求められます。<br>●自分の体調や生活習慣を定期的に見直し、健康な生活を維持するよう努めることが求められます。<br>●収入・支出等の生計の状況を適切に把握して支出を節約し、生活の維持向上に努めることが求められます。<br>●収入や生活状況に**変化がある場合**には、速やかに届け出る必要があります。<br>●生活費に充てることができる**資産・収入があるにもかかわらず**、急迫した場合などで**やむを得ず保護決定を受けた場合**は、受給した金額の範囲内で福祉事務所が定める金額を返還する必要があります。 |

### ①毎月すべての収入の申告が必要

被保護者は、以下のようなすべての収入について、原則として毎月申告する必要があります。「就労困難」と判断された人も、少なくとも12か月ごとの申告が必要です。

申告された収入から、必要経費（例：通勤に要した交通費、天引きされた社会保険料など）や勤労控除等を差し引いて、「収入認定額」が確定され、この収入認定額と最低生活費の差額が「保護費」として支給されることになります。

| | |
|---|---|
| **就労に伴う収入** | 給与・日雇・内職・事業により得た収入など |
| **就労に伴わない収入** | 恩給・年金・年金基金・手当・仕送り・贈与・財産収入など |
| 売却 **その他の収入** | 動産または不動産の処分による収入・保険金または解約返戻金など |

なお、以下のようなものについては、自立助長の観点あるいは社会通念上の観点から、収入認定の対象に含めない取り扱いとなっています。ただし、申告は必要です。

- 冠婚葬祭の祝儀香典、歳末たすけあいなど社会事業団体からの慈善的経費
- 戦没者等への弔慰金や、特定の障害等への慰謝激励等の費用
- 自立更生のために使われるもの（自立更生を目的とした恵与金や貸与金、災害等の補償金や見舞金、高校生のアルバイト収入のうち就学等の経費に充てられるもの）

### ●「収入認定」の概要

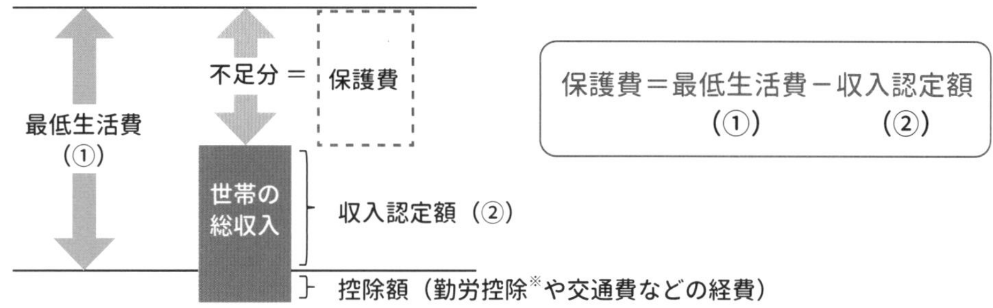


※働いて収入を得た世帯について、必要経費を補填し、勤労意欲の増進を図るため、収入の一部が手元に残るよう配慮した制度

### ②生活状況の変化の届け出が必要

以下のような場合にも届け出の必要があります。

- 転居したとき、またはその予定があるとき
- 世帯構成に変化があったとき（転出や転入、出生や死亡など）
- 就職や離職、就学や退学したとき
- 長期間居所を不在にするとき

## 気をつけたい申告漏れ──最大４割増しで返還も

生活保護受給中、以下のいずれかにあたる行為をした場合、「不正な手段を使って保護費を受け取った」ものとみなされ、不正受給と決定された金額を最大４割増しで返還しなければなりません（生活保護法第 78 条）。また、行政が告訴・告発すれば「3 年以下の懲役または 100 万円以下の罰金」という罰則が科せられます（同 85 条）。

①収入があったのに申告しなかった
②過小に申告した
③世帯員が死亡・出産・転入・転出したにもかかわらず届け出ていなかった

# 医療扶助の受給

生活保護の受給者は、国民健康保険の適用を外れ、「医療扶助」で医療を受けることになっています。自己負担がないこと以外にも、以下の点で一般の保険診療と異なります。

### 医療扶助の特徴① 受診には「医療券」が必要

受診には「**医療券**」発行の手続きが必要です。医療券は、福祉事務所が「医療の必要性を確認」した後に発行するもので、それに先立ち、生活保護法の指定医療機関で「この方には医療が必要です」という所見を記した「**医療要否意見書**」を書いてもらう必要があります。意見書は福祉事務所へと送付され、嘱託医による医学的な内容検討を経て、医療扶助の可否が決定します。医療扶助の対象となる場合には、医療券が発行されます。

#### ●医療扶助の手続きの流れ

**1 申請**

福祉事務所

❶受診を希望する被保護者が、**福祉事務所**で医療扶助の申請を行います。状況によっては、電話等による申請が認められる場合もあります。

❷福祉事務所から医療扶助の要否について医師等の見解を尋ねる書類「医療要否意見書」の様式が交付されます。医療機関に直送する福祉事務所もあります。

**2 医療の要否の確認**

指定医療機関

❶**生活保護法指定の医療機関**に行き、「医療の要否」の確認を受けます。1-❷で交付された様式を受付に提出します（直送の場合は不要）。

❷医療機関が診察の結果を「医療要否意見書」に記入し、被保護者経由または直送により、福祉事務所に提出します。

**3 医療扶助の決定**

福祉事務所

❶2-❷をもとに、福祉事務所で医療扶助の支給／却下が決定されます。

❷医療扶助の支給が決定すれば、「**医療券**」が発行されます（マイナンバーカードを保有している被保護者については、医療券情報がシステム上に登録されることとなり、原則として紙の医療券は発行されません）。

**4 診療**

福祉事務所によって決められた医療機関を受診します。

マイナンバーカードを保有する被保護者はマイナンバーカードを提示

マイナンバーカードを保有していない被保護者は紙の医療券を提示

※オンライン資格確認が未導入の医療機関で受診する場合は、紙の医療券が発行されます
※書類の交付方法や申請の流れは福祉事務所によって取り扱いが異なります。

**医療扶助の特徴②** 医療券の有効期限は発行月限り

医療券は、月が替わったら効力を失います。受診を継続する場合は、福祉事務所に再申請して、月ごとに新たに交付してもらう必要があります。医療要否意見書も、有効期間が最大6か月間（福祉事務所によっては3か月間）となっています。こちらも、期限が切れる前に、主治医に「医療が必要」であることを再び記載してもらう必要があります。

なお、緊急を要する場合には、医療券を持たない被保護者でも受診が認められています。その場合は、受診後に届け出る等の手続きが必要です。

**医療扶助の特徴③** 受診は生活保護法指定の医療機関で

医療扶助で受診できるのは、原則として生活保護法指定の医療機関に限られます。医療扶助は、福祉事務所長が医療機関に委託して実施するものなので、患者（被保護者本人）が自分の通いたいところ／入院したいところを自由に選ぶことはできません。福祉事務所長が、本人の希望を参考として指定医療機関の中から選定することになっています（下図）。

なお、急迫した状況で、近くに指定医療機関がない場合は、非指定医療機関にかかることが認められています。その場合、急迫した状況が過ぎて転院が可能になったとき、指定医療機関に移ることとなります。

●医療扶助で受診できる医療機関

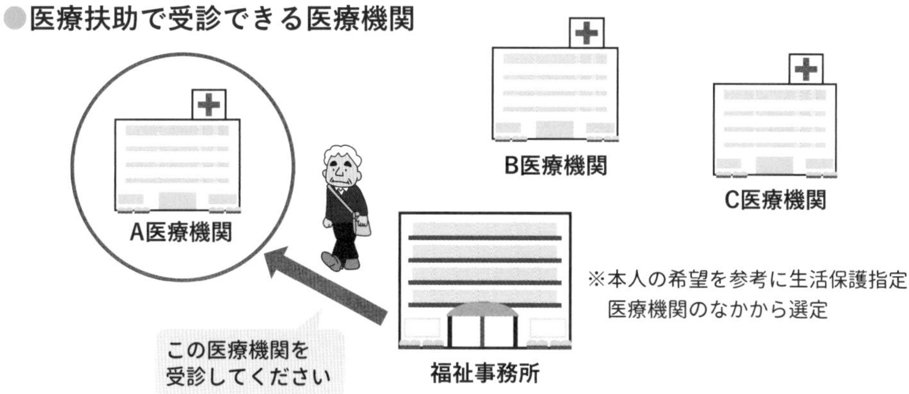


**医療扶助の特徴④** 保険外併用療養は原則不可

医療扶助のもとでは、原則として保険外併用療養は認められていません。したがって、基本的に、自費負担を伴う高度先進医療や、国内未承認の薬剤等を使用した治療は、受けることができません。また、差額料金を支払って利用する「特別室」や「制限回数を超える治療」等についても同様です。

CHECK!!

**医療費扶助は、患者の自己負担「なし」が原則だが、世帯の収入によっては、自己負担が必要となる場合もある。**

# 介護扶助の受給

介護扶助は、年齢や医療保険加入の有無によって、介護保険が優先したり、障害者総合支援制度が優先したり、あるいは申請からサービス提供・請求までの流れも違っていたりします。

そこで、まずは被保護者がどう「区分」されているか、それによって支援のあり方がどう異なってくるか、下図をもとに概説します。

●生活保護法における介護保険の適用

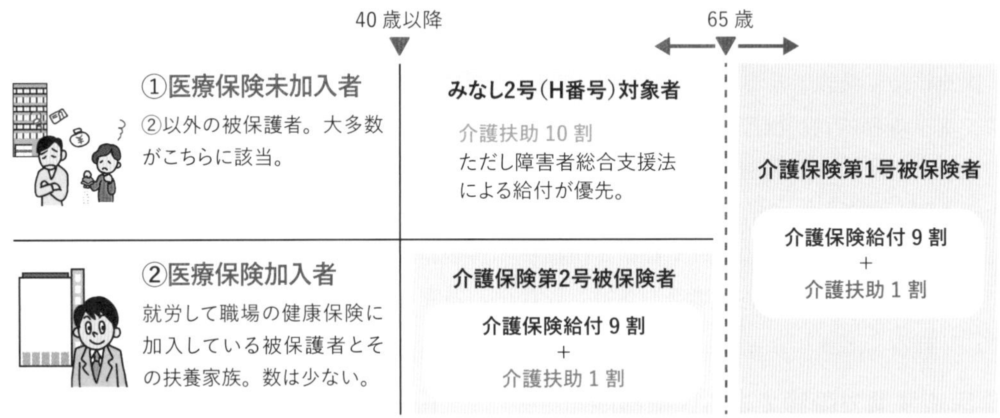


**介護扶助の特徴①　65 歳以上の被保護者→全員が「介護保険第1号被保険者」**

介護保険制度の第 1 号被保険者の定義は、「市町村の区域内に住所を有する 65 歳以上の者」であると定められています（介護保険法第 9 条第 1 号）。生活保護を受給しているかどうかは関係ありません。65 歳に達したら、誰もが第 1 号被保険者となります。図でいえば、点線の右側はみな第 1 号被保険者だということです。

**介護扶助の特徴②　40 歳～ 65 歳未満の被保護者→医療保険加入の有無で 2 通り**

介護保険制度の第 2 号被保険者は「市町村の区域内に住所を有する 40 歳以上 65 歳未満の医療保険加入者」と定められています（同法第 9 条第 2 号）。しかし、生活保護制度では受給が決定したその日から、国民健康保険（国保）の適用を外れ、「医療扶助」（34 ページ）で医療を受給することになっているため、40 歳～ 65 歳未満の人であっても大半が「第 2 号被保険者ではない」状況（図中の「みなし 2 号（H 番号）対象者」）となります。

そこで、生活保護制度ではこれらの方が特定疾病に罹って要介護となっても適切に介護サービスが受けられるように、以下のようなルールで対応することになっています。

**第 2 号被保険者ではない40歳～65歳未満の被保護者は、第 2 号被保険者と“みなして”、同等のサービスが受けられるように、「介護扶助」で介護報酬を全額支払う。ただし、「他法他施策優先の原則」に基づき、障害者総合支援法による給付が優先される。**

●40歳〜65歳未満の被保護者の区分

40歳〜65歳未満の被保護者

公的医療保険に

加入している → **介護保険第2号被保険者**

介護保険給付9割+介護扶助1割

就労して職場の健康保険に加入している被保護者はこの区分。
健康保険は、生活保護を受給していても適用除外とはならない。

加入していない → **被保険者以外の者**

介護扶助10割

第2号被保険者と“みなす”取り扱いから「みなし2号」、被保険者番号の冒頭1文字目「H」から「H番号」という呼称が用いられることもある。
ただし、障害者総合支援法による給付が優先。

**介護扶助の特徴③**　「みなし2号」は障害福祉サービス優先

生活保護制度は、使える他制度をフルに活用したうえで、それでも最低限度の生活水準が保てない場合に発動する、「最後のセーフティネット」と位置づけられています。そのため、ほかの法律や制度で似たような機能の給付・サービスがある場合は、原則としてそちらを優先させる決まりになっています。その一環として、みなし2号にかかる介護ニーズは、介護扶助より障害者総合支援法による給付が優先することになっています。

●介護扶助と障害者総合支援法による給付の関係

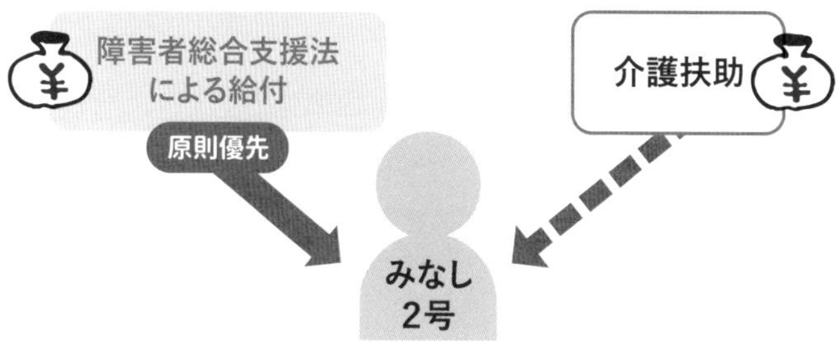

**介護扶助の特徴④** 「みなし2号」対象者に介護扶助が使われるケース

「介護扶助よりも、障害者総合支援法による障害福祉サービスのほうが優先する」とは、障害福祉サービスが使えない場合や、量・種類という点でニーズを満たせないという場合に限って、介護扶助によるサービスが提供される――ということです。具体的には、以下のような場合に、介護扶助が使われることとなります。

### ●「みなし２号」対象者に介護扶助が使われるケース

**ケース❶ 障害福祉サービスの社会資源ではニーズに十分対応できない**

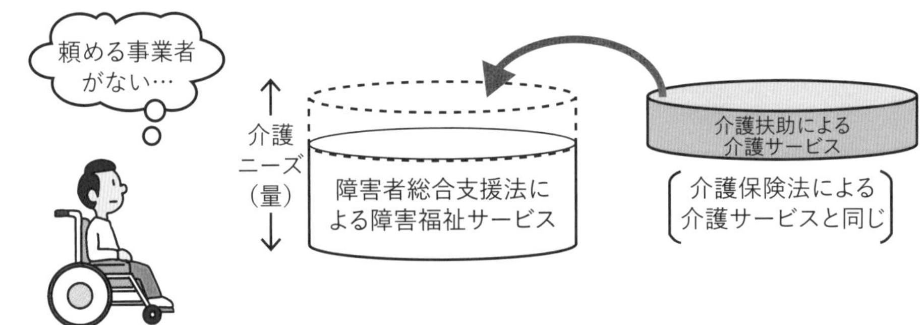


**ケース❷ 障害福祉サービスでは提供されない種類のサービスを利用する（訪問看護　など）**

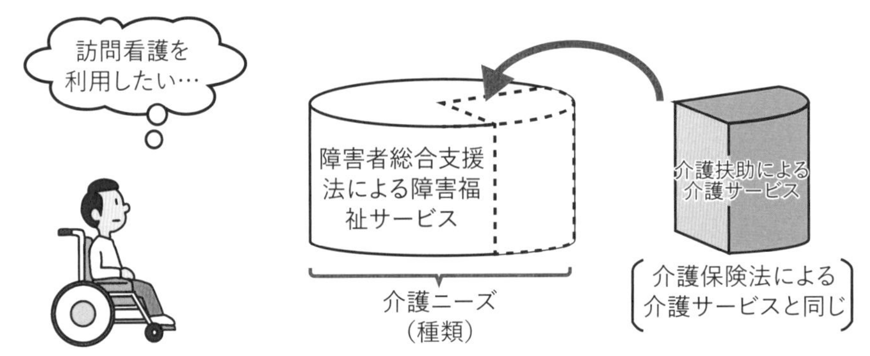


**ケース❸ 障害福祉サービスを受ける資格がない（障害者手帳を保有していない　など）**

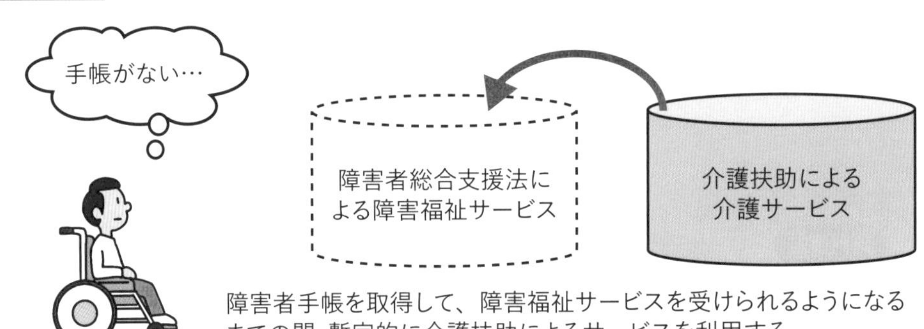

## 介護扶助の受給の流れ

「介護保険被保険者」と「みなし２号対象者」では、受給の流れが異なります。

| | 介護保険被保険者 | みなし2号対象者 |
|---|---|---|
| ❶申請 | ●本人が、**市町村の介護保険担当部局**に要介護認定を申請します<br>介護保険担当部局<br>申請 | ●本人が、**福祉事務所**に介護扶助を申請します<br>福祉事務所<br>申請 |
| ❷認定調査〜要介護認定 | ●認定調査<br>●判定<br>●結果通知 | ●認定調査<br>●判定：福祉事務所と介護保険担当部局が連携して実施<br>●結果通知 |
| ❸ケアプラン等作成 | ●本人が、福祉事務所の支援を受けて居宅介護支援事業所を選択し、ケアプランの作成を依頼します<br>福祉事務所<br>支援<br>依頼<br>居宅介護支援事業所<br>●居宅介護支援事業所がケアプラン作成 | ●**福祉事務所**が、本人の選択する居宅介護支援事業所または相談支援事業所に対してケアプランの作成を依頼します<br>希望<br>福祉事務所<br>依頼<br>居宅介護支援事業所または相談支援事業所<br>●居宅介護支援事業所等がケアプラン作成 |
| ❹介護扶助の申請 | ●本人が、ケアプランを添付して、福祉事務所に**介護扶助を申請**します<br>福祉事務所<br>申請 | ※①で介護扶助の申請を済ませているので、必要なし |
| ❺介護扶助決定 | ●要介護認定結果とケアプラン等に基づいて、**介護扶助の要否の判定**が行われます | |
| ❻介護券の発行 | ●給付が決定されれば、ケアプランに位置づけられた介護サービス事業者に「介護券」が発行され、介護サービスの提供が始まります | |

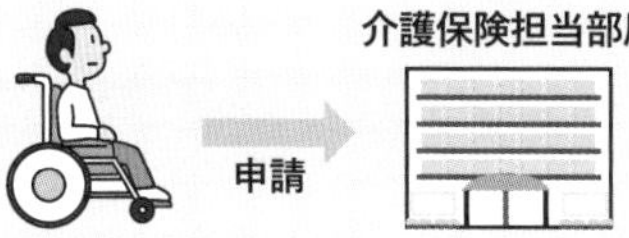

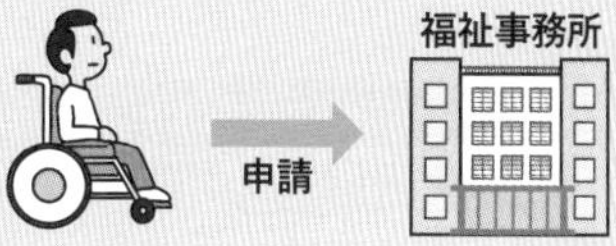

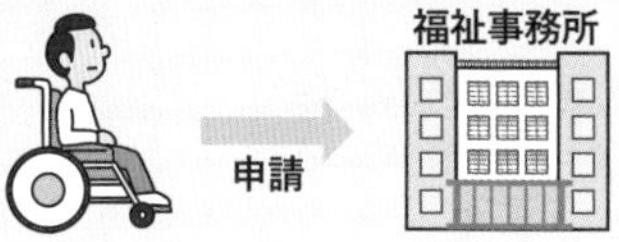

# 2. 生活困窮者自立支援制度

生活困窮者自立支援制度とは、長期失業、非正規不安定就労、ひきこもり、依存症、多重債務、ＤＶ、ひとり親世帯、セルフネグレクトなど、さまざまなリスク・生活課題によって生活困窮の状態にある人、またはそのおそれのある人を幅広くとらえて相談を受け、必要な支援を行うしくみです。

## 対象者

**生活困窮者**
就労の状況、心身の状況、地域社会との関係性その他の事情により、現に経済的に困窮し、最低限度の生活を維持することができなくなるおそれのある人（生活困窮者自立支援法第3条）

- 特段、その範囲・基準は設けられていない
- 制度の理念として、複合的な課題を抱える生活困窮者が「制度の狭間」に陥らないよう、できる限り幅広く受け止め、就労の課題、心身の不調、家計の問題、家族問題などの多様な問題に対応するものとされている

つまり、対象となるのは、

なんらかの事情があって生活が行き詰まってしまい、あるいは行き詰まる手前にあって、周りのサポートを受けられずに困っているすべての人

※現在生活保護を受給している人については原則対象外

### 制度の対象となる困りごと（例）

長期失業の状態にある

ひとり親で低賃金の不安定就労にしか就けず、生活が苦しい

家賃が払えず転居を迫られている

ずっと家にいたから社会に出るのが不安

子どもが家にひきこもってしまい心配

多重債務を抱えている

# 相談窓口

生活困窮者自立支援制度において支援の“起点”となるのは、市町村または都道府県が実施主体の**自立相談支援機関**です。窓口の相談支援員がワンストップで相談を受け止め、あるいはアウトリーチを行い、プランを作成のうえ包括的支援や、他制度の相談窓口等へつなげたりします。ここで、「健康で文化的な最低限度の生活」が維持困難だと判断されれば、生活保護につなぎます。

自立相談支援機関は、行政直営のものもあれば民間委託によるものもあり、内訳は直営29%、委託65%、直営＋委託が6%となっています。委託のうち6割強を社会福祉協議会が占めています。委託先の事業者には、公務員に準じた守秘義務が課せられます。

## ●自立相談支援のしくみ

市町村ごとに名称が異なります。
「くらしサポートセンター」
「生活あんしんセンター」
「市民なやみごと相談窓口」
など

→ ●プラン作成／支援
→ ●関係機関へのつなぎ

## ●自立相談支援機関の運営状況

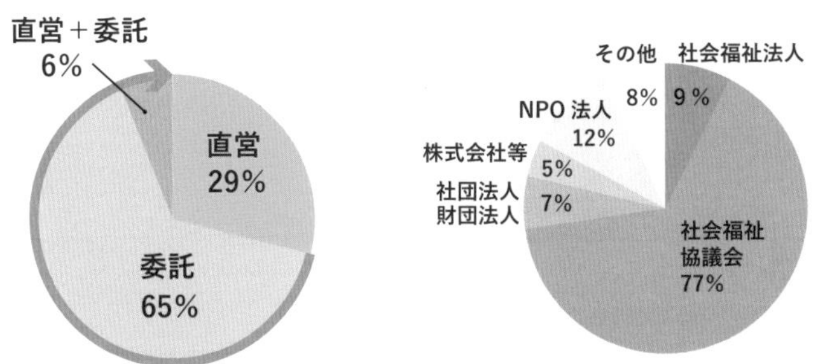


## ソーシャルワークのアプローチ

生活困窮者自立支援制度は、地域の実情にあわせて、他制度やインフォーマルな社会資源とも連携して課題解決にあたり、既存の資源で足りない場合には、地域で関係者と協議・協業しながら、新たな社会資源を開発することを念頭においた設計となっています。個別のニーズを起点に、地域や制度を変革していくという、ソーシャルワークのアプローチが取り入れられています。

# 相談から支援終了までの流れ

相談から支援終了まで、以下のようなプロセスをたどります。

## 1. 電話・来所による相談受付／把握・アウトリーチ

窓口への来所、出張相談、巡回相談、電話相談、他機関からの紹介等でつながった人から相談を受け付けます。困窮・孤立している人ほどＳＯＳを発することが難しいことをふまえ、アウトリーチを含めた対応を行います。

他機関からの紹介

支援会議

## 2. 包括的相談／振り分け

相談者が抱える課題を把握し、自立相談支援機関による支援か、他制度の相談窓口等につなげるべきかを判断します。必要に応じて同行支援や確認・フォローも行って、確実に該当する機関につなぎます。

他機関へのつなぎ

関係機関・関係団体、地域住民

## 3. アセスメント（信頼関係の構築／必要な支援を随時提供）

相談者が抱える課題を包括的に把握し、背景・要因を分析のうえ、解決の方向性を見定めます。本人と相談支援員で理解を共有し、信頼関係を築きます。

## 4. プラン（案）策定（本人と相談支援員の協働）

アセスメント結果をふまえて相談支援員が支援プランを作成し、相談者に提案します。相談者は、それが解決したいことや希望に沿うものであるかを確認します。

## 5. プラン決定

確認を受けた支援プランは、関係する支援機関が参加する支援調整会議にかけられて、正式決定されます。

支援調整会議

## 6. 支援の提供

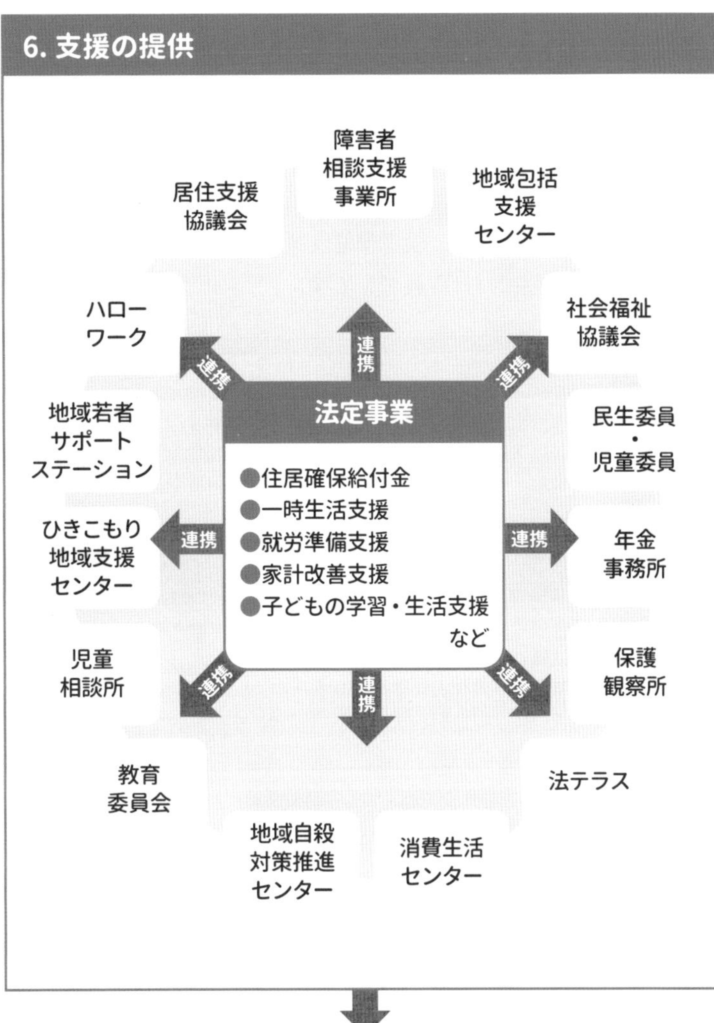


関係機関・関係団体、地域住民

## 7. モニタリング

継続的に本人の状況や支援の実施状況を確認し、目標達成に向かっているかを評価します。

## 8. プラン評価（再プラン策定）

目標の達成状況等を総括のうえ、支援調整会議で支援を終結するか、再プランを策定して支援を継続するかを決定します。

## 9. その後の確認・フォローアップ 終結／自立・他制度へのつなぎ等

他機関へのつなぎ

その後安定した生活が維持できているか、一定期間、支援員によるフォローアップが行われます。

## 受けられる支援

生活困窮者自立支援制度のもとで実施される支援には、以下のようなものがあります。「自立相談支援」と「住居確保給付金の支給」は全国の自治体で取り組まれている必須事業ですが、それ以外は任意です。なお、就労準備支援と家計改善支援については、実施することが法令上の「努力義務」に位置づけられています。

### 自立相談支援

支援員が相談を受けて、必要な支援を相談者と一緒に考え、具体的な支援プランを作成し、自立に向けた支援を行います。以下に掲げるメニューのほか、各種相談窓口、各種支援団体とも連携して相談支援に当たっています。また、必要に応じて生活福祉資金貸付制度や生活保護申請につなぎます。

### 住居確保給付金の支給

離職などにより住居を失った人、または失うおそれの高い人に、就職に向けた活動をすることなどを条件に、一定期間、家賃相当額を支給します。
※資産収入要件あり、給付上限あり。次ページ参照

### 就労準備支援

「社会とのかかわりに不安がある」「他の人とコミュニケーションがうまくとれない」など、ただちに就労が困難な人に、一般就労に向けた技法や知識習得を促すプログラムを提供します。
※資産収入要件あり

### 一時生活支援

**●シェルター事業**

住居を失い、路上生活やネットカフェでの宿泊を続けている人に、緊急的に一定期間、宿泊の場所や衣食を提供し、就労支援などを行います。
※資産収入要件あり

**●地域居住支援事業**

一時生活支援のシェルターを退所した人や、地域社会から孤立した状態にある人、不安定な居住状態にある人に対して、一定期間、入居先探しの手伝いや入居後の見守り、地域とのつながり促進などの支援を行います。

### 認定就労訓練

ただちに一般就労することが難しい人に対して、「訓練としての就労体験」や「支援付き雇用」（いわゆる「中間的就労」）の機会を中長期的に提供します。最終的には一般就労を目指します。

### 就労支援

仕事を探している人に、履歴書作成や面接の受け方等の相談・助言を行うとともに、ハローワーク等との連携により職業紹介を行います。

### 家計改善支援

各種生活費、医療費の支払い、ローンの支払いなど、家計の立て直しをアドバイスします。税や保険料の滞納がある場合には納付相談につなぎます。債務整理の必要な場合には専門の機関へつなぎます。

### 子どもの学習・生活支援

生活困窮世帯の子どもを対象にした無料の学習教室、日常的な生活習慣への助言、居場所づくりを行います。進学に関する支援、高校進学者の中退防止に関する支援などを行います。

### 住居確保給付金の対象要件と給付額

住宅確保給付金の要件と金額は以下のようになっています。給付の期間は「原則３か月」で、一定の要件を満たせば延長・再延長が可能です（合わせて最大９か月）。

**対象要件**

**□(1) 主たる生計維持者が**

①離職・廃業後２年以内
（当該期間に疾病等やむをえない事情があれば最長４年以内）

**または**

②個人の責任・都合によらず給与等を得る機会が、離職・廃業と同程度まで減少している

**□(2) 直近の月の世帯収入合計額が、**

「基準額」（市町村民税の均等割が非課税となる額の 1/12）と「家賃」（住宅扶助特別基準額が上限）**の合計額を超えていない**

**「基準額」と「家賃」の合計額：東京都１級地の場合の例**

単身世帯：13 万 7700 円、２人世帯：19 万 4000 円、３人世帯：24 万 1800 円

**□(3) 現在の世帯の預貯金合計額が、**

基準額の６か月分（ただし 100 万円を超えない額）**を超えていない**

**基準額の６か月分：東京都１級地の場合の例**

単身世帯：50 万 4000 円、２人世帯：78 万円、３人世帯：100 万円

**□(4) 受給期間中、求職活動を行っている**

**●上記 (1) で「①」に該当する人**
・自立相談支援機関の相談支援員等による面接等
・ハローワークへの求職申込、職業相談
・求人への応募、面接

※自治体の無料職業紹介窓口への求職申込も含む。また、自営業者等の場合は、当面、事業再生のための活動でも可。

**●上記 (1) で「②」に該当する人**
・自立相談支援機関の相談支援員等による面接等
・生活再建への支援プランに沿った活動（家計の改善、職業訓練等）

**支給額**

**申請者の賃貸住宅の家賃額**

ただし、世帯収入額が基準額を超える場合は、「基準額＋家賃額－世帯収入額」を支給。
いずれも、当該地域における生活保護の住宅扶助の額が上限となる。

**東京都１級地の場合の上限額**

単身世帯５万 3700 円、２人世帯６万 4000 円、３人世帯：６万 9800 円

# 3. 生活福祉資金貸付制度

社会福祉協議会が世帯の状況と必要性に応じた資金の貸付を、無利子（連帯保証人がいる場合）または年利 1.5%（連帯保証人がいない場合）で行う制度です。

## 資金の種類

### 1　総合支援資金

失業等により収入が減少し、生計の維持ができなくなった世帯に対して、生活の立て直しのために貸し付けられる資金

### 2　福祉資金 福祉費

福祉機器の購入費、療養や介護サービス等の利用に必要な費用、冠婚葬祭関連費、転居・住宅改修等にかかる経費、その他日常生活上一時的に必要な経費について貸し付けられる資金

### 3　福祉資金 緊急小口資金

緊急的かつ一時的に生計維持が困難となった状況の人に対して貸し付けられる資金

### 4　教育支援資金

高校、大学、短大、高等専門学校への就学に際し、入学金や授業料のほか就学経費について貸し付けられる資金

### 5　不動産担保型生活資金

低所得の高齢者に、いま住んでいる不動産を担保として貸し付けられる生活費等の資金

### 6　要保護世帯向け不動産担保型生活資金

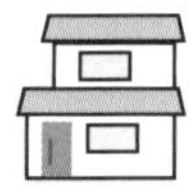

要保護の高齢者に、いま住んでいる不動産を担保として貸し付けられる生活費等の資金

## コロナ禍での「特例貸付」

新型コロナウイルス感染症の世界的流行にともなう広範な生活困窮リスクに対応するため、生活福祉資金を無利子・無担保で貸し出す「特例貸付」が、2020 年 3 月から 2022 年 9 月末まで実施されました。貸付を受けた世帯は、2023 年 1 月から、順次その返済が求められています。緊急小口資金は 2 年間、総合支援金は 10 年間で返す必要があり、家計へのしわ寄せが長期間続くことになります。

返済が困難な状況であれば、返済免除や返済猶予など救済措置を受けられる場合があります（p.74）。

## 対象世帯

以下の世帯に属し、審査のうえ貸付決定となった場合に、貸付を受けることができます。

### 低所得世帯

市町村民税非課税程度の所得状況で、資金貸付にあわせて必要な支援を受けることで独立自活が見込める世帯

### 障害者世帯

身体障害者手帳、療育手帳、精神障害者保健福祉手帳の交付を受けた（またはこれに準ずる）人の属する世帯

### 高齢者世帯

65歳以上の高齢者の属する世帯（日常生活上療養または介護を要する高齢者等）

## 手続き

以下のような流れで貸付を申し込み、交付を受け、返済することとなります。

**❶相談**

**市町村社協**または**民生委員**に相談します。
総合支援資金と緊急小口資金については、まず、生活困窮者自立支援制度における「自立相談支援」を受けます。

**❷貸付申込**

市町村社協に**借入申込書**と必要書類を提出します。

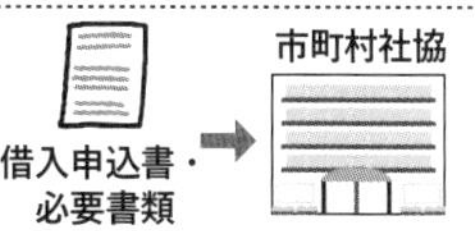


**❸貸付決定**

審査のうえ貸付の可否が決定され、結果が通知されてきます。

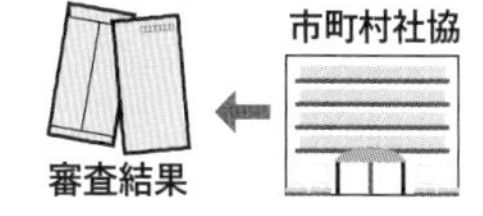


**❹契約**

…… 以下は貸付決定となった場合 ……
**借用書**を作成して、**市町村社協**に提出します。

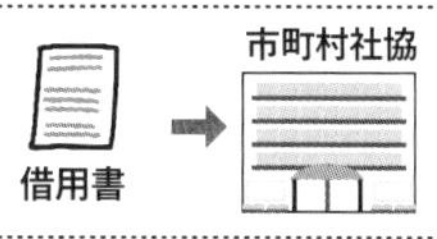


**❺貸付金交付**

貸付金が交付されます。

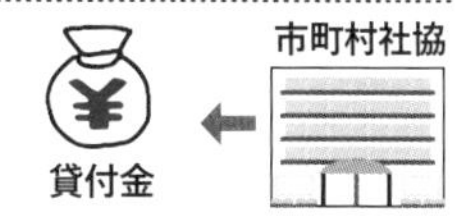


**❻返済（償還）**

資金交付後、6か月の据え置き期間を経て返済開始。原則として口座引き落とし。

**❼返済完了**

返済完了後、借用書が返却されます。

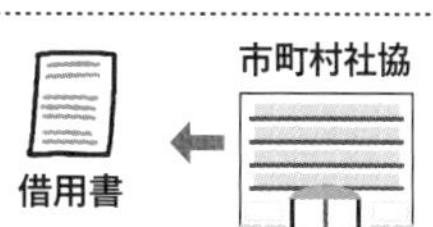

# 貸付条件

4種類ある貸付資金はさらに細分化されていて、それぞれ以下のような貸付条件が定められています。

総合支援資金および緊急小口資金の借入は、生活困窮者自立支援制度における「自立相談支援」とセットになっています。自立相談支援窓口に相談に行って支援員に現状を伝え、「支援プラン」を立ててもらい、支援を受けながら世帯の生活再建に取り組むことが求められます。

## 1 総合支援資金

| 生活支援費  | 生活再建までの間に必要な生活費用 | |
|---|---|---|
| ●貸付限度額：<br>（2人以上）月20万円以内<br>（単身）月15万円以内<br>【貸付期間】<br>原則3か月、最長12か月以内（延長3回） | ●据置期間：<br>最終貸付日から6か月以内<br>●償還期間：<br>据置期間経過後10年以内 | ●貸付利子：<br>連帯保証人あり：無利子<br>連帯保証人なし：年1.5%<br>●連帯保証人：<br>原則必要（なしでも可） |

| 住宅入居費 | 敷金、礼金等住宅の賃貸契約を結ぶために必要な費用 | |
|---|---|---|
| ●貸付限度額：40万円以内 | ●据置期間：同上※1<br>●償還期間：同上 | ●貸付利子：同上<br>●連帯保証人：同上 |

| 一時生活再建費  | 生活を再建するために一時的に必要であり、かつ、日常生活費で賄うことが困難である費用 | |
|---|---|---|
| ●貸付限度額：60万円以内 | ●据置期間：同上※1<br>●償還期間：同上 | ●貸付利子：同上<br>●連帯保証人：同上 |

※1　生活支援費とあわせて貸付を受ける場合は、生活支援費の最終貸付日

## 2 福祉資金

| 福祉費 | 日常生活上、一時的に必要な経費 | |
|---|---|---|
| ●貸付限度額：580万円以内<br>資金の用途に応じて上限目安額を設定 | ●据置期間：<br>貸付日※2から6か月以内<br>●償還期間：<br>据置期間経過後20年以内 | ●貸付利子：<br>連帯保証人あり：無利子<br>連帯保証人なし：年1.5%<br>●連帯保証人：<br>原則必要（なしでも可） |

※2　分割による交付の場合には最終貸付日

| 緊急小口資金 | 緊急かつ一時的に、生計維持のために必要な費用 | |
|---|---|---|
| ●貸付限度額：10 万円以内 | ●据置期間：<br>貸付日から 2 か月以内<br>●償還期間：<br>据置期間経過後 12 か月以内 | ●貸付利子：無利子<br>●連帯保証人：不要 |

## 3 教育支援資金

| 教育支援費 | 低所得世帯で高校、大学、高専等に就学するために必要な経費 | |
|---|---|---|
| ●貸付限度額：<br>（高校）月 3.5 万円以内<br>（高専）月 6 万円以内<br>（短大）月 6 万円以内<br>（大学）月 6.5 万円以内<br>※特に必要と認める場合は、上記各限度額の 1.5 倍まで貸付可能 | ●据置期間：<br>卒業後 6 か月以内<br>●償還期間：<br>据置期間経過後 20 年以内 | ●貸付利子：無利子<br>●連帯保証人：原則不要<br>世帯内で連帯保証人が必要 |

| 就学支度費 | 低所得世帯で高校、大学、高専等への入学に際し必要な経費 | |
|---|---|---|
| ●貸付限度額：50 万円以内 | ●据置期間：卒業後 6 か月以内<br>●償還期間：<br>据置期間経過後 20 年以内 | ●貸付利子：無利子<br>●連帯保証人：原則不要<br>世帯内で連帯保証人が必要 |

## 4 不動産担保型生活資金

| 不動産担保型生活資金 | 低所得の高齢者世帯に対し、一定の居住用不動産を担保として生活資金を貸し付ける資金 | |
|---|---|---|
| ●貸付限度額：<br>・土地および建物の評価額の 70％程度<br>・月 30 万円以内<br>【貸付期間】<br>借受人の死亡時までの期間または貸付元利金が貸付限度額に達するまでの期間 | ●据置期間：<br>契約終了後 3 か月以内<br>●償還期間：<br>据置期間終了時 | ●貸付利子：<br>年３％または長期プライムレートのいずれか低い利率<br>●連帯保証人：必要<br>推定相続人の中から選任 |

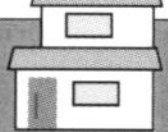

| 要保護世帯向け不動産担保型生活資金 | 要保護の高齢者世帯に対し、一定の居住用不動産を担保として生活資金を貸し付ける資金 | |
|---|---|---|
| ●貸付限度額：<br>・土地の評価額の 70％程度<br>（集合住宅の場合は 50％）<br>・生活扶助額の 1.5 倍以内<br>【貸付期間】<br>借受人の死亡時までの期間または貸付元利金が貸付限度額に達するまでの期間 | ●据置期間：<br>契約終了後 3 か月以内<br>●償還期間：<br>据置期間終了時 | ●貸付利子：<br>年３％または長期プライムレートのいずれか低い利率<br>●連帯保証人：不要 |

# 4. 求職者支援制度

失業状態にありながら雇用保険による保障を受けられない人を対象として、職業訓練の機会を提供し、訓練期間中の生活を支援する「給付金」を支給する制度です。

## 支援の対象となる人

以下のすべての要件を満たす人が、「特定求職者」として、本制度の対象者となります。

ハローワークに求職の申込みをしていること

雇用保険被保険者や雇用保険受給資格者でないこと

労働の意思と能力があること

職業訓練などの支援を行う必要があるとハローワークが認めたこと

たとえば、次のような状況の人が該当します。

- 雇用保険の適用がなかった離職者
- 自営業、フリーランスの仕事を廃業した人
- 雇用保険（失業給付）の受給が終了した求職者
- 就職が決まらないまま学校を卒業して求職中の人
- パートタイムやフリーランスで働きながら、正社員への転職を目指す人
  （ただちに転職せずに働きながらスキルアップを目指す人も利用可能）

## 職業訓練

厚生労働大臣の認定を受けて民間訓練機関が実施する「求職者支援訓練」を、原則無料で受講できます。ただし、テキスト代などは自己負担。以下の２つのコースがあります。

①**基礎コース**：社会人としての基礎的能力および短時間で習得できる技能等を習得する。

②**実践コース**：就職希望職種における職務遂行のための実践的な技能等を習得する。

国の職業能力開発促進センターや公共職業訓練校（またはその委託を受けた民間訓練機関）による「公共職業訓練」も受講対象となっています。

## 職業訓練受講給付金

特定求職者が、ハローワークの支援指示を受けて求職者支援訓練や公共職業訓練を受講し、一定の支給要件を満たしている場合に、次の手当が支給されます。

### 支給額

| 職業訓練受講手当 | |
|---|---|
| 月額 10 万円 | 訓練受講期間について、1か月ごとに支給。金額は年齢や家族構成にかかわらず一律 |
| **通所手当** | |
| 交通費実費（上限月4万2500円） | 職業訓練実施機関までの、最も経済的かつ合理的な経路・方法による運賃・料金 |
| **寄宿手当** | |
| 月額1万700円 | 訓練を受けるため、同居の配偶者などと別居して寄宿する必要がある場合に支給 |

### 支給要件

次の要件を全て満たすことが必要です。

①本人収入が月８万円以下
②世帯全体の収入が月 30 万円以下
③世帯全体の金融資産が 300 万円以下
④現在居住しているところ以外に土地・建物を所有していない
⑤訓練実施日すべてに出席する※
⑥世帯内でほかに当該給付金を受給し、訓練を受講している者がいない
⑦過去３年以内に失業等給付等の不正受給をしていない
⑧過去６年以内に、職業訓練受講給付金の支給を受けていない

※傷病や忌引きなどのやむを得ない理由による欠席は、それを証明できる場合に限って認められるが（「基礎コースの訓練受講者」および「育児・介護中の者」については、欠席理由を証明できなくても可）、トータルで「訓練実施日の８割以上を出席していること」が必須

> ①または②を満たさない場合であっても、本人収入が月 12 万円以下かつ世帯収入が月 34 万円以下で、③～⑧を満たす場合は、訓練施設への交通費（通所手当）を受給することが可能。

## 手続き

**❶申請**

ハローワークに求職申込を行い、求職者支援制度の説明を受け、適切な訓練コースを選んで受講申込を行う。同時に給付金の事前審査を申請する。

**❷支援指示**

訓練実施機関による選考を経て、合格通知が届いたら、訓練開始日前日までにハローワークに出向いて「就職支援計画書」の交付を受け、給付金申請の必要書類を受け取る（支援指示）。

**❸支援開始**

訓練受講中～訓練修了後3か月間は、原則として月に１回、ハローワークが指定する日にハローワークに出向いて定期的な職業相談を受け、あわせて給付金の支給申請を行う。支給申請書に、訓練実施機関が訓練の受講状況を証明する欄があり、ハローワークはこれを確認したうえで支給・不支給を決定する。

生活保護の扶養照会

# Q1 家族親戚に扶養照会されたくなくて保護申請をためらう利用者がいる。どうすればよい？

**A** 申請者が扶養照会を拒む場合には配慮するよう窓口での取り扱いが改められています。不安や葛藤を受け止めつつ、制度の正確な情報を伝えて、背中を押すことが大切です。

## ①扶養照会は絶対ではない

この扶養照会という手続きは、保護申請者にとって「いまの惨めな自分の状況を知られたくない…」という心理的な委縮をもたらします。これが嫌で生活保護申請を取りやめた人が、実際、相当数いるようです。

ただし、福祉事務所も親戚縁者のすべてに照会をかけているわけではありません。民法で規定する扶養義務の範囲は、実質的には配偶者、直系血族、兄弟姉妹までです。また、事情によっては、扶養照会しないことも含めて個別に配慮することとされています。

### ●個別の事情によっては扶養照会を見合わせることも

**扶養が期待できないケース**

- ●社会福祉施設入所者
- ●長期入院患者
- ●主たる生計維持者でない非稼働者
- ●未成年者
- ●おおむね70歳以上の高齢者

**扶養照会が適当ではないケース**

●特別な事情があり、明らかに扶養できない場合

- ・その相手に借金を重ねている
- ・相続をめぐり対立している
- ・縁が切られている
- ・10年以上音信不通　など

●扶養を求めることで、明らかに要保護者の自立を阻害することになると認められる場合

- ・夫の暴力から逃れてきた
- ・虐待等の経緯がある

## ②厚労省の方針転換──「扶養照会ありき」ではなくなった

福祉事務所のケースワーカーに対して国が業務の手順や判断基準を示している「生活保護問答集」（厚生労働省）が、2021 年 4 月に見直されました。まさしく、保護申請者が扶養照会を拒んでいる場合の対応のあり方について記載してあり、①理由を丁寧に聞き取ること、②照会の対象となる扶養義務者が『扶養義務履行が期待できない者』に該当するか否かという観点から検討を行うこと──の徹底を福祉事務所に求めています。つまり、今はもう「扶養照会ありき」の窓口対応ではなくなっています。

## ③申請を阻む「心理的負荷」

家族との積年の人間関係のもつれや過去のつらい体験を初対面の相談員に話すことは、相当の心理的負荷を伴うものです。特に、それが「こういう事情なので、配慮をお願いします」と、“特別扱い”を求める場面であれば、なおさらです。相談員から、「あなたのような方はよくいらっしゃるんですよ」「その程度では配慮の対象とはなりません」などと突き放されたときのことを想像して、申請をあきらめてしまうのも無理からぬことです。

しかし、理由が説明されなければ、福祉事務所としても配慮のしようがありませんし、そもそも申請がなければ保護することもできません。こういう場に立ち会った相談援助職にできることは、不安や葛藤を受け止めつつ、制度の正確な情報を伝えて、申請できるように背中を押してあげることでしょう。

### “事前にメモを用意しておく”という手も

いざ勇気を出して申請に臨んだとしても、窓口で相談員と向かい合ったとき、何をどう筋道立てて話せばよいのか、頭が真っ白になってしまうようなこともあるでしょう。そういうときに備えて、事前に「メモ」を作っておくという手もあります。

何を話すかが紙に書いてあれば、気持ちは落ち着くでしょう。また、それを取り出して相談員と一緒に見ながら話を進めれば、より伝わりやすくなるかもしれません。

●扶養照会を拒否する場合の対応

扶養照会の拒否

親族に扶養照会しないでください

その理由をお話しいただけますか？

メモを一緒に見ながら話を進めると効果的

➡「扶養が期待できないケース」「扶養照会が適当でないケース」に該当していれば、扶養照会しない

持ち家の場合の生活保護適用

# 収入がほとんどなく貯蓄も底をついてきたが、住居は持ち家。保護受給できる？

**A** その住居が、①保護申請を検討している人自身が住む家である、②処分価値が利用価値より著しく高くはない――の双方を満たしていれば、可能です。ただし、高齢者のみの世帯ではリバースモーゲージが優先します。

## ①そのまま住み続けたほうが「安上がり」ならOK

――第一に「居住用か否か」、第二に「処分価値の程度」がチェックされる

持ち家であろうが、賃貸であろうが、生きていくうえで住まいは必要です。売却処分しても、その後に毎月家賃が発生しますし、転居にあたっての一時的費用もかかります。そのため、福祉事務所での保護の要否判定では、売却処分するよりもそのままそこで住み続けたほうが安上がりであると判断される場合は、保有したままで受給を認めるという取り扱いになっています。

一方、自分の居住用に使っていない不動産や、居住用に使っていても一等地の立地であるなど処分価値が利用価値よりも著しく高い場合は、売却して生計維持に充てるよう指導がなされます。

売却より住み続けたほうが安上がりな場合
＝受給 OK

## ②高齢者のみの世帯では不動産担保型生活資金貸付が優先

65歳以上の独居・夫婦のみ世帯の場合は、要保護世帯向け不動産担保型生活資金貸付（リバースモーゲージ）を利用できないかどうかが検討されます。これは社会福祉協議会が実施している公的貸付制度で、居住中の家を担保に生計維持の現金を月々貸し付け、高齢者が死亡あるいは融資期間終了時に、不動産を処分して回収するという制度です。これを利用できる人は、生活保護に先立って貸付が行われます。利用できなかった人、利用してみたものの貸付限度額に達してしまった人には、生活保護が適用されます。

### ●要保護世帯向け不動産担保型生活資金貸付

|  |  |
|---|---|
| 貸付対象 | 生活保護が必要であると福祉事務所が認めた高齢者で、一定の居住用不動産（評価額がおおむね500万円以上）をもち、その住み慣れたわが家に今後も住み続けたいと希望する人 |
| 貸付限度額 | 居住用不動産の評価額の70%（集合住宅は50%） |
| 貸付月額 | 生活扶助基準額の1.5倍以内 |
| 貸付期間 | 貸付元利金が貸付限度額に達するまで、または貸付契約の終了時（借受人の死亡時）まで |
| 貸付利率 | 年3%、または毎年4月1日時点の長期プライムレートのいずれか低い利率 |
| 貸付までの流れ | ①福祉事務所に相談（貸付要件の確認）→②借入申込（不動産の評価・審査）→③契約・登記→④貸付開始 |

### ●高齢者が持ち家を所有しながら生活保護申請した場合の対応

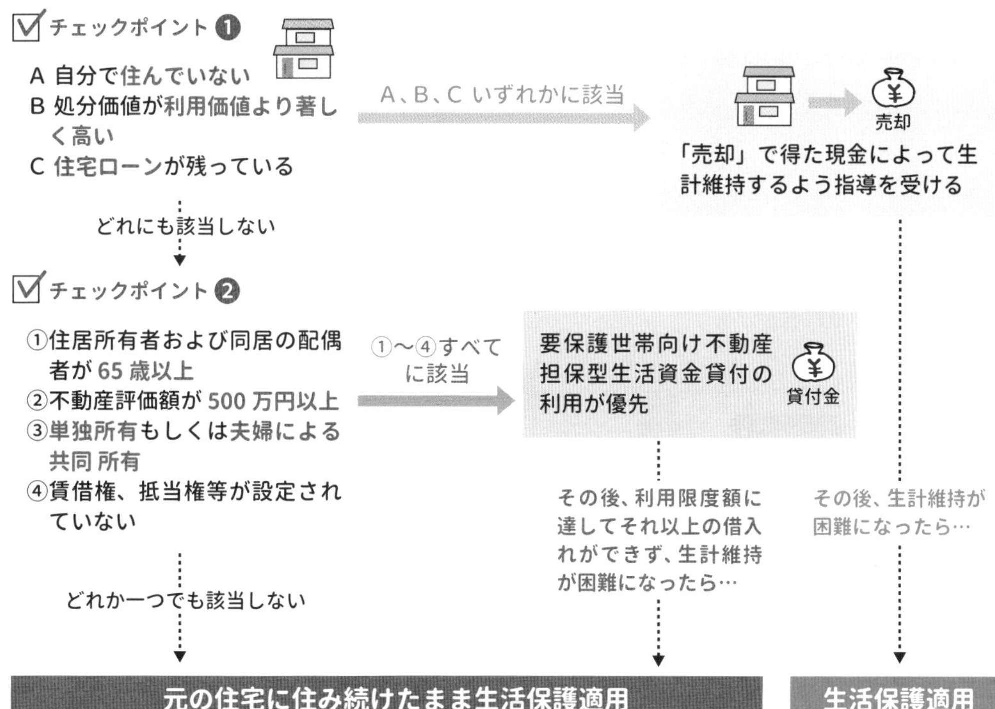

保護申請に至らなかった場合の対応

# 役所に生活保護の相談に行って、申請せずに帰ってきた利用者がいる。どのような対応が必要か？

**A** まず、申請できなかった経緯を本人に確かめます。そのうえで、市町村の生活困窮者自立支援制度の相談窓口、民生委員などにつなぎます。

## ①保護申請にならなかった経緯を確認し、関係機関につなぐ

本人自ら申請を思いとどまったのか、役所が申請を受け付けなかったのか、まず経緯を確認したうえで、関係機関につなぎます。

生活困窮という状況には、以下のような機関（人）が連携して支援に当たることとなっています。

●生活困窮への対応

## ②経緯によって必要な支援が変わる

つないだ先の機関（生活困窮者自立支援相談窓口等）では、生活保護によらない生計維持・生活再建が可能かも含め、どのような支援が本人にとって最善であるか、本人とともに検討していくことになります。その結果、「やはり保護が必要」ということであれば、円滑に保護申請がなされるように、窓口への同行も含めたつなぎ支援が行われます。保護申請にあたって、親族への照会の拒否等の障壁があれば、その理由を聴き取って、整理して、本人の意向が保護申請窓口に伝わるように対応がとられます。生活困窮の要因・背景となっている生活課題に対する支援も検討されます。

### ●再申請となった場合の対応

| 保護申請にならなかった経緯 | 必要となる支援 |
|---|---|
| ① 本人自ら申請を思いとどまった 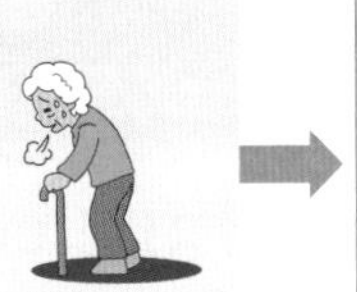 | ●生活保護によらない生活維持・生活再建が可能かも含め、どのような支援が本人にとって最善であるか、本人とともに検討。「保護が必要」ということであれば、再度保護の申請を行うように手配する<br>●保護申請にあたっての障壁があれば、その対応を検討<br>●生活困窮の要因・背景となっている生活課題に対する支援 |
| ② 役所が申請を受け付けなかった   | ●生活保護の申請に関する援助<br>（例）申請書類の準備支援、窓口への同行等 |

### 「水際作戦」には、関係機関を巻き込んで再申請

福祉事務所では、保護申請は受理しなければならないことになっています。したがって「申請書を受け取らない」という対応は明らかにルールを逸脱しています（申請させずに帰すという意味で、「水際作戦」などと称される）。厚生労働省も、折に触れて全国の福祉事務所に対し、「国民の保護申請権を侵害することのないように」と指導しているのですが、保護件数が増え過ぎないように、意図的に申請させまいとする市町村がまったくないとはいえません。

このような場合は、弁護士や司法書士など法律の専門家や、民生委員、地域包括支援センター職員らによる窓口への「同行」が、有効な打開策となります。民生委員や地域包括支援センターに事情を伝えて、再申請にあたっての同行を含めた支援を依頼しましょう。

認知症の人の保護申請

# 独居の認知症高齢者が困窮し、身寄りがない場合、代理での生活保護申請は可能か？

**A** 本人に代わって保護申請できるのは扶養義務者と同居の親族だけで、例外的に本人が成年被後見人である場合に限って、成年後見人による申請も認められます。それ以外の場合は、「職権保護」を福祉事務所に求めます。

## ① 申請できるのは本人、扶養義務者、同居親族、成年後見人

生活保護制度は、原則として、本人の申請によりすべての手続きが動き始めます。申請の資格がある人は、「本人」「扶養義務者」「同居の親族」のみで、代理人による申請は認められていません。ただし、本人がすでに後見開始の審判を受けていて、成年後見人が選任されている場合には、2021年10月から成年後見人による保護申請が認められるようになりました。一方、保佐人や補助人による保護申請は、認められていません。

●保護申請できる人

〇 本人
〇 同居の親族
〇 扶養義務者
△ 成年後見人
× 保佐人
× 補助人

本人が成年被後見人で、その後見人となっている場合

保佐人、補助人では保護申請できない

## ②困窮した認知症高齢者も「職権保護」の対象

生活保護制度は、保護を受けたいと思う人が自ら申請しなくてはならないという原則がありますが、「生存が危うい場合その他社会通念上放置し難いと認められる程度に状況が切迫している場合」は、通常の申請手続きを省略して、市町村長の職権で保護開始できるものとされています。これを「職権保護」または「急迫保護」といいます。たとえば、路上生活者が医療機関に救急搬送された場合や、意思能力の十分でない人が明らかに困窮している場合などに適用されます。

### ●職権保護（急迫保護）

生存が危うい場合その他社会通念上放置し難いと認められる程度に状況が切迫している場合

生活困窮に陥っている認知症の独居高齢者

救急搬送された

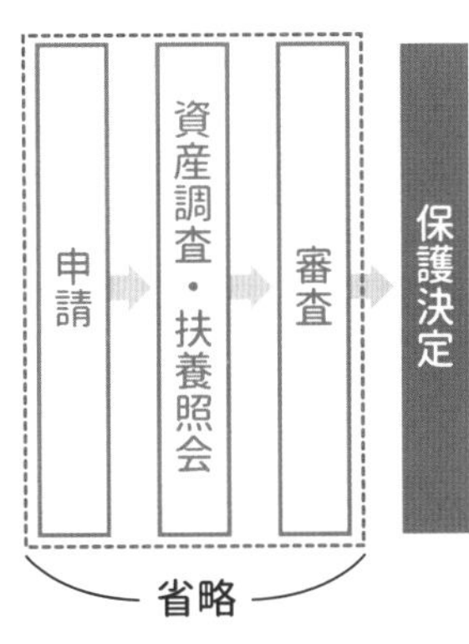

## ③「職権保護」の開始を福祉事務所にはたらきかける

さて、事例のようなケースに遭遇した場合ですが、代理申請の資格のある人（扶養義務者、同居親族、成年後見人）に連絡をとって、代理申請を促すことが急務です。代理申請のできる人がいなければ、福祉事務所または地域の民生委員に**「職権保護の対象となり得る人がいます」**と伝えて、早急に保護開始となるようにはたらきかけることが肝要です。

なお、保佐人または補助人がついているケースであれば、軸となって動いてもらってください。ただし、保佐人・補助人の役割は、本人に代わって保護申請する「代理人」ではなく、本人がいかに差し迫っている状況にあるかを福祉事務所に情報提供して、それを受けて福祉事務所が職権で保護開始するための「協力機関」という位置づけです。

いずれにしても、利用者にかかわる関係機関を把握しておくことで、いざというときにスムーズに対応できるようになります。

### ●職権保護による保護開始をはたらきかける

保護費の返還

## 保護費の「返還請求」は、どのような場合にも応じなければならないのか？

**A**　被保護者の立場からは理不尽でも、法に基づいた返還請求には応じざるを得ません。納得がいかない場合は、審査請求で処分撤回を求めるという流れになります。

### ①保護費の「返還請求」とは

保護開始後、被保護者にまとまった現金収入が入ると（下図）、その収入額を上限に、既に保護費として支払われてきた金額の全部または一部を「返還」しなければならないという決まりがあります。生活保護は、資産・能力その他あらゆるものを活用して、それでもなお最低限度の生活を営めない場合に実施されるものだからです。

ただし、必ずしも収入額をすべて返還請求されるとは限りません。福祉事務所には、自立更生のためのやむを得ない用途に充てるための「社会通念上容認される程度」の金額は、被保護者の手元に残るように、返還額を裁量できる権限が与えられているのです。

**●現金収入の返還が求められるケース**

交通事故などで損害賠償を受けたとき

生命保険などの保険金の支払いを受けたとき

不動産などの売却収入があったとき

年金・労災給付・手当などをさかのぼって受け取ったとき

## ②保護開始後のまとまった現金収入は返還対象

ここでよく問題になるのが、保護費返還と借金返済が重なるケースです。

被保護者に支給される保護費は、被保護者の生活維持のために支払われるものであるため、借金返済に充てることは認められていません。つまり、債務は受給前に整理しておく必要があります（Q６参照）。ただ、現金収入を得た被保護者が、貸主にお詫びの意を込めてその現金のなかから“返済”をしてしまうと、後が大変です。既に現金は手元にないにもかかわらず、今度は福祉事務所から「全額返還」を求められてしまうのです。下図がその例です。

納得がいかない場合は、審査請求または裁判で処分取消を求めるしかありません。なお、生活保護の処分取消に関する裁判は、審査請求を経たあとでなければ提訴できません。

### ●借金返済で手元に現金がなくても「返還」を命じられた例

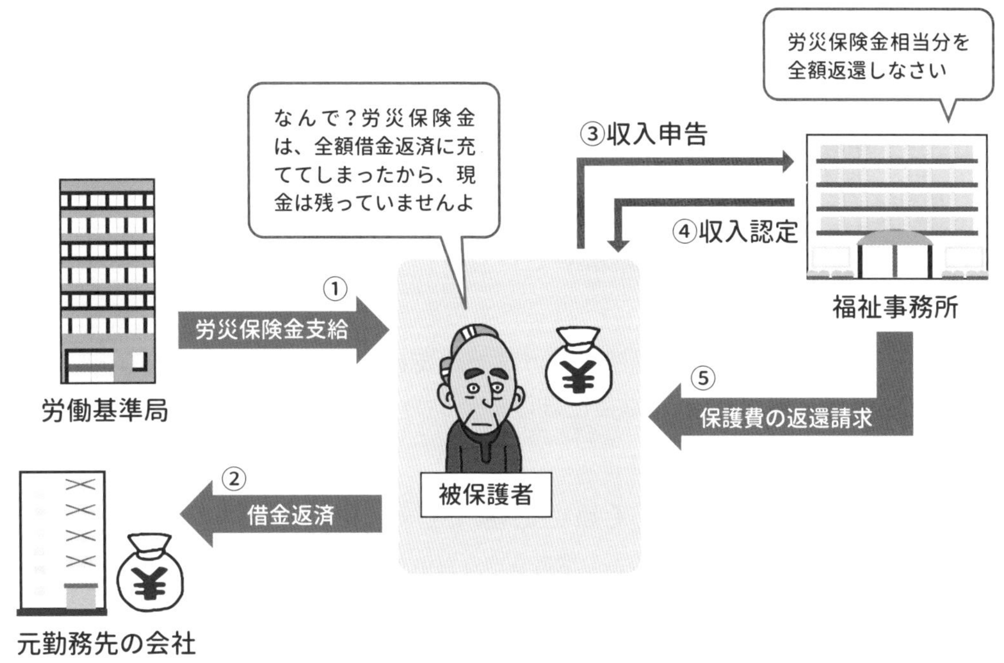

### 医療扶助を受けていると全額分の医療費を返還請求されることも!?

医療扶助が絡んでいると、それまで受けた医療費を10割負担で返還しなければならないという過酷な取り扱いになっています。医療扶助には高額療養費の概念もないので、場合によっては相当な額に膨らみます。福祉事務所の裁量で、要返還額から一定程度の控除が認められることもあり得るのですが、まさしく「制度の落とし穴」です。

ただ近年、福祉事務所を相手どった裁判で、返還請求の処分取消を命じる判決も出されており、流れが変わる兆しがみられます。

借金を抱える利用者への生活保護適用

# 多重債務を抱えている利用者でも、生活保護受給はできるか？

**A** 借金があること自体は、受給を妨げるものではありません。ただし、申請の段階で「債務整理」（通常は自己破産）を勧められることになります。

## ①保護費を借金返済に充てることはできない

保護費は「利用し得る資産、能力その他あらゆるものを使っても最低限度の生活水準に満たない部分を補うための給付」であるため、借金返済に振り向けることは制度上認められていません。借金のある人が生活保護を受けるには、以下のいずれかの対応をとる必要があります。

### ●借金がある人が生活保護を受けるための対応

①自己破産等によって借金の返済義務を帳消しにする

自己破産

②借金の返済を保護受給中は猶予してもらうよう債権者と合意する（保護脱却後に返済再開の約束を交わす）

債権者と合意

## ②まずは市町村の生活困窮者自立支援相談窓口につなぐ

生活破綻をきたしてしまうほどではないものの、多重債務で困っている利用者がいたら、まず市町村の「生活困窮者自立支援相談窓口」につなぐとよいでしょう。その利用者が現在どのような課題を抱え、どのような支援が必要かを整理し、債務整理のための法的支援や家計改善支援、あるいは生活保護申請などに適宜つないでくれます。その他、日本クレジットカウンセリング協会の「多重債務ほっとライン」や、法テラスのサポートダイヤルでも相談を受け付けています。

### ●多重債務や法的手続きに関する相談窓口

| 生活困窮者自立支援相談窓口（各市町村） | 日本クレジットカウンセリング協会 | 法テラス（日本司法支援センター） |
|---|---|---|
| 生活上のさまざまな相談をワンストップで受け付け、来談者の課題を整理するとともに、必要に応じて債務整理等を含めた情報提供や専門的助言、債務整理に関係する窓口等へのつなぎや同行、家計改善支援のサービスを提供します。 | クレジットや消費者ローンを利用して多重債務に陥った人に対して、消費者保護の立場からカウンセリングを提供している公益財団法人です。<br>「多重債務ほっとライン」では、オペレーターが内容に応じてアドバイスします。<br>📞多重債務ほっとライン：0570-031640 | 国が設立した法的トラブル解決のための「総合案内所」です。「サポートダイヤル」ではオペレーターが困りごとに応じて問題を解決するための法制度や手続き、適切な相談窓口を無料で案内してくれます。<br>📞サポートダイヤル：0570-078374 |

### 多重債務者は特に注意―ヤミ金融の魔の手

なお、多重債務問題で困っているときというのは、藁にもすがるような心理状況ですから、ヤミ金融に引っかかり、さらに困難な状況に陥ってしまうリスクとも隣り合わせです。最近のヤミ金融の手口は想像以上に巧妙で手が込んでいます。好条件をうたった広告や不審な勧誘等には十分に注意するよう、注意喚起してください。

金融庁リーフレット「借金で悩んでいませんか？」より

介護離職者の生活再建支援

# Q7 介護離職後に貯蓄を使い果たした家族がいる。生活再建に向けてどんな支援が必要？

A 「所得」「職業能力」「メンタルヘルス」というように課題を３つに切り分けて対応します。

## ①３つの課題と活用可能な社会資源

介護離職して長期間経過した後に介護者が直面する主な課題は以下の３つです。

それぞれに対応する制度・社会資源があります。

| ❶ 家計破綻の危機 | ❷ 就業からの長期離脱による職業能力低下 | ❸ 介護ストレス・孤立感 |
|---|---|---|
| ● 生活困窮者自立支援相談窓口<br>困りごとのワンストップサービス、家計改善支援、生活福祉資金貸付制度の紹介<br><br>● 福祉事務所<br>生活保護制度による保護<br><br> | ● ハローワーク<br>求職者支援制度<br>（給付金を受給しながら職業訓練を受けられる制度）、職業紹介<br><br>● 生活困窮者自立支援相談窓口<br>困りごとのワンストップサービス、就労支援<br><br> | ● よりそいホットライン<br>24 時間 365 日無料の電話相談サービス：<br>📞 0120-279-338<br><br>● 家族介護者の集い、認知症カフェ等<br><br>● 医療機関・保健所等<br><br> |

## ②ハローワークによる「求職者支援制度」とは

雇用保険を受給できない人（介護離職後に長期間就業していなかった人も対象）に対し、以下のような支援を行う制度です（要件は50ページ参照）。

①無料の**職業訓練**（求職者支援訓練）の提供

②受講期間中の所得を保障するための給付金「**職業訓練受講給付金**」の支給

③受講修了後にハローワークで実施する**就職支援**

**職業訓練受講給付金の支給額**

職業訓練受講手当：月額10万円

通所手当：通所経路に応じた交通費実費（上限あり）

寄宿手当：月額1万700円

## 生活困窮者自立支援制度における「就労支援」とは

生活困窮者自立支援制度では、ハローワークによる就労支援の前段階として、さまざまな課題を抱え就労が容易でない人も含めて、その段階・状態像に応じて以下のような就労支援が提供されています。

- 就労に関する相談・助言、個別の求人開拓やハローワークへの同行
- ハローワークとチームを組んでの就労支援
- 就労に向けて一定の準備が必要な人に対する日常生活習慣改善等の支援（就労準備支援事業）
- 就労準備支援事業による支援を経てもなお一般就労が難しい状態の人に対する「就労体験」「支援付き雇用」のプログラム実施（いわゆる「中間的就労」）

保護廃止後の負担増への対応

# 生活保護が廃止になると負担免除や特例扱いはどうなるか？

**A** 国民健康保険など公的医療保険への加入義務が生じ、受診時の自己負担分も支払う必要が出てきます。また、60歳以下であれば、国民年金保険料の法定免除対象ではなくなります。さまざまな形で負担が増えることとなります。

## ①保護廃止→負担免除や特例扱いが適用されなくなる

被保護者に経済的自立の見通しが立ち、保護受給の必要がないと認められると、「保護廃止」となります。ただし、本人のおかれた状況にかかわらず、「生活保護基準」自体が引き下げられたことで結果として保護廃止となる場合もあります。

保護受給中に講じられていた医療・年金にかかる負担免除や特例扱いは適用されなくなり、以下のような影響が生じることとなります。

| 住民税等の納税 | 医療保険への加入・保険料の納付 | 受診時の自己負担 |
|---|---|---|
| 所得が一定以上であれば住民税等の納税義務が課せられる | 国民健康保険などの医療保険への加入が義務づけられ、保険料の納付義務が生じる | 医療機関の受診時に自己負担分（定率）を支払う必要が生じる |

| 高額療養費の自己負担 | 公費負担医療の自己負担 | 国民年金保険料 |
|---|---|---|
| 所得区分に変更があった場合、高額療養費の自己負担限度額に影響が生じる | 所得区分に変更があった場合、難病医療費助成制度、自立支援医療等の公費負担医療の自己負担限度額に影響が生じる | 国民年金保険料の「法定免除」対象から除外される |

| 介護保険料 | 「介護保険優先」の適用 |
|---|---|
| 所得区分に変更があった場合、介護保険料額に影響が生じる。ただし、年度途中の保護廃止の場合、年度内は第１段階のままとなる | 「みなし２号」として介護扶助／障害者総合支援法の自立支援給付を受けていた人は、「介護保険被保険者」となり「介護保険優先」という原則が適用される |

## ②医療保険・年金に関する手続き

### ①国民健康保険（後期高齢者医療制度）への加入手続き

就職して健康保険に加入しない場合は、国民健康保険（75歳以上の場合は「後期高齢者医療制度」）に加入します。原則として、保護廃止決定から14日以内に市町村に届け出をする必要があります。

| | |
|---|---|
| 届出先 | 市町村 |
| 持ち物 | ・生活保護廃止決定通知書<br>・身分証明書（マイナンバー関係書類など。なくても手続きは可能です） |
| 注意事項 | ・届出期限に遅れると、国保等の加入資格が発生したとき（保護廃止決定時）にさかのぼって（上限２年間）保険料を支払わなければなりません。<br>・届出の前日までの医療費は全額自己負担となるため注意が必要です。 |

### ②国民年金保険料の法定免除事由の消滅

国民年金第１号被保険者であれば、法定免除に該当しなくなったことを、速やかに届け出をする必要があります。窓口に備え付けの「国民年金保険料免除事由（該当・消滅）届」に必要事項を記入して提出します。その際、併せて申請免除の届け出をすることも可能です。

| | |
|---|---|
| 届出先 | 市町村または年金事務所 |
| 持ち物 | 生活保護廃止決定通知書 |
| 注意事項 | 国民年金の保険料をさかのぼって納めることができるのは納付期限から２年間であり、過去にさかのぼって免除申請が認められるのも２年間です。法定免除事由消滅届を出し忘れて２年以上が経過してしまうと、２年以上前の月については後から保険料を納めることも、免除を申請することもできなくなり、保険料未納期間として確定してしまいます。 |

保護受給が可能となる世帯分離の例外

# Q9 介護保険と同様に、同居中の親を「世帯分離」して生活保護を受給させることは可能か？

**A** 基本的には認められません。生活保護制度では、たとえ住民票上で別世帯に分けていても、同じ住居に住んで生計も一緒の場合は「同一世帯」とみなされます。ただし、一部の例外があります。

## 医療保険や介護保険の「世帯」とは概念が違う

### ──生計が一緒なら生活保護では「同一世帯」

医療保険や介護保険では、同居していても住民票を分ければ「世帯分離」できますが、生活保護は違います。保護の要否は世帯単位で判定されます。つまり、同居する世帯で一部の人だけ生活保護を受給させて生活費を浮かせるということはできません。

ただし、同居していても「世帯分離」できる例外があります。それは、世帯単位で保護するより個人単位で保護したほうが、その世帯の自立に資する場合です。

**●生活保護における「世帯単位」の原則**

同一の住居に居住し、
生計を一にしている人は
**「同一世帯員」として認定**

世帯単位で判定

以下の場合も「同一世帯員」として認定
- ●出稼ぎをしている
- ●子が義務教育のため寄宿している
- ●勤務等の都合で子を知人等にあずけ、生活費を仕送りしている
- ●病気治療のため入院中。または、介護老人保健施設への入所中
- ●職業能力開発校等に入所している

## ●生活保護における「世帯分離」の例外的ケース

**その1** 「寝たきり」「重度の心身障害者」等で、常時の介護または監視を要する者

同一世帯

同居する家族

常時の介護または監視を要する者

世帯分離

同居する家族

常時の介護または監視をする者

条件

常時の介護または監視を要する者が…

| （ア）配偶者である場合 | （イ）配偶者ではない場合 |
|---|---|
| ①仮に世帯分離を行わないとすれば、その世帯が要保護世帯となると見込まれる<br>②配偶者の収入が当該要保護者の受給する保護費のなかの「一般生活費」以下である | 仮に世帯分離を行わないとすれば、その世帯が要保護世帯となると見込まれる |
| ①、②ともに満たしていれば、世帯分離可能 | 満たしていれば、世帯分離可能 |

**その2** 特別養護老人ホーム等に入所している者
（救護施設・養護老人ホーム・特別養護老人ホーム・介護老人福祉施設等）

出身世帯

特養等に入所している要保護者

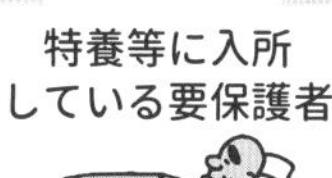

世帯分離

出身世帯

特養等に入所している要保護者

条件

世帯内に当該要保護者の配偶者がいても、いなくても仮に世帯分離を行わないとすれば、その世帯が要保護世帯となると見込まれる

満たしていれば、世帯分離可能

### 要件を満たさなくなれば世帯分離は「解除」

仮に、例外的ケースに該当して世帯分離できても、少なくとも年１回以上、世帯の収入、資産の状況、就学の状況や、世帯構成、地域の生活実態との均衡および世帯分離の効果などが調査されます。その際、要件を満たさなくなったと判断された場合には、世帯分離は解除され、世帯全体で保護の要否および程度が決定し直されます。

被保護者死亡後の葬祭等の手続き

# 独居で生活保護受給中の利用者が死亡した場合、葬祭は誰が行うのか？

A 葬祭は、扶養義務者、かかわりのあった民生委員（善意の個人として）、または市町村によって執り行われます。

## ①葬祭を行うのは「扶養義務者」or「善意の個人」or「市町村」

被保護者が亡くなると、扶養義務者（夫婦、直系血族、兄弟姉妹）がいれば福祉事務所から連絡がいきます。火葬や葬儀、遺骨の引き取りを依頼するためです。

「承諾」が得られれば、葬祭は遺族たる扶養義務者の手によって行われます。費用は扶養義務者による負担となります。ただし、扶養義務者自身も生活保護受給中であるなど費用負担が困難な場合には、生活保護から葬祭扶助を受給することができます。

扶養義務者に「拒否」された場合や、扶養義務者が誰もいない場合は、知人などの関係者や民生委員で善意により個人的に喪主を引き受けてくれる人がいれば、葬祭扶助を受けて葬祭が実施されます。喪主の引き受け手が誰もいなければ、「墓地、埋葬等に関する法律」により、死亡地の市町村が葬祭を行います。

●状況別にみた葬祭実施主体

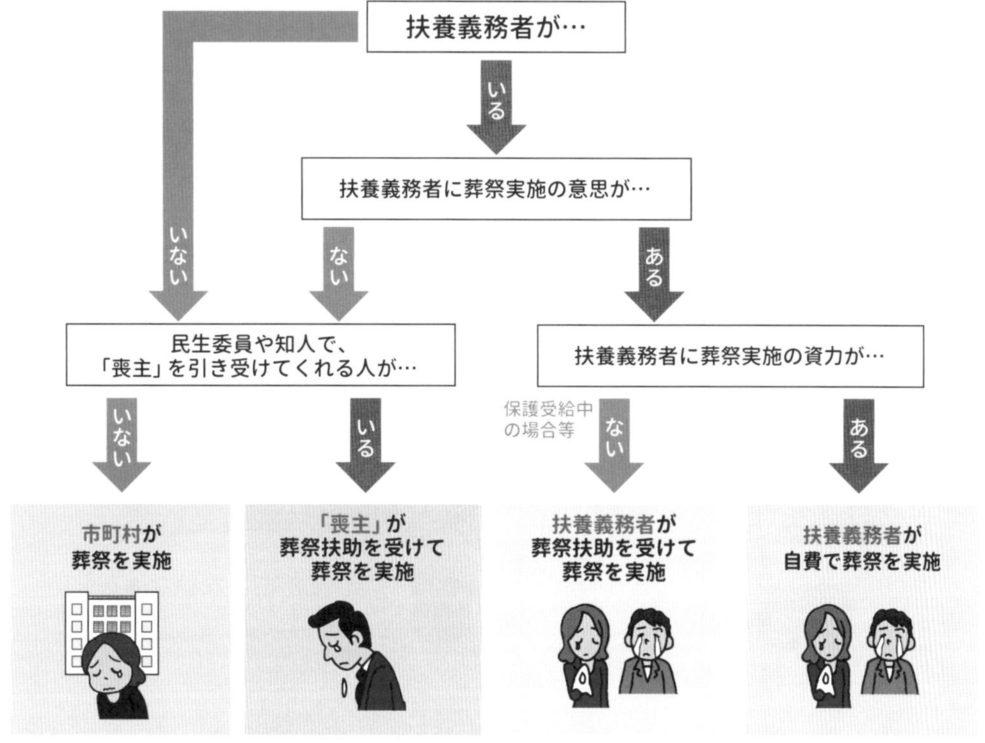


## ②遺留金は葬祭費用に充当、残余分は相続人へ、不在なら国庫へ

亡くなった被保護者に遺留金があった場合は、葬祭費用に充てられます。それでも財産が残った場合は、相続人に対して引き継がれます。

なお、相続人がいない場合または不明な場合には、福祉事務所から家庭裁判所に対して相続財産管理人の選任が依頼されます。選任を受けた相続財産管理人は相続財産の整理を行い、相続人が見つかった場合は債務処理などの清算後に残った財産を引き継ぎ、いなかった場合は国庫に帰属させることになります。ただし、残った財産額が相続財産管理人の選任の申立てに必要な費用に満たない場合は、申立てをせず、弁済供託とすることが認められています。

●遺留金の扱い

「みなし２号」のケアプラン作成

# 生活保護の「みなし2号」の人についてケアプラン作成を依頼されたが、障害福祉サービスの分まで記入が必要か？

**A** 地域ごとにやり方はさまざまですが、おおむね、障害福祉サービスも含めてケアプラン作成を求められることが多いようです。

## ①障害者総合支援法による自立支援給付が優先

「みなし２号」の人に対する介護サービスは、生活保護法による介護扶助よりも、障害者総合支援法による「自立支援給付（障害）」のほうが優先します。自立支援給付（障害）からの介護サービスだけでは量や種類という点でニーズを満たせないという場合に限って、介護扶助によるサービスが提供されます。ここで、ケアマネジャーの出番となるわけです。「みなし２号」の人に対する介護サービスは、生活保護担当、障害者福祉担当、介護保険担当という異なる３領域の担当者が分担・連携・協業しながら提供することとなります。

### ●介護扶助と障害者総合支援法による給付の関係

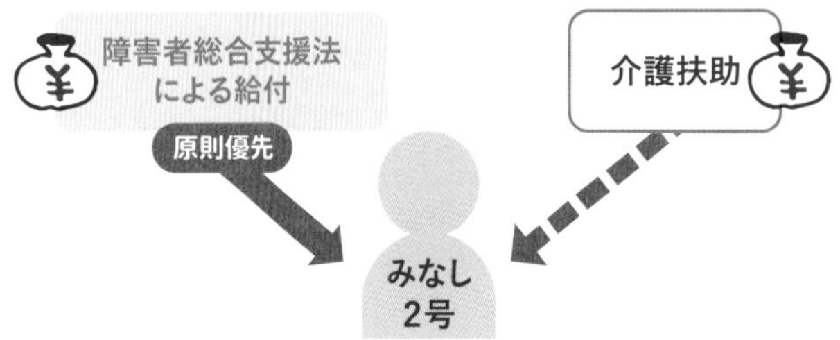

## ②状況によって誰がプラン作成をするかが変わる

プラン作成は、「自立支援給付のみの場合」「介護扶助からも自立支援給付からもサービスを入れる場合」「介護扶助のみの場合」で異なります（下表）。本事例は、表のⒷのケースで①の対応を求められたものです。介護扶助によるサービスが含まれていれば、ケアマネジャーの関与は必須となります。

### ●「みなし２号」のケアプラン作成

| Ⓐ自立支援給付のみの場合 | Ⓑ介護扶助からも自立支援給付からもサービスを入れる場合 | Ⓒ介護扶助のみの場合 |
|---|---|---|
| 障害福祉相談支援事業所の相談支援専門員が自立支援給付によるサービスにかかる「サービス等利用計画」を作成する | （①〜③のいずれか）<br>①ケアマネジャーが障害福祉サービスの分も含めたケアプランを作成する※<br>②障害福祉相談支援事業所の相談支援専門員による「サービス等利用計画」とケアマネジャーによるケアプランの両方を用意する<br>③相談支援専門員の資格をもつケアマネジャーの場合は１人で両方を作成することもできる | ケアマネジャーが介護扶助によるサービスにかかるケアプランを作成する |

※障害者総合支援法第 22 条第 5 項に基づく「セルフプラン」という位置づけになる。

## ③障害者手帳の有無とケアプラン

障害者手帳を持っているかどうかでケアプランの中身は以下のように変わってきます。

### 障害者手帳を持っている

- 障害福祉サービスを優先したプランとする
- 障害の等級によって利用できないもの、同等のサービスがないものについては、介護扶助を利用可能
- 介護扶助の給付上限額は介護保険法に定める支給限度額から障害福祉サービスの給付額を控除した額が基本となる

### 障害者手帳を持っていない

- 手帳がないことで利用できない障害福祉サービスを、介護扶助で補うプランとする（並行して、障害者手帳の取得手続きを進める：福祉事務所の役割）
- 手帳が取得でき次第、随時、障害福祉サービス利用へ移行する（左記の対応となる）

COLUMN

# コロナ禍で実施された特例貸付が返済困難な場合

## ――返済免除や返済猶予が認められるケースも

コロナ禍で緊急避難的に実施された「生活福祉資金の特例貸付」の利用は、のべ約382万件、貸付総額は約1兆4431億円にのぼったとされます。しかし、借入をした世帯がみな、収入の水準を回復して生活困窮リスクを脱するとは限りません。そこで、特例貸付には「返済免除」等のしくみが設けられています。

### 特例貸付の「返済免除」

**借受人と世帯主が「均等割・所得割いずれも住民税非課税」**であれば、申請により、返済が免除されます。借受人と世帯主以外の世帯員の課税状況は問われません。また、返済中に借受人が以下に該当した場合についても、返済困難な状況と認められれば、全部または一部の返済が免除対象となります。

- **生活保護を受給開始した**
- **死亡した / 失踪が宣告された**
- **自己破産した**
- **精神障害者保健福祉手帳（１級）または身体障害者手帳（１級または２級）を交付された**

### 返済猶予、返済額の引き下げ

免除の要件には該当しないものの返済が困難であるという場合には、一定期間の返済猶予や、月々の返済額の少額化などの措置を受けられる可能性があります。社会福祉協議会では、「個々の状況に応じた柔軟な対応を行うべきこと」「必要に応じて生活再建に向けた支援や生活保護につなぐべきこと」が申し合わされていますので、返済が厳しくなってきた世帯においては、**まず社会福祉協議会に相談する**ことをおすすめします。

### ●返済猶予の要件

①地震や火災などに被災した場合
②病気療養中の場合
③失業または離職中の場合
④奨学金や事業者向けのローン（住宅ローンを除く）など、ほかの借入金の償還（返済）猶予を受けている場合
⑤自立相談支援機関に相談が行われた結果、当該機関で、借受人の生活状況から償還猶予を行うことが適当であるとの意見が提出された場合
⑥都道府県社会福祉協議会会長が①～⑤と同程度の事由によって償還することが著しく困難であると認める場合

第2章

# 障害者福祉

# ❶「障害者福祉制度」をザックリ押さえよう!

## 横断的なサービス体系

「障害者権利条約」に署名する164か国・地域のうちの一つであるわが国では、障害の有無にかかわらず、国民の誰もが互いに人格と個性を尊重し支え合って共生する社会を目指して、障害者の自立と社会参加を支援する取組みが、法律に基づいて実施されています。

土台となる基礎部分が「障害者基本法」。ここに理念や国・自治体の責務が定められ、その上に障害種別ごとの"個別法"があります(身体障害者福祉法、知的障害者福祉法、精神保健福祉法など)。さらに、障害者の日常生活を支える福祉サービスや医療については、「障害者総合支援法」という法律で、障害種別の枠を越えて横断的かつ一元的に定められています。

## 本人の申請から始まる手続き

障害福祉サービスは、障害者本人または障害児の保護者が市町村に利用申請し、市町村による心身状況等の調査を経て「障害支援区分」が決定され、相談支援専門員によって「サービス等利用計画」が作成されて、利用できるようになります。

サービスメニューには、介護保険でもおなじみの「ホームヘルプ」「ショートステイ」のほか、通所介護に相当する「生活介護」もあります。一方、「居住の場」と「日中活動の場」を明確に切り分けたサービス体系となっている点、就労や地域生活を支える支援など幅広いサービスによって構成されている点が、介護保険とは異なります。

### ●障害者施策の法体系(高齢分野との比較)

| 障害分野 | | 高齢分野 |
|---|---|---|
| 障害者総合支援法 | サービスの内容・規制 | 介護保険法 |
| 身体障害者福祉法、知的障害者福祉法、精神保健福祉法、発達障害者支援法、難病法 | 個別法 | 老人福祉法 |
| 障害者基本法 | 基本法 | 高齢社会対策基本法 |

## ●障害福祉サービスのしくみ

**計画相談支援**　本人・家族の状態をアセスメントして、以下のサービスのなかから適したものを組み合わせて計画立案

**居宅への訪問・外出への同行**

**日中の生活・各種活動・就労の支援**

**居住の場の確保と、休日・夜間のケア**

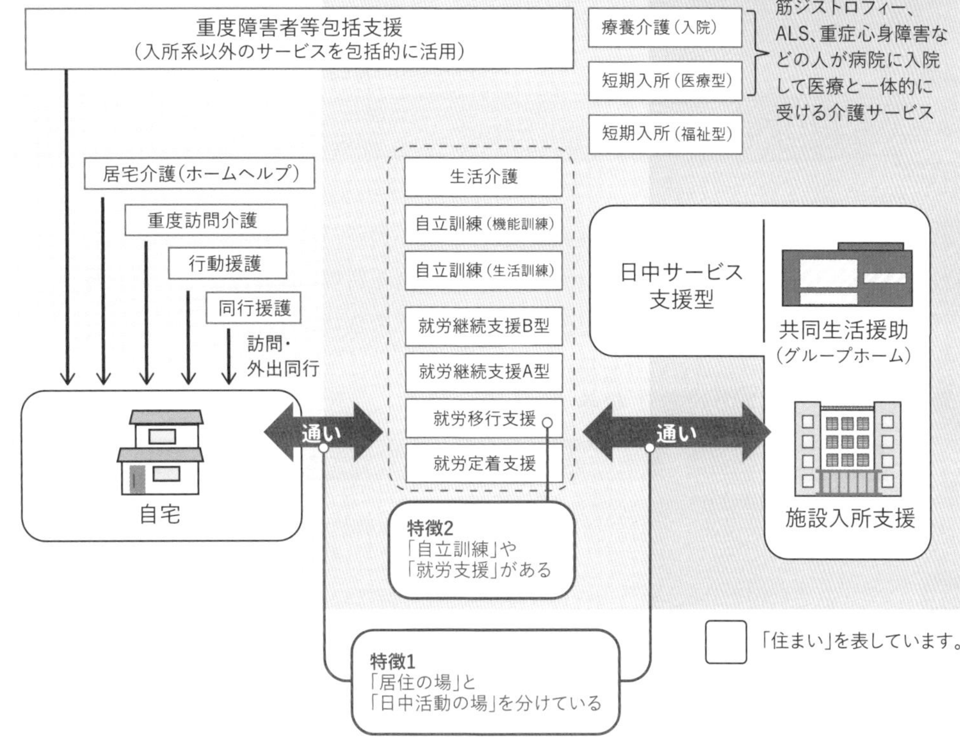


**地域で自立した日常生活が送れるようサポートするサービス**

**自立生活援助**　定期的な訪問で生活状況や健康状態を確認し、適宜対応

自宅

← **地域移行支援** ―
住居の確保、関係機関との調整、外出への同行支援

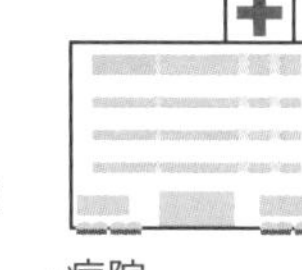
・病院
・障害者支援施設
・グループホーム

**地域定着支援**　常時の連絡体制を確保し、緊急時の相談等に対応

**補装具**　**自立支援医療**

出典：厚生労働省等資料をもとに筆者作成

# ❷活用までの流れとポイント

障害のある人が、障害者総合支援法に基づいて受けられる①障害福祉サービス、②自立支援医療、③補装具費支給制度について、給付の内容と手続きの流れを解説します。

## 1. 障害福祉サービス

### 利用対象

障害者総合支援法の対象者は、①身体障害者、②知的障害者、③精神障害者（発達障害を含む）、④特定の難病の患者、⑤障害児です。市町村にサービスを新規申請するときには、障害者手帳などの障害を有することを証する書類の提示が窓口で求められます。

●障害者総合支援法の対象になる人

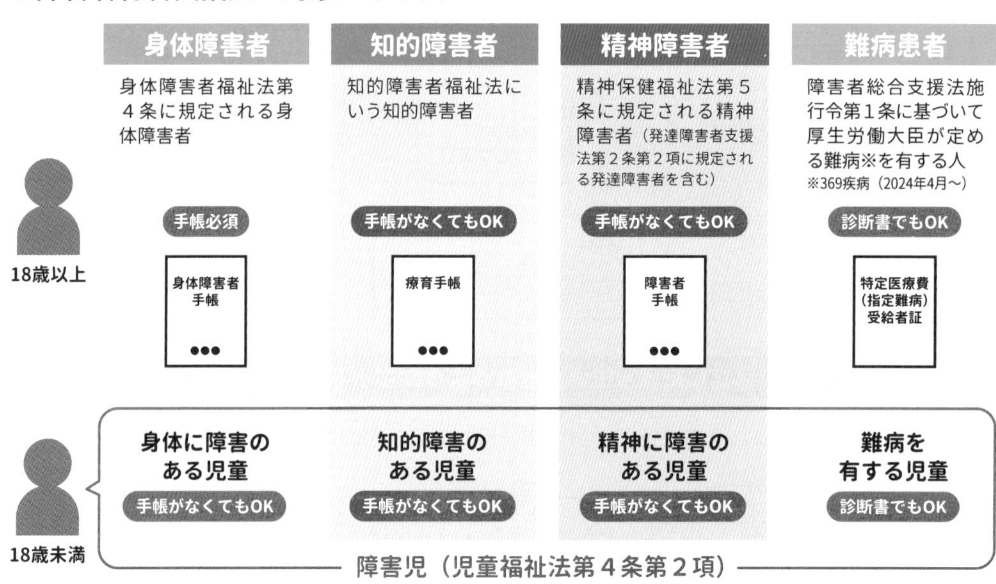


●障害を有することを証する書類・確認方法等

| 身体障害者 | 知的障害者 | 精神障害者 | 難病患者 |
|---|---|---|---|
| ・身体障害者手帳 | ・療育手帳<br>・手帳がなければ、市町村が必要に応じて児童相談所または更生相談所の意見を確認 | ・精神障害者保健福祉手帳<br>・障害年金の年金証書等<br>・自立支援医療受給者証（精神通院）<br>・診断書・意見書<br>・特別障害給付金の支給通知等 | ・特定医療費（指定難病）受給者証<br>・診断書 |

※障害児については、上記に加え、児童相談所の意見書や診断書等で確認する。

# 障害支援区分

## ①「必要な支援の度合い」で 6 段階の区分

どういうサービスをどれだけ受けることができるかは、本人の希望、家族等介護者の状況や居住環境、そして本人の心身状態に応じて決まります。

障害福祉サービスでは、介護保険でいうところの「要介護認定」のかわりに、「障害支援区分認定」が行われています。この障害支援区分は、障害の特性や心身の状態に応じて必要とされる「標準的な支援の度合い」を表すもので、全部で 6 段階の区分があります。

## ②一次判定と二次判定

利用申請後、認定調査員が訪問調査して結果をコンピュータにかけ（一次判定）、その結果と主治医意見書をあわせて審査会で二次判定——という流れで認定されます。

### ●障害支援区分の認定調査項目（80 項目）

| 1．移動や動作等に関連する項目（12 項目） |
|---|
| 1 寝返り／2 起き上がり／3 座位保持／4 移乗／5 立ち上がり／6 両足での立位保持／7 片足での立位保持／8 歩行／9 移動／10 衣服の着脱／11 じょくそう／12 えん下 |

| 2．身の回りの世話や日常生活等に関連する項目（16 項目） |
|---|
| 1 食事／2 口腔清潔／3 入浴／4 排尿／5 排便／6 健康・栄養管理／7 薬の管理／8 金銭の管理／9 電話等の利用／10 日常生活の意思決定／11 危険の認識／12 調理／13 掃除／14 洗濯／15 買い物／16 交通手段の利用 |

| 3．意思疎通等に関連する項目（6 項目） |
|---|
| 1 視力／2 聴力／3 コミュニケーション／4 説明の理解／5 読み書き／6 感覚過敏・感覚鈍麻 |

| 4．行動障害に関連する項目（34 項目） |
|---|
| 1 被害的・拒否的／2 作話／3 感情が不安定／4 昼夜逆転／5 暴言暴行／6 同じ話をする／7 大声・奇声を出す／8 支援の拒否／9 徘徊／10 落ち着きがない／11 外出して戻れない／12 1人で出たがる／13 収集癖／14 物や衣類を壊す／15 不潔行為／16 異食行動／17 ひどい物忘れ／18 こだわり／19 多動・行動停止／20 不安定な行動／21 自らを傷つける行為／22 他人を傷つける行為／23 不適切な行為／24 突発的な行動／25 過食・反すう等／26 そう鬱状態／27 反復的な行動／28 対人面の不安緊張／29 意欲が乏しい／30 話がまとまらない／31 集中力が続かない／32 自己の過大評価／33 集団への不適応／34 多飲水・過飲水 |

| 5．特別な医療に関連する項目（12 項目） |
|---|
| 1 点滴の管理／2 中心静脈栄養／3 透析／4 ストーマの処置／5 酸素療法／6 レスピレーター／7 気管切開の処置／8 疼痛の看護／9 経管栄養／10 モニター測定／11 じょくそうの処置／12 カテーテル |

# 申請から利用までの流れ

障害福祉サービスは、「サービス等利用計画」に基づいて提供されます。これは介護保険でいうところの「ケアプラン」に当たります。介護保険と大きく違うのは、支給決定に先立ってサービス等利用計画の「案」を市町村に提出するという点です。

## ①障害支援区分認定が実施されないサービスもある

就労支援と自立訓練については、障害支援区分にかかわりなく利用できるので、訪問調査までは実施されますが、障害支援区分認定は省略されます。

## ②申請書提出から利用までの日数

申請書提出から利用までの日数は、およそ1か月半～2か月くらいかかります。支援区分認定が省略される場合は、1か月～1か月半くらいです。

## ③計画作成にかかる自己負担と「セルフプラン」

サービス等利用計画作成にかかる費用負担はありません（全額給付されます）。なお、本人が自分で計画を作成すること（セルフプラン）も認められています。相談支援専門員ではないケアマネジャーなどの専門職による計画作成も「セルフプラン」として認められています。

**1相談・申請**

▶▶▶▶▶▶▶▶ **窓口へ出向いて手続き** ▶▶▶▶▶▶

❶使いたいサービスや困っていることなどを相談し、給付を申請します。申請にあたっては、障害を有することを証する書類（78ページ参照）を提示します。

❷申請が受理されると、「サービス等利用計画案」を、**相談支援事業所に依頼**して作成・提出するよう市町村が求めてきます。

「サービス等利用計画案提出依頼書」という書類が、市町村から交付されます。

受領する書類
サービス等利用計画案提出依頼書

**2サービス等利用計画案の作成依頼**

手渡す書類
サービス等利用計画案提出依頼書

◀◀◀◀◀◀ **自宅等を訪問** ◀◀◀◀◀◀◀◀◀

相談支援事業所に「サービス等利用計画案」の作成を依頼します。依頼したい事業所を選んで、電話をかけて担当者（**相談支援専門員**）に自宅等へ来てもらいます。

このとき、本人と相談支援事業所との間で契約を交わします。相談支援専門員は、本人等の希望を尋ね、アセスメントを実施します。

相談支援事業所

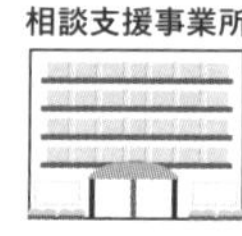

**3訪問調査～障害支援区分の認定**

◀◀◀◀◀◀◀ **自宅等を訪問** ◀◀◀◀◀◀◀◀◀

❶市町村の「認定調査員」が申請者本人の自宅等を訪問し、心身の状況や介護者の状況などの調査を行います。

❷認定調査員による調査結果をコンピュータで分析した一次判定結果、医師の意見書をもとに、市町村内の**障害支援区分認定審査会**が**障害支援区分を認定**します。

市町村

受領する書類
区分認定通知

❸ 市町村から「**区分認定通知**」が送られてきます。

❹ 区分認定の結果を**相談支援事業所**に連絡します。

**4 サービス等利用計画案の作成・提出**

受領する書類
サービス等利用計画案の控え

自宅等を訪問

❶ 前ページ 2 で聴き取った本人の希望、アセスメント結果、3 の障害支援区分認定の結果をもとに、相談支援専門員がサービス等利用計画案を作成します。

❷ 相談支援専門員が出来上がった案を持って自宅等を訪問し、説明がなされます。申請者は内容を検討し、了承できれば、署名します。

❸ 申請者署名済みの「**サービス等利用計画案**」が、相談支援事業所から市町村に提出されます。

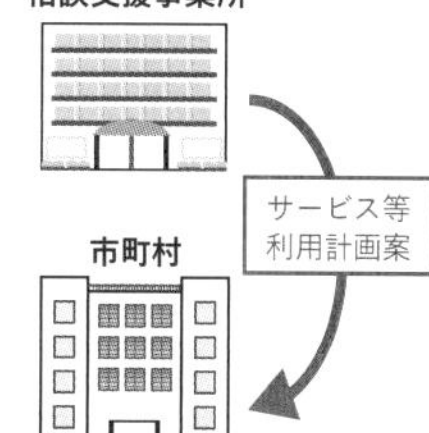


**5 支給決定**

受領する書類
受給者証

❶ 市町村は、提出された計画案や障害支援区分などをふまえて支給の要否を決定します。
支給決定の場合には内容を記載した「**受給者証**」が申請者に交付されます。

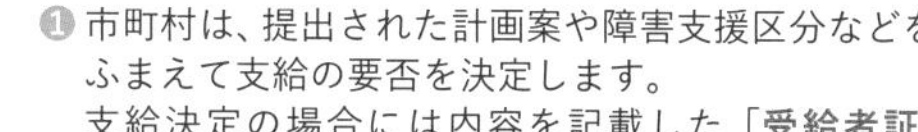

❷ 交付された受給者証を相談支援事業所に提示します。

提示：受給者証

**6 サービス担当者会議の開催**

相談支援事業所は、計画案に位置づけた福祉サービス等の担当者を集めて**担当者会議**を開いて、計画案の内容説明と各担当者の意見聴取を行います。

**7 サービス等利用計画の提出**

受領する書類
サービス等利用計画の控え

自宅等を訪問

❶ 相談支援事業所の相談支援専門員は、サービス担当者会議で出された意見を反映させて「**サービス等利用計画**」（本計画）を作成します。
❷ 相談支援専門員が、出来上がった「サービス等利用計画」を持って自宅等を訪問し、説明がなされます。申請者は内容を検討し、了承できれば署名します。
❸ 申請者署名済みの「サービス等利用計画」が、相談支援事業所から市町村に提出されます。

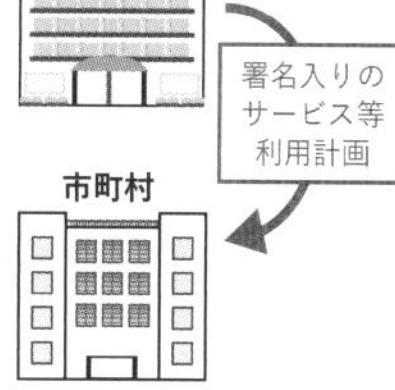


**8 サービスの利用**

❶ サービスを利用する事業者と利用に関する契約を行い、サービス利用開始となります。

❷ モニタリング期間ごとに相談支援専門員が利用者宅等を訪問し、サービスの利用状況と新たなニーズ等を確認し、適宜計画の見直しが行われます。

# サービス一覧

障害者総合支援法のサービス利用は、障害支援区分によって、支給が決定されます。「自立支援給付」は介護保険でいう居宅サービス・施設サービス等に相当し、「地域生活支援事業」は地域支援事業に近い位置づけになります。

## ①自立支援給付

全国共通の基準・報酬体系のもとで提供されるサービスです。

❶：利用できる区分　1：利用できない区分　▲：別途に定められた要件を満たせば利用できる区分

**訪問・同行・短期入所**

| **居宅介護（ホームヘルプ）** | 障害支援区分 | | | | | |
|---|---|---|---|---|---|---|
| 自宅での入浴、排泄、食事の介護などを行います | ❶ | ❷ | ❸ | ❹ | ❺ | ❻ |
| **通院等介助（身体介護あり）** | 障害支援区分 | | | | | |
| 居宅介護の対象者について、病院への通院、官公署での公的手続き等のための移動介助を行います | 1 | ▲2 | ▲3 | ▲4 | ▲5 | ▲6 |
| **通院等介助（身体介護なし）** | 障害支援区分 | | | | | |
| 居宅介護の対象者について、病院への通院、官公署での公的手続き等のための移動介助を行います | ❶ | ❷ | ❸ | ❹ | ❺ | ❻ |
| **重度訪問介護** | 障害支援区分 | | | | | |
| 常時の介護が必要な重度の肢体不自由者や知的・精神障害で行動上著しい困難を有する人を対象に、自宅での入浴、排泄、食事の介護、外出時における移動支援などを行います | 1 | 2 | 3 | ▲4 | ▲5 | ▲6 |
| **同行援護** | 障害支援区分 | | | | | |
| 視覚障害により、移動に著しい困難を有する人に、移動に必要な情報の提供、移動の援護等の外出支援を行います | 障害支援区分は不問。<br>別途要件を満たした場合に利用可 | | | | | |
| **行動援護** | 障害支援区分 | | | | | |
| 自己判断力が制限されている人を対象に危険回避のために必要な支援、外出支援を行います | 1 | 2 | ▲3 | ▲4 | ▲5 | ▲6 |
| **重度障害者等包括支援** | 障害支援区分 | | | | | |
| 常時介護が必要で、その程度が著しく高い人を対象に、居宅介護、行動援護、生活介護、短期入所、自立支援、就労継続支援など複数のサービスを包括的に提供します | 1 | 2 | 3 | 4 | 5 | ▲6 |
| **短期入所（ショートステイ）** | 障害支援区分 | | | | | |
| 日常介護する人が病気の場合などに、短期間（夜間も含む）の施設での入浴、排泄、食事の介護などを行います | ❶ | ❷ | ❸ | ❹ | ❺ | ❻ |

## 日中活動支援

* 印は 50 歳以上の場合に限って利用可。

|  | 障害支援区分 |
|---|---|
| **生活介護**<br>障害をもつ人が必要な介護を受けながら、健康維持のための運動やリハビリに取り組んだり、生産・創作活動に打ち込んだりして、日中をアクティブに過ごすことを支援します | 1 / *❷ / ❸ / ❹ / ❺ / ❻ |
| **療養介護**<br>医学的管理と介護を常時必要とする重度の障害者を、医療と生活の両面から支援する病院で受け入れて、機能訓練、療養上の管理、看護、医学的管理の下における介護や日常生活支援を提供します | 1 / 2 / 3 / 4 / ▲5 / ▲6 |
| **自立訓練（機能訓練）**<br>地域生活を送るうえでの種々の困難を軽減あるいは解消するために、理学療法や作業療法など、運動機能や日常生活動作能力の維持・向上を目的とした各種の訓練を提供します | ○ 障害支援区分による要件は設けられていません |
| **自立訓練（生活訓練）**<br>自立した日常生活・社会生活を営めるように、生活リズム、家事、体調管理、金銭管理、コミュニケーションなどにかかる訓練を提供して、生活能力の獲得をサポートします | ○ 障害支援区分による要件は設けられていません |
| **就労移行支援**<br>一般企業等への就労を希望する人に、就労に必要な知識の習得および能力向上のための訓練を一定期間行います | ○ 障害支援区分による要件は設けられていません<br>※ 65 歳以降の新規利用開始は不可（継続利用は可） |
| **就労継続支援 A 型**<br>一般就労が困難な人で、雇用契約に基づく就労が可能な人を対象に働く場の提供、知識・能力の向上訓練を行います | ○ 障害支援区分による要件は設けられていません<br>※ 65 歳以降の新規利用開始は不可（継続利用は可） |
| **就労継続支援 B 型**<br>雇用契約に基づく就労が困難な人を対象に、働く場の提供、知識・能力の向上訓練を行います | ○ 障害支援区分による要件は設けられていません |
| **就労定着支援**<br>一般就労に移行した人を対象に、就労に伴う生活面の課題に対応するための支援を行います | ○ 障害支援区分による要件は設けられていません |
| **就労選択支援**　※施行は 2025 年 10 月から<br>就労先・働き方について、本人の希望を聴き、就労能力や適性等をアセスメントのうえ、選択を支援します | ○ 障害支援区分による要件は設けられていません |

## 居住の場

＊印は 50 歳以上の場合に限って利用可。

| 共同生活援助（グループホーム） | 障害支援区分 | | | | | |
|---|---|---|---|---|---|---|
| 地域内に共同生活を送れる住居を確保し、日常生活の援助や介護、１人暮らし等への移行支援などを行います<br>●外部サービス利用型：介護は外部委託。主に夜間・休日<br>●介護サービス包括型：ＧＨ職員が介護。主に夜間・休日<br>●日中サービス支援型：ＧＨ職員が介護。24 時間対応 | ○ 障害支援区分にかかわらず利用できます | | | | | |
| **施設入所支援** | 障害支援区分※ | | | | | |
| 施設に入所する人を対象に、夜間や休日における日常生活の援助や介護などを行います | 1 | 2 | ＊3 | 4 | 5 | 6 |

※「施設入所支援」を利用できるのは、① 50 歳未満については区分 4 以上、② 50 歳以上については区分 3 以上です。ただし、当該施設の自立訓練または就労移行支援を利用する人で、「通所が困難」または「入所による訓練が効果的」であると認められた場合、当該施設の就労継続支援Ｂ型または生活介護を利用する人で、施設入所支援との組み合わせの必要性を市町村が認めた場合は、①②によらず、利用可能です。

## 地域生活支援

| 自立生活援助 | 障害支援区分 |
|---|---|
| 地域で暮らす障害者の“困りごと”に対応するべく、週１回程度訪問して生活状況を確認し、本人からの連絡を随時受けて相談に乗ったり、外出に同行したり、手続き支援や連絡調整を行ったりします | ○ 障害支援区分にかかわらず利用できます |
| **地域移行支援** | 障害支援区分 |
| 施設や精神科病院、保護施設、矯正施設等に入所、入院している人を対象に、住居の確保や地域における生活に移行するための活動の支援を行います | ○ 障害支援区分にかかわらず利用できます |
| **地域定着支援** | 障害支援区分 |
| 主に居宅の一人暮らしの障害者を対象に、常に連絡がとれる体制をとって、不安なときやトラブルが起きたときにＳＯＳを受け、緊急訪問を含む相談支援を行います | ○ 障害支援区分にかかわらず利用できます |

## 計画相談支援

| サービス利用支援 | 障害支援区分 |
|---|---|
| 障害福祉サービス等を利用する人の心身の状況や環境等を勘案し、利用するサービスの内容等を定めたサービス等利用計画案を作成し、区による支給決定後に、サービス提供事業者等と連絡調整を行い、当該支給決定等の内容を反映したサービス等利用計画の作成を行います | ○ 障害支援区分にかかわらず利用できます |
| **継続サービス利用支援** | 障害支援区分 |
| サービスの提供状況やニーズの充足状況を定期的に検証し、必要に応じてサービス等利用計画を見直します | ○ 障害支援区分にかかわらず利用できます |

## ②地域生活支援事業

地域のニーズや地理的条件、社会資源の状況などをふまえて、市町村や都道府県ごとに実施しているサービスです。全国一律の基準に基づいて提供されるものではないため、利用要件や利用料金に地域差があります。

| サービス | 支援の内容 |
|---|---|
| 理解促進研修・啓発 | 障害者に対する理解を深めるための研修や啓発事業を行います |
| 自発的活動支援 | 障害者やその家族、地域住民等が自発的に行う活動を支援します |
| 相談支援 | 障害のある人、その保護者、介護者などからの相談に応じ、必要な情報提供等の支援を行うとともに、虐待の防止や権利擁護のために必要な援助を行います。また、(自立支援）協議会を設置し、地域の相談支援体制やネットワークの構築を行います |
| 成年後見制度<br>利用支援 | 補助を受けなければ成年後見制度の利用が困難である人を対象に、費用を助成します |
| 成年後見制度<br>法人後見支援 | 市民後見人を活用した法人後見を支援するための研修等を行います |
| 意思疎通支援 | 聴覚、言語機能、音声機能、視覚等の障害のため、意思疎通を図ることに支障がある人とその他の人の意思疎通を仲介するために、手話通訳や要約筆記、点訳等を行う者の派遣などを行います |
| 日常生活用具給付等 | 障害のある人等に対し、自立生活支援用具等日常生活用具の給付または貸与を行います |
| 手話奉仕員養成研修 | 手話で意思疎通支援を行う者を養成します |
| 移動支援 | 屋外での移動が困難な障害のある人について、外出のための支援を行います |
| 地域活動<br>支援センター | 障害のある人が通い、創作的活動または生産活動の提供、社会との交流の促進等の便宜を図ります |
| その他（任意事業） | 市町村の判断により、必要な事業を行うものです。<br>【日常生活支援】<br>(1) 福祉ホームの運営<br>(2) 訪問入浴サービス<br>(3) 生活訓練等<br>(4) 日中一時支援<br>(5) 地域生活支援拠点・ネットワーク運営推進事業<br>(6) 相談支援事業所等（地域援助事業者）における退院支援体制確保<br>(7) 協議会における地域資源の開発・利用促進等の支援<br>(8) 市町村と地域生活定着支援センターの連携強化事業<br>【社会参加支援】<br>(1) レクリエーション活動等支援<br>(2) 芸術文化活動振興<br>(3) 点字・声の広報等発行<br>(4) 奉仕員養成研修<br>(5) 複数市町村における意思疎通支援の共同実施促進<br>(6) 家庭・教育・福祉連携推進事業<br>【就業・就労支援】<br>(1) 盲人ホームの運営<br>(2) 知的障害者職親委託 |

# 利用者が支払う負担と軽減措置

各サービスには公定の単価（障害福祉サービス等報酬）が値づけされています。事業者は、提供したサービスの内容・量に応じてサービス費を算定し、市町村に請求します。利用者は、サービス費の「１割」を事業者に支払う決まりになっています（以下、利用者負担）。その他、食費や光熱水費など、サービスによって支払いが求められる費用は異なります。

これらの支払いが負担可能な範囲におさまるように、障害者総合支援制度には二重三重の負担軽減策がとられています。

## ●利用者が支払う負担と軽減措置

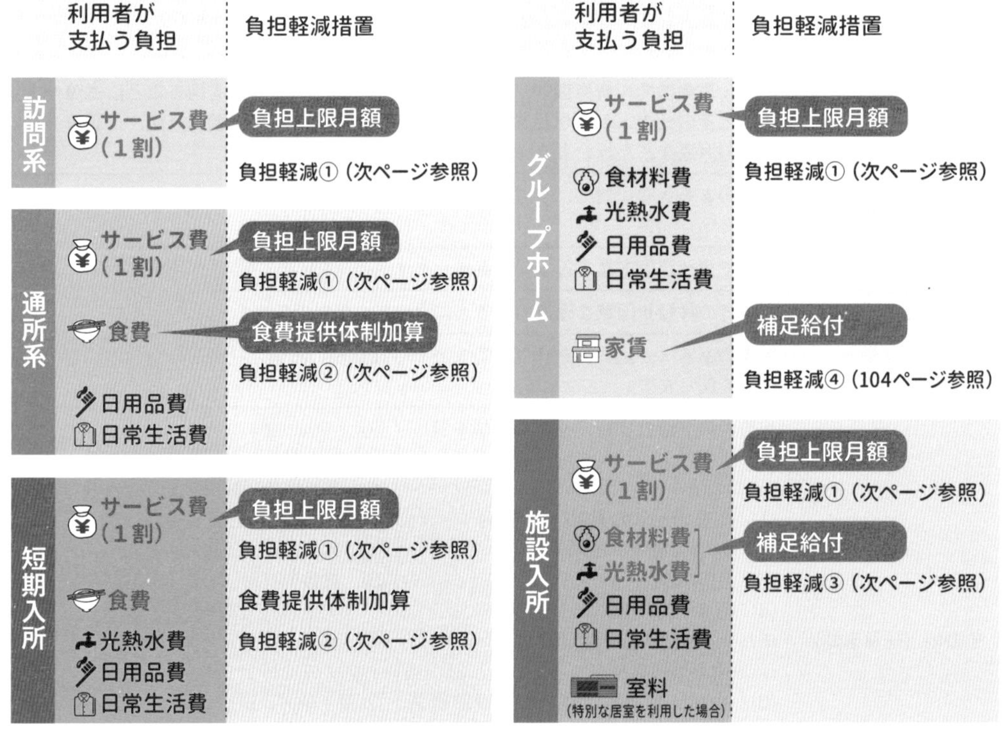

**負担軽減①　利用者負担の「負担上限月額」**

利用者負担については、本人および配偶者の所得に応じて、1か月あたりの上限額が定められています。どれだけサービスを利用しても、この負担上限を超えて利用者負担を求められることはありません。

障害者の支援区分の内訳は、障害年金が非課税であることも影響して、約8割が下図のなかの「低所得」区分となっています。次いで多いのが、1割強を占める「生活保護」です。つまり、両方合わせて9割超の人が、サービス利用にあたって「利用者負担なし」ということです。

なお、利用者が18歳未満の場合は、保護者の属する世帯の所得で判定されます。

### ●利用者負担の負担上限月額

**生活保護**　生活保護受給世帯　　全体の約1割の人が該当

0円（利用者負担はありません）

**低所得**　市町村民税非課税世帯　　全体の約8割の人が該当

0円（利用者負担はありません）

**一般1**　市町村民税課税世帯（障害者本人と配偶者の収入合計が600万円程度まで）
※利用者が18歳未満（施設入所の18～19歳を含む）の場合は、保護者の属する世帯の収入合計が890万円程度まで

| 障害児の通所／ホームヘルプ利用 →上限4,600円 | 障害者のグループホーム利用 →上限3万7200円 | それ以外は9,300円 |
|---|---|---|

**一般2**　市町村民税課税世帯（障害者本人と配偶者の収入合計が600万円程度以上）
※利用者が18歳未満（施設入所の18～19歳を含む）の場合は、保護者の属する世帯の収入合計が890万円程度以上

3万7200円

**負担軽減②　通所系サービスと短期入所**

「食事提供体制加算」として制度が肩代わりし、食費の人件費分が軽減されます。

| 対象となる所得区分 | | |
|---|---|---|
| 生活保護 | 低所得 | 一般1 |

**負担軽減③　障害者支援施設への入所**

**障害者支援施設に入所する20歳以上の入所者**

所得要件に該当している人を対象に、利用者負担相当額と食費・光熱水費の実費負担をしても、少なくとも手元に2万5000円が残るように補足給付が支給されます。

| 対象となる所得区分 | |
|---|---|
| 生活保護 | 低所得 |

### 障害児支援施設に入所する20歳未満の入所者

すべての入所者を対象に、地域で子どもを養育する世帯と同様の負担となるように、補足給付が支給されます。

| 対象となる所得区分 |
| --- |
| 全入所者 |

### 医療型障害児入所施設の入所者／療養介護の利用者

所得要件に該当している人を対象に、利用者負担相当額、医療費、食事療養費の負担を含めて、少なくとも2万5000円が手元に残るように、負担軽減されます。これを「医療型個別減免」といいます。

| 対象となる所得区分 |
| --- |
| 低所得 |

### 負担軽減④　グループホームへの入居

所得要件に該当している人を対象に、家賃補助として、1人あたり月額1万円を上限とした補足給付が支給されます。

| 対象となる所得区分 |
| --- |
| 低所得 |

### 負担軽減⑤　高額障害福祉サービス等給付費

同一世帯内で複数人が障害福祉サービスを利用していたり、1人で介護保険サービスと障害福祉サービスを併用していたりして、世帯全体での利用者負担合計が「3万7200円」を超えた場合、申請に基づき、超過分が還付されます。

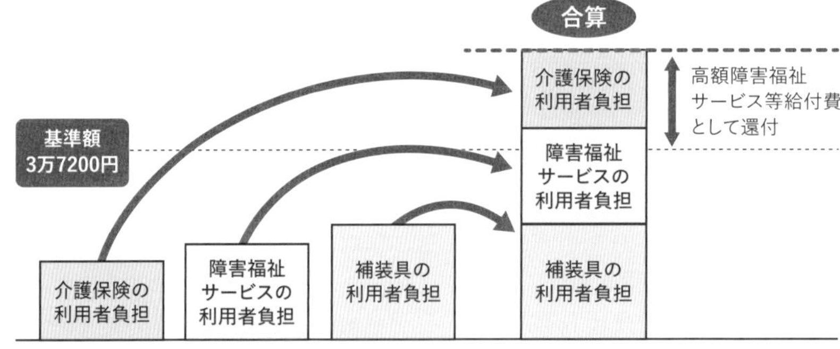


### 負担軽減⑥　境界層対象者に対する負担軽減

以上の軽減があってもなお、所要の負担を支払うと最低限度の生活が維持できず「生活保護を必要とする」状態に陥ってしまうことが確実な人に対して、追加的な負担軽減が図られます。

# 高齢障害者を対象とした負担軽減

65歳になると、それまで障害福祉サービスを利用してきた人も、介護保険制度の第1号被保険者となり、「介護保険優先の原則」が適用されて、介護保険にもあるホームヘルプ、デイサービス、ショートステイは介護保険から受けるように促されます（次ページ参照）。これによって、新たに利用者負担（1割分）の支払い義務を負うようになった人を対象に、申請に基づいて、支払った金額を市町村が払い戻すしくみがあります。これを「新高額障害福祉サービス等給付費」といいます。

## 「新高額障害福祉サービス等給付費」の手続き

まずは、いったん請求どおりに1割の利用者負担を介護保険サービス事業者に支払います。そのあとで、新高額障害福祉サービス等給付費の支給申請の手続きをとります。すると、数か月後に、いったん支払った額が還付されるという流れです。なお、1年に1回、まとめて還付する市町村が主流のようです。

### ●利用者負担の支払いから還付までの流れ

**❶利用者負担を支払う**
介護保険サービス事業者の請求する利用者負担を支払う

**❷支給申請手続き**
市町村に「新高額障害福祉サービス等給付費」の支給を申請する

**❸還付**
支払った額が市町村から還付される

**手続きに必要な書類**
・事業者が発行した領収書
・振込口座の通帳の写し（本人名義のもの）
・本人確認書類（障害者手帳、運転免許証など）
・個人番号が確認できるもの

### ●新高額障害福祉サービス等給付費の要件

☑ ①65歳以前の5年間にわたって※1障害福祉サービスの居宅介護、重度訪問介護、生活介護、短期入所のうちいずれかの支給決定を受けていて、介護保険移行後に訪問介護、通所介護、短期入所生活介護、地域密着型通所介護、小規模多機能型居宅介護のうちいずれかを利用した※2。

※1　5年間のうち、入院等をしていてこれらの支給決定を受けなかった期間があっても、それ以外の期間ですべて支給決定を受けていれば可
※2　介護予防サービスおよび地域密着型介護予防サービスは含まれない

☑ ②利用者とその配偶者が、市町村民税非課税者または生活保護受給者である

☑ ③65歳に達する日の前日時点で障害支援区分が「区分2」以上であった

☑ ④65歳に達するまでに介護保険法による保険給付を受けていない

# 「介護保険優先原則」について

障害者総合支援制度には、①65歳以上の人（介護保険第1号被保険者）、②40～64歳（同第2号被保険者）で特定疾病に該当する人は、介護保険と障害福祉のどちらにも存在するサービスを利用する場合には、障害福祉サービスから受けることが原則できないという決まりごとがあります。これを「介護保険優先原則」といいます。

これに該当するサービスは、以下の3種類です。

## ●介護保険給付が優先されるサービス

### ①グループホームの場合は個別に判断

グループホームも両方の制度に存在していますが、介護保険のグループホームは認知症の人に特化して共同生活を支援するサービスなので、障害特性に対応した障害福祉のグループホームとは内容・機能に違いがあります。したがって、すでに入居している人については、個別に今いる環境から新たな環境に移行したほうがよい合理的な理由があることが、移行の前提となります。

## ●グループホームの入居対象者

| 障害福祉 | 介護保険 |
|---|---|
| 共同生活援助<br>→対象は障害のある人※1 | 認知症対応型共同生活介護<br>→対象は認知症の症状がある要介護1以上の認定を受けた人※2 |

※1 身体障害者の利用は、「65歳未満の人」または「65歳に達する日の前日までに障害福祉サービス等を利用したことがある人」に限られます。

※2 認知症の原因となる疾患が急性の状態にある場合は対象となりません。

### ②「優先原則」が適用されないサービス

介護保険に存在しない、障害福祉固有のサービスには、介護保険優先原則は及びません。たとえば、以下のようなサービスは、介護保険被保険者であるか否かにかかわりなく、ニーズに応じて障害福祉から提供されます。

- ・同行援護・行動援護
- ・自立訓練（生活訓練）
- ・就労移行支援
- ・就労継続支援

### ③「優先原則」が適用されない場合

法律では介護保険優先を「原則」と定めていますが、厚生労働省は通知を発して「介護保険被保険者から障害福祉サービスの利用申請があった場合、市町村は本人の利用意向を具体的に聴き取って、本人が必要としている支援内容を介護保険サービスで提供できるか否かを適切に判断すること」と示し、条件に該当するか否かで一律・機械的に振り分けることのないように、市町村へ注意喚起しています。

●障害福祉サービスの提供が可能な3つのパターン

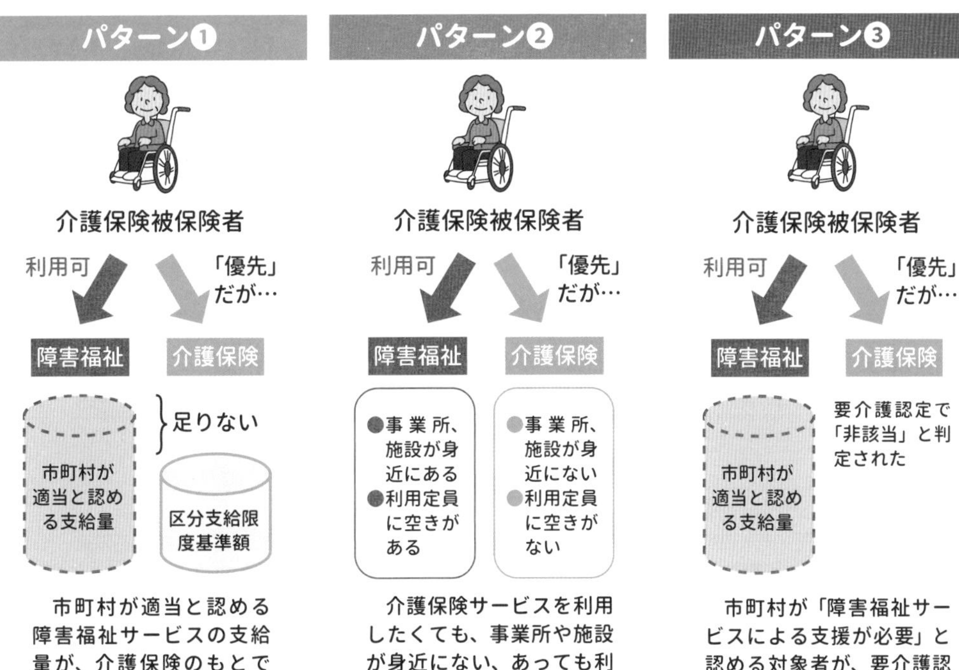


出典：「障害者の日常生活及び社会生活を総合的に支援するための法律に基づく自立支援給付と介護保険制度との適用関係等について（平成19年3月28日　障企発第0328002号・障障発第0328002号）（要約）」を一部改変

# 2. 自立支援医療

## 更生医療／育成医療――身体障害に関連する医療

身体障害者（障害児）に対し、障害の軽減や悪化防止のための治療を行う場合に、世帯の所得に応じて医療費を助成する制度です。都道府県によって指定された医療機関で利用できます。

### 対象となる医療

角膜手術、関節形成手術、外耳形成手術、心臓手術、人工透析療法、腎移植術、唇顎口蓋裂の歯科矯正、抗ＨＩＶ療法など。

### 給付内容

指定医療機関で受診すると、自己負担は「１割」となり、さらに所得区分・状態像に応じて、以下のような自己負担上限月額が適用されます。患者は、受診をしたすべての指定医療機関における自己負担額（窓口での支払額）を合算し、自己負担上限月額を限度として負担します。

### ●所得区分ごとの自己負担上限月額

| 所得区分 | 世帯の収入状況（育成医療は「保護者の収入」で判定） | | 自己負担上限月額 | |
|---|---|---|---|---|
| | | | 「重度かつ継続」に該当しない | 「重度かつ継続」に該当 |
| 生活保護 | 生活保護受給世帯 | 1割負担 | 0円 | |
| 低所得1 | 住民税非課税世帯（本人収入 80 万円以下） | 1割負担 | 2,500 円 | |
| 低所得2 | 住民税非課税世帯（本人収入 80 万円超） | 1割負担 | 5,000 円 | |
| 中間所得1 | 住民税課税世帯（市町村民税３万 3000 円未満） | 1割負担 | 医療保険の高額療養費に同じ（育成医療は 5,000 円※） | 5,000 円 |
| 中間所得2 | 住民税課税世帯（市町村民税３万 3000 円～23 万 5000 円未満） | 1割負担 | 医療保険の高額療養費に同じ（育成医療は１万円※） | 1万円 |
| 一定所得以上 | 住民税課税世帯（市町村民税 23 万 5000 円以上） | 3割負担 | 対象外 | ２万円※ |

注１　※の自己負担上限額は 2027 年３月末までの経過措置。
注２　「重度かつ継続」…次のいずれかの状態のこと。①腎臓機能障害、小腸機能障害、免疫機能障害、心臓機能障害（心臓移植後の抗免疫療法に限る）、肝臓機能障害（肝臓移植後の抗免疫療法に限る）、②医療保険の多数該当

**CHECK!!**

図表中の「重度かつ継続」とは、「治療に相当期間を要し、継続的に相当額の医療費負担がかかる状態」のこと。「中間所得１」「中間所得２」の人がこれに該当すると、記載の自己負担上限月額が適用される。「一定所得以上」の人は、自立支援医療の対象外だが、「重度かつ継続」に該当する場合に限り、自己負担上限月額が適用される（2027 年３月末まで）。

手続き

## ❶書類準備

以下の必要な書類をそろえます。

**必要な書類**

- 自立支援医療費支給認定申請書
- 自立支援医療意見書
- 特定疾病療養受療証の写し（持っている場合）
- 身体障害者手帳
- 被保険者証の写し(同一の保険にかかる全員分)
- 個人番号にかかる調書（本人確認書類）
- 住民税（非）課税証明書などの課税状況を確認できる書類（世帯全員分）

※育成医療の場合は、「世帯調書」が別途必要

## ❷意見書の作成

▶▶▶ 窓口へ出向いて手続き ▶▶▶

指定自立支援医療機関で「自立支援医療意見書」を作成してもらいます。

## ❸申請

▶▶▶ 窓口へ出向いて手続き ▶▶▶

①の書類には必要事項をすべて記入し、②の意見書を添えて市町村に申請します。

**提出する書類**
①②でそろえた書類

## ❹交付

**受領する書類**
- 医療受給者証
- 自己負担上限額管理票

身体障害者更生相談所が審査し、認定されれば「医療受給者証」と「自己負担上限額管理票」が交付されます。

## ❺受診

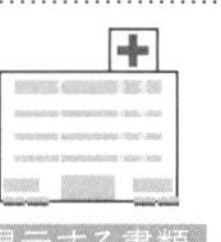

**提示する書類**
- 医療受給者証
- 自己負担上限額管理票

以後、指定自立支援医療機関に「医療受給者証」と「自己負担上限額管理票」を提示して受診します。医療受給者証の有効期間は原則３か月です（治療が長期に及ぶ場合は最長1年）。

# 精神通院医療

通院による精神医療を続ける必要がある人の通院医療費の自己負担を軽減する制度です。精神通院医療の対象となるか否かの判断は、症例ごとに医学的見地から行われます。

## 対象となる疾病

気分障害（統合失調症、うつ病、躁うつ病など）、精神作用物質（薬物など）による急性中毒または依存症、ストレス関連障害（PTSDなど）、不安障害（パニック障害など）、知的障害、心理的発達の障害、アルツハイマー型認知症、血管性認知症、てんかんなど。

## 給付内容

指定医療機関で受診すると、自己負担は「1割」となり、さらに所得区分・状態像に応じて、以下のような自己負担上限月額が適用されます。患者は、受診をしたすべての指定医療機関における自己負担額（窓口での支払額）を合算し、自己負担上限月額を限度として負担します。

### ●所得区分ごとの自己負担上限月額

| 所得区分 | 世帯の収入状況（育成医療は「保護者の収入」で判定） | | 自己負担上限月額 | |
|---|---|---|---|---|
| | | | 「重度かつ継続」に該当しない | 「重度かつ継続」に該当 |
| 生活保護 | 生活保護受給世帯 | 1割負担 | 0円 | |
| 低所得1 | 住民税非課税世帯（本人収入80万円以下） | 1割負担 | 2,500円 | |
| 低所得2 | 住民税非課税世帯（本人収入80万円超） | 1割負担 | 5,000円 | |
| 中間所得1 | 住民税課税世帯（市町村民税3万3000円未満） | 1割負担 | 医療保険の高額療養費に同じ | 5,000円 |
| 中間所得2 | 住民税課税世帯（市町村民税3万3000円～23万5000円未満） | 1割負担 | 医療保険の高額療養費に同じ | 1万円 |
| 一定所得以上 | 住民税課税世帯（市町村民税23万5000円以上） | 3割負担 | 対象外 | 2万円※ |

注1　※の自己負担上限額は2027年3月末までの経過措置。
注2　「重度かつ継続」…次のいずれかの状態のこと。①統合失調症、躁うつ病・うつ病、てんかん、認知症等の脳機能障害、薬物関連障害（依存症等）、②精神医療に一定以上の経験を有する医師が判断した場合、③医療保険の多数該当。

**CHECK!!**

図表中の「重度かつ継続」とは、「治療に相当期間を要し、継続的に相当額の医療費負担がかかる状態」のこと。「中間所得1」「中間所得2」の人がこれに該当すると、記載の自己負担上限月額が適用される。「一定所得以上」の人は、自立支援医療の対象外だが、「重度かつ継続」に該当する場合に限り、自己負担上限月額が適用される（2027年3月末まで）。

## 手続き

### ❶書類準備

以下の必要な書類をそろえます。

**必要な書類**

- 自立支援医療費支給認定申請書
- 自立支援医療診断書
- 被保険者証の写し（同一の保険にかかる全員分）
- 個人番号にかかる調書（本人確認書類）
- 住民税（非）課税証明書などの課税状況を確認できる書類（世帯全員分）

**CHECK!!**

自立支援医療診断書の扱いは以下のとおり。

- 精神障害者保健福祉手帳と同時に申請する場合は、手帳用の診断書１枚で申請可
- 診断書に基づいて交付された精神障害者保健福祉手帳があれば、意見書・診断書によらず手帳の写しで申請可
- 「高額治療継続者（重度かつ継続）」として申請する場合は、別途、意見書の添付が必要

### ❷意見書の作成

▶▶▶ **窓口へ出向いて手続き** ▶▶▶

**指定自立支援医療機関で「自立支援医療診断書」を作成してもらいます。**

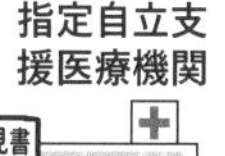


### ❸申請

▶▶▶ **窓口へ出向いて手続き** ▶▶▶

①の書類には必要事項をすべて記入し、②の意見書を添えて**市町村**に申請します。

**提出する書類**
①②でそろえた書類

### ❹交付

**受領する書類**
- 医療受給者証
- 自己負担上限額管理票

精神保健福祉センターが審査し、認定されれば**「医療受給者証」**と**「自己負担上限額管理票」**が交付されます。

### ❺受診

**提示する書類**
- 医療受給者証
- 自己負担上限額管理票

以後、**指定自立支援医療機関**に**「医療受給者証」**と**「自己負担上限額管理票」**を提示して受診します。有効期間は**1年**です（1年ごとに更新が必要）。

# 3. 補装具と日常生活用具

## 補装具

身体部位・機能を代償・補完する「補装具」の購入費や修理費が、自立支援給付の一環として支給されます（障害者本人と配偶者の所得が市町村民税所得割額で「46万円以上」となる世帯は、所得制限により給付対象外。障害児への給付については、2024年度から所得制限なし）。

### 補装具の品目例（障害の種類別）

| 障害の種類 | 補装具の種類 |
|---|---|
| 視覚障害 | 義眼、眼鏡（色めがねを除く）、視覚障害者安全杖 |
| 聴覚障害 | 補聴器（電池交換を除く）、人工内耳（人工内耳用音声信号処理装置の修理のみ） |
| 上肢および言語障害 | 重度障害者用意思伝達装置 |
| 肢体不自由 | 義手、義足、装具、車いす、歩行器、歩行補助杖（1本杖を除く）、座位保持装置　等 |

### 自己負担

1割負担。所得に応じて1か月あたりの負担上限があります。

### 受給までの流れ

利用者がいったん全額を事業者に支払ってから市町村に支給申請する「償還払い方式」（下図）と、事業者に1割負担を支払えばそれで完結する「代理受領方式」があります。

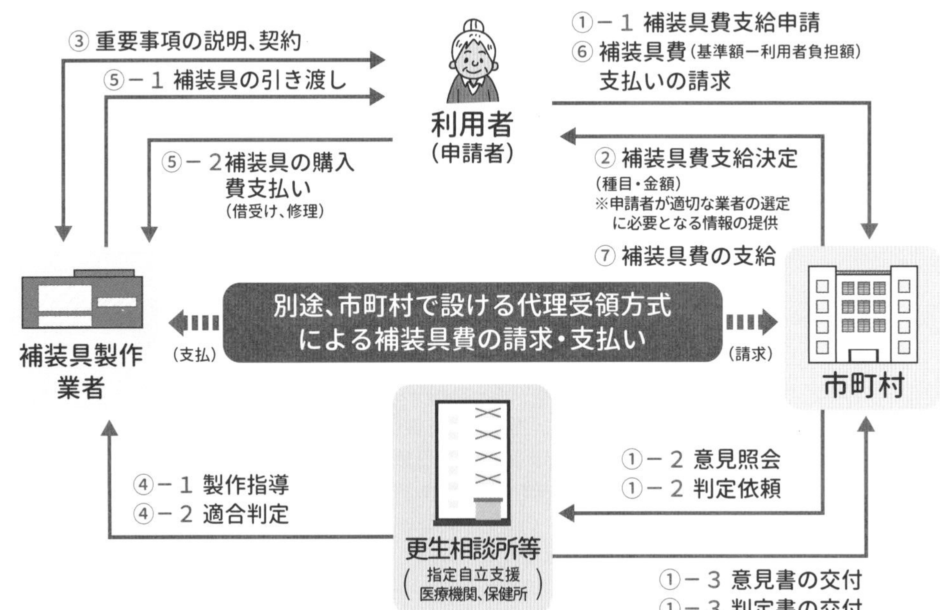

# 日常生活用具

在宅で生活している障害のある人が、日常生活を容易にするために使用する用具「日常生活用具」を購入・レンタルする場合に、市町村がその費用の一部を地域生活支援事業の一環として支給します。修理については対象外です。

## 日常生活用具の品目例（障害の種類別）

| 障害の種類 | 日常生活用具の種類 |
|---|---|
| 視覚障害 | 視覚障害者用ポータブルレコーダー(またはテープレコーダー)、視覚障害者用時計、点字タイプライター、電磁調理器、音声式体温計、音声式体重計、視覚障害者用拡大読書器、歩行時間延長信号機用小型送信機、点字ディスプレイ、視覚障害者用活字文書読み上げ装置、点字器、情報・通信支援用具　等 |
| 聴覚障害 | 聴覚障害者用屋内信号装置、聴覚障害者用通信装置、聴覚障害者用情報受信装置　等 |
| 肢体不自由 | 便器、特殊便器、特殊マット、特殊寝台、訓練いす、特殊尿器、入浴担架、体位変換器、T字、棒状のつえ、携帯用会話補助装置、入浴補助用具、移動用リフト、移動・移乗支援用具、居宅生活動作補助用具(住宅改修)、情報・通信支援用具　等 |
| 内部疾患・その他 | 透析液加温器、酸素ボンベ運搬車、ネブライザー、電気式たん吸引器、火災警報器、自動消火器、頭部保護帽、人工喉頭、紙おむつ(乳幼児期以前に発現した脳原性運動機能障害)、収尿器、ストマ装具　等 |

## 自己負担

市町村ごとに定められます。

## 受給までの流れ

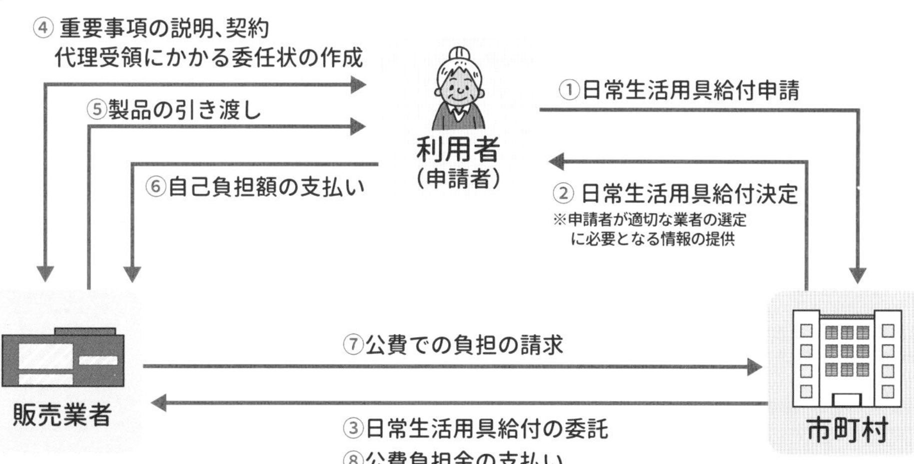


※「代理受領方式」による流れ

# 4. 所得保障

## 社会手当による所得保障

社会手当は、特別の費用の支出が必要となっている世帯に対して現金を支給する制度です。いずれも障害基礎年金と併給できます。

### 特別障害者手当

著しく重度の成人障害者について、施設入所者と比較して在宅で暮らす場合に生じる特別の費用（介護に必要な日用品、介護者が働きに出られない機会費用など）を保障する趣旨で支給される給付

| 要件 | 金額（月額） | 支給月 |
|---|---|---|
| ●対象年齢：20歳以上<br>●障害の程度：「特別児童扶養手当法施行令」の基準に該当していること<br>●拠出要件：なし<br>●在宅要件：あり。施設入所者は支給対象外 | 2万8840円 | 2月<br>5月<br>8月<br>11月 |
| 所得制限 | | |
| ●あり。受給資格者（本人）の前年の所得が一定の額を超えるとき、またはその配偶者・扶養義務者の前年の所得が一定の額以上の場合は、支給されない | | |

### 特別児童扶養手当

障害児について、施設入所者と比較して在宅で暮らす場合に生じる養育にかかる特別の費用を保障する趣旨で支給される給付

| 要件 | 金額（月額） | 支給月 |
|---|---|---|
| ●対象年齢：20歳未満<br>●障害の程度：「特別児童扶養手当法施行令」の基準に該当していること<br>●拠出要件：なし<br>●在宅要件：あり。施設入所者は支給対象外 | 1級：5万5350円<br>2級：3万6860円 | 4月<br>8月<br>12月 |
| 所得制限 | | |
| ●あり。受給資格者（障害児の父母等）またはその配偶者・扶養義務者の前年の所得が一定の額以上である場合は、支給されない | | |

### 障害児福祉手当

重度の障害児について、施設入所者と比較して在宅で暮らす場合に生じる特別の費用を保障する趣旨で支給される給付

| 要件 | 金額（月額） | 支給月 |
|---|---|---|
| ●対象年齢：20歳未満<br>●障害の程度：「特別児童扶養手当法施行令」の基準に該当していること<br>●拠出要件：なし<br>●在宅要件：あり。施設入所者は支給対象外 | 1万5690円 | 2月<br>5月<br>8月<br>11月 |
| 所得制限 | | |
| ●あり。受給資格者（障害児）の前年の所得が一定の額を超えるとき、またはその配偶者・扶養義務者の前年の所得が一定の額以上である場合は支給されない | | |

手続き（共通）

市町村に以下の書類を添えて申請します。

- 身体障害者手帳・療育手帳・精神障害者保健福祉手帳
- 医師の診断書
- 所得が証明できるもの
- 本人が受給している年金の種類と受給額がわかるもの

## 社会保険による所得保障

### 障害基礎年金

在宅で暮らしているか、施設に入所しているかにかかわらず、障害を有することによって稼得能力が低下したことに対する所得保障として支給される給付です。

| 要件 | 金額（月額） | 支給月 |
|---|---|---|
| ●対象年齢：20 歳以上<br>●障害の程度：国民年金障害認定基準に該当していること<br>●拠出要件：保険料滞納が 3 分の 1 以上あると支給されない<br>●在宅要件：なし | 【1 級】<br>・67 歳以下の人：8 万 5000 円<br>・68 歳以上の人：8 万 4760 円<br>【2 級】<br>・67 歳以下の人：6 万 8000 円<br>・68 歳以上の人：6 万 7808 円 | 2 月<br>4 月<br>6 月<br>8 月<br>10 月<br>12 月 |
| 所得制限 | | |
| ●先天性の病気などによって 20 歳未満から障害のある人については、保険料負担をすることなく、20 歳以降に障害基礎年金を受給できますが、この場合は所得制限があります。それ以外に所得制限はありません | | |

※手続きほか詳細は、第５章「年金」をご覧ください

## 障害者扶養共済制度

障害のある本人を扶養している保護者（両親、祖父母、兄弟姉妹等）が、毎月一定の掛金を納めておくことによって、自身の身に万一のこと（死亡・重度障害）が起きたとき、それ以後、障害のある子に対して１口２万円または２口４万円の年金が終身支給される公的制度です。都道府県・政令指定都市が実施主体となっています。

# 5. 障害者手帳

## 種類と等級

「障害者手帳」は、心身に障害を有していることを示す証明書です。

障害の内容によって、「身体障害者手帳」(身体障害)、「療育手帳」(知的障害)、「精神障害者保健福祉手帳」(精神障害) の3種類があります。それぞれ、障害の程度に応じて等級分けされていて、数字やアルファベットが若いほど障害が重いことを意味します。

### ●障害者手帳制度の概要

| | 身体障害者手帳 | 療育手帳 | 精神障害者保健福祉手帳 |
|---|---|---|---|
| **根拠** | 身体障害者福祉法第15条 | 療育手帳制度について(昭和48年9月27日厚生省発児第156号厚生事務次官通知) | 精神保健福祉法第45条 |
| **申請** | 福祉事務所、市町村の担当課(申請書、診断書、写真が必要) | | |
| **判定機関** | 身体障害者更生相談所 | 【18歳未満の場合】<br>児童相談所<br>【18歳以上の場合】<br>知的障害者更生相談所 | 精神保健福祉センター |
| **等級** | 重度(1、2級)<br>中度(3、4級)<br>軽度(5、6級) | A(重度)<br>B(その他)<br>自治体によっては、さらに独自に細分化して運用 | 1級<br>2級<br>3級 |
| **交付対象** | 視覚、聴覚、平衡機能、音声・言語機能、そしゃく機能、肢体(上肢、下肢、体幹、脳原性運動機能障害)、心臓機能、じん臓機能、呼吸器機能、ぼうこう・直腸機能、小腸機能、ヒト免疫不全ウイルスによる免疫機能において、一定以上で永続する障害がある人<br>(詳細は、身体障害者福祉法施行規則別表第5号「身体障害者障害程度等級表」で定められている) | 児童相談所または知的障害者更生相談所で「知的障害」であると判定された人<br><br>○重度(A)の基準<br>①知能指数がおおむね35以下であって、次のいずれかに該当する人<br>・食事、着脱衣、排便および洗面等日常生活の介助を必要とする。<br>・異食、興奮などの問題行動を有する。<br>②知能指数がおおむね50以下であって、盲、ろうあ、肢体不自由等を有する人<br>○それ以外(B)の基準<br>重度(A)のもの以外 | 次の精神障害の状態にあると認められた人<br><br>(精神疾患の状態と能力障害の状態の両面から総合的に判断)<br>【1級】<br>精神障害であって、日常生活の用を弁ずることを不能ならしめる程度のもの<br>【2級】<br>精神障害であって、日常生活が著しく制限を受けるか、または日常生活に著しい制限を加えることを必要とする程度のもの<br>【3級】<br>精神障害であって、日常生活もしくは社会生活が制限を受けるか、または日常生活もしくは社会生活に制限を加えることを必要とする程度のもの |

※療育手帳は、自治体によっては「愛の手帳」「愛護手帳」「みどりの手帳」などの名称で取り扱われています

## 障害者手帳によるメリット

障害者手帳の取得は、個人の自由意志でするもので、義務ではありません。一方、手帳があると、税金が軽減されたり、各種公共サービスの料金が割引になったりします。民間の施設や会社でも、手帳を見せることで料金を割引したり、利用に困らないよう配慮をしてくれる場合があります。手帳がないと、障害福祉のサービスや制度を利用できない場合があります。

### ●障害者手帳で利用できるサービス、割引対象となるサービス等

- 福祉機器の購入費補助
- 通所・外出を手助けするサービス
- 医療費の補助
- 75 歳未満の人の後期高齢者医療制度加入
- 障害を事由とした手当
- 税金の軽減
- 公共施設・公共交通利用料金の割引
- 有料道路通行料金の割引
- NHK 放送受信料の減免

など

## 手帳取得の流れ

以下の流れで手帳の交付を受けます。申請にあたっては、お住まいの市町村の公式サイトで添付書類等を前もって確認するようにします。

**身体障害者手帳**

❶手帳取得専用の診断書を用意し、医師に診断書を書いてもらう

↓

❷市町村窓口に申請書と診断書を提出

↓

交付

**療育手帳**

❶市町村に手帳取得を申請する

↓

❷児童相談所または知的障害者更生相談所で、心理判定員や医師による面接、聞き取り、検査が行われる

↓

交付

**精神障害者保健福祉手帳**

❶医師に手帳取得専用の診断書を書いてもらう。または障害年金の関連書類を用意する

↓

❷市町村窓口に申請書と診断書（障害年金証書）を提出

↓

交付

### 「等級」を混同しないこと

障害者手帳の等級は、障害者総合支援法の「障害支援区分」とは異なります。また、障害年金における障害等級とも別物です。

# 6. 依存症の支援

## 依存症の理解の仕方

### ①依存症――「やめたくても、やめられない」状態

アルコール・薬物・ギャンブルなどが習慣化して、自分で自分の欲求をコントロールできず、「やめたくても、やめられない」状態になることです。毎日の暮らしのなかで、アルコール・薬物・ギャンブルなどを極端に優先して考えるようになってしまい、結果として、心身の健康や人間関係、社会的立場を脅かすまでになってしまいます。それでも、やめることができなくなっている状態が、依存症です。

### ②"生きづらさ"から逃れる「手続き記憶」

脳は、欲求が満たされるたびに、"心地よさ"をもたらす神経伝達物質「ドーパミン」や「エンドルフィン」などを分泌するように、セットされています。このメカニズムを、「報酬系」と称します。これは生きるために必要な営みを促すためのものであり、苦痛を癒す役割も持ち合わせています。お酒を飲んだりギャンブルを嗜んだりして「癒し」や「興奮」が得られるのは、報酬系が刺激されるからです。

通常は、際限なく快楽追求に走ることのないように、安全装置がはたらいています。これにより、健康・人間関係・経済状況・社会的立場等に支障が出ない範囲で気分転換を図ることができるのです。その限りでは、アルコールもギャンブルも、日常のストレスに対する合理的な対処行動といえます。

しかし、なんらかの“生きづらさ”やトラウマを抱えている状態のもとでは、コントロールが効かなくなることがあります。ギャンブルや飲酒が常習化して、それに興じている間は“生きづらさ”を感じずにいられるようになり、その体験が「手続き記憶」として脳に刻み込まれてしまうのです。

**社会生活や健康への影響**

**①脳の回路の変化**
もっと摂取したい！という脳の指令（渇望）
やめられない（コントロール障害）
同じ効果を得るのに必要な量や額・回数が増えていく（耐性）

**②生活・人間関係への影響**
生活の乱れやそれによる周囲との軋轢
不注意や判断ミス
依存物質／行為が最優先
※ギャンブルでは、金銭的な問題を抱えることが多い

**③体への影響**
健康状態が悪い
離脱症状が生じる

**④精神的な問題**
自分のおかれている状況への焦りなどから
心が安定しない

ほかのことが考えられなくなるほど渇望し、同じ効果を得るのに必要な量や額・回数が増えていきます。健康を損ない、社会的信用を失い、あるいは借金を重ねて、周囲から非難を受けるようになります。現実逃避する手段として、さらに依存が強化されていきます。

## ③家族に起こること――巻き込まれ、責められ、孤立し、消耗する

「巻き込まれ、責められ、孤立し、消耗する」。多くの家族が陥る状態です。依存症は、家庭内で「自己解決」できるものではありません。むしろ、孤軍奮闘すればするほど、回復のチャンスを遠ざけ、事態をさらに悪化させ、本人も家族も追い込まれてしまいます。

**巻き込まれる**

問題をなんとかしようと懸命に取り組む（説教、行動監視、失敗の後始末など）

▼

しかし、事態は改善せず、むしろ悪化する

▼

混乱し、本人の一挙一動によって心配、期待、失望、怒りなどの感情に揺さぶられ、四六時中頭から離れなくなる

**あちこちから責められる**

本人に注意すると、「うるさい！」「放っておいてよ！」などと反発を受ける

▼

親族から「嫁がきつすぎるから…」「親の育て方が…」などと責められたりする

▼

相談窓口等で「あ～、それをやってしまいましたか…」などと対応を批判される

**隠す・孤立する**

「ご近所に恥ずかしい」「仕事に支障が出るかもしれない」「親戚からあれこれ言われる」などの不安から、事実を隠すようになる。誰にも相談できず、孤立する

▼

家庭内でも隠しごとが増える（例：夫から暴力を振るわれているのに、子どもの前で何もなかったかのように振る舞う）

**消耗・衰弱する**

依存症に振り回されているうちに、ほかの物事への関心や周囲を見る余裕が失われていく

▼

自分がどれだけ疲れ果てているかということさえ、自覚できなくなっていく

※特定非営利活動法人アスク公式サイト：解説「依存症とは：何が起きるのか？」を参照して作成

## ④依存症は回復可能な病気。周囲の理解と「適切な対応」がカギ

依存症は、専門的な治療・援助を受けたり、自助グループに参加することで、回復が可能な病気です。ここで重要なのが、家族をはじめとする周囲の理解と「適切な対応」です。

すなわち、依存の継続につながる行為を取りやめ、それでいて、できるだけ気持ちのよい関係性がキープできるようコミュニケーションを工夫するということです。言い換えれば、本人が自らの問題と向き合えるように安心・安全な場を用意するということです。

### ●依存症への「適切な対応」

**干渉しない**

・小言を言わない
・適切な距離をとる

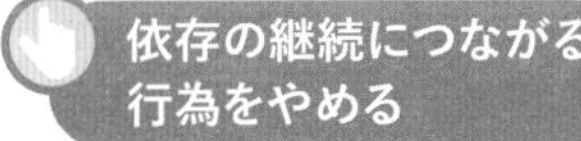

**依存の継続につながる行為をやめる**

・世話を焼かない
・尻拭いをしない
（欠勤時の連絡、借金の肩代わり等）

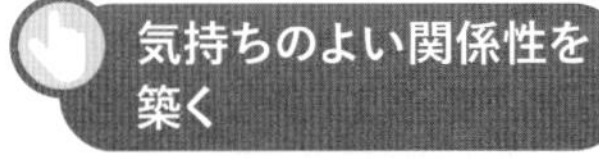

**気持ちのよい関係性を築く**

・基本的な挨拶は欠かさない

**要求・要望は一人称を主語に**

・要求・要望は「～してくれると私は助かる」というように、一人称を主語にして伝える

**相手の立場や気持ちを尊重する**

「そう考えるのも無理はないよね」「私も同じ状況ならそうしていたと思う」というように、相手の立場や気持ちを尊重する一言を会話に組み込む

### ⑤わからないこと・不安なことは、相談窓口や家族会で聴いてみる

これらは簡単なことではありません。本人の不始末、ひいては家としての不始末をスルーすることや、言いたいことをぐっとこらえることは、精神的に相当な負担となります。個別に「こういうときはどうしたらよいのか？」と迷う場面も出てくるでしょう。

そこで助けになるのが、相談窓口や家族会です（次ページ参照）。正しい知識・技術を得て、動機づけを維持し、自らの心の健康を保つために、早めにつながっておくことが有効です。

## 回復は「完治」ではない

依存症治療でいうところの「回復」は、“完治”とは違います。やめられない・止まらない暴走状態を脱したあと、アルコールや薬物やギャンブルと、一定の距離をおけるようになった状態です。条件がそろえば、逆戻りする可能性が常にあります。

逆戻りを防ぐために必要なのは、再開できる環境に身を置かない（＝やめ続ける）ことです。そして、何度失敗しても「やめ続けることを再開」することが大切です。

# 回復に向けた支援の流れ

### まずは「精神保健福祉センター」か「保健所」に相談

依存症に関する相談窓口は、精神保健福祉センターまたは保健所です。医師や保健師・精神保健福祉士が対応します。本人からの相談も、家族からの相談も受け付けています。

相談窓口では、個別に困っていること・悩んでいることについて話を聴き、課題を整理して、今後の見通しを伝えたり、専門的見地から対応方法等を助言したり、状況に即した社会資源を紹介したりします。

実際に依存症であるかどうかや、本人にやめたいと思う意思があるかどうかにかかわらず、それによって困っている状況であるならば、できるだけ早く相談することが推奨されます。

### ●依存症からの回復に向けた支援

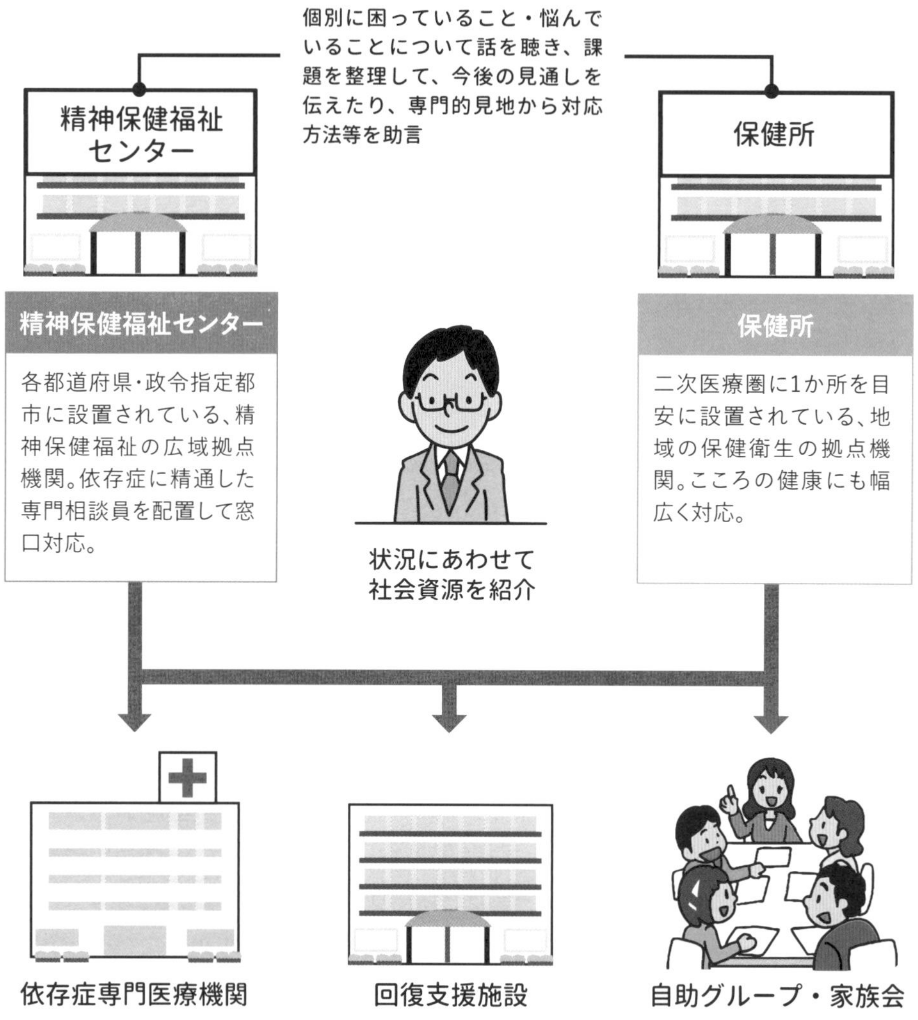

## 依存症専門医療機関（入院・通院）

「依存症治療」を掲げている医療機関。診断に基づき、離脱症状に対する解毒治療（アルコール依存や薬物依存の入院治療の場合）、身体合併症の治療、再発防止および回復促進の各種治療プログラム※が提供されます。

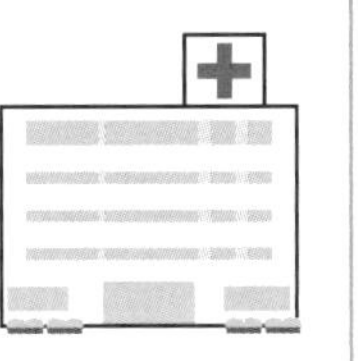

**※例：認知行動療法、マインドフルネス・トレーニング、ソーシャルスキルトレーニング（SST）、薬物療法、心理教育、作業療法、自助グループによるグループミーティングなど）**

**◆専門相談窓口・専門医療機関検索**
https://www.ncasa-japan.jp/you-do/treatment/treatment-map/

## 回復支援施設（入所・通所）

回復した当事者スタッフが中心になって運営している依存症のリハビリテーション施設です。依存対象物がなくても“生きづらさ”に押しつぶされることなく、平穏に毎日を過ごす方法を習得するために、グループミーティング、レクリエーション、自助グループ、自立訓練など幅広いプログラムが提供されています。入所または通所により、医療機関、弁護士、司法書士、行政などとも連携し、依存症にともなう課題について解決していきます。

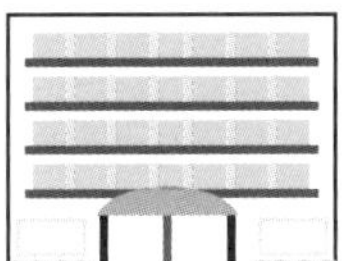

**◆全国の依存症回復施設リスト**
https://list.kurihama-med.jp/fac/index.html

## 自助グループ・家族の会（通所）

回復途上にある当事者や、その家族が、自主的に運営するグループです。「批判や詮索はしない」「秘密は守られる」というルールのもと、日頃話せない経験や自分の気持ちを安全・安心な環境で打ち明け、同じ痛みを知る者同士で分かち合い、あるいは新たな気づきを得ることで、「やめ続ける（それを見守る）」毎日を積み重ねるエネルギーを補給します。自助グループは当事者同士のグループ、家族の会は文字どおり回復を支援する家族のためのグループで、どちらも定期的に会合が開かれています。

| | 自助グループ | 対象者 | | | ウェブサイト |
|---|---|---|---|---|---|
| | | 当事者 | 家族 | 友人 | |
| アルコール | アルコホーリックス・アノニマス（AA）★ | ○ | ⋆ | ⋆ | https://aajapan.org/ |
| | 全日本断酒連盟（断酒会）★ | ○ | ○ | ○ | https://www.dansyu-renmei.or.jp/ |
| | アラノン（Al-Anon） | | ○ | ○ | http://www.al-anon.or.jp/ |
| | 家族の回復ステップ12 | | ○ | ○ | https://frstep12.info/index.html |
| 薬物 | ナルコティックス・アノニマス（NA）★ | ○ | ⋆ | ⋆ | https://najapan.org/ |
| | ナラノン (Nar-Anon) | | ○ | ○ | http://nar-anon.jp/ |
| ギャンブル | ギャンブラーズ・アノニマス（GA）★ | ○ | ⋆ | ⋆ | http://www.gajapan.jp/ |
| | ギャマノン (Gam-Anon) | | ○ | ○ | https://www.gam-anon.jp/ |

**⋆ 当事者以外の人でも参加できる場（オープンミーティング）が用意されていて、そこには参加可能**
**★ 女性限定のミーティングも開催されている**

グループホーム

## 障害者総合支援制度における「グループホーム」とはどんなところ？　どんな種類があるの？

**A** グループホームは、「サービスの自己完結性」と「日中支援の有無」によって３類型に区分され、報酬や基準が設定されています。さらに、2024年度から、「地域移行支援」の機能を強化した“新しい選択肢”が加わりました。

### ①利用者像は多種多様。住まい・食・日常生活の支援を行う

障害者総合支援制度における「グループホーム（共同生活援助）」とは、地域のなかに一軒家、民間の賃貸マンション、公営住宅などの住まいを確保して、障害者が共同して自立した生活を送れるように、食事の提供あるいは食事づくりの支援、健康管理や金銭管理の支援、日常の相談対応や情報提供、緊急時の支援を行うサービスです。ニーズに応じて身体介護も提供します。

障害者総合支援法が定義する「障害者」に該当する人であれば、障害種別・障害支援区分にかかわらず利用可能となっており、利用者像は多種多様です。

**●グループホームの多様な利用者像と主な支援**

利用者像

住み慣れた地域で暮らしたいが、一人暮らしに不安がある

親が高齢となり今までのように十分な世話を受けられなくなった

施設や病院から出て、地域での一人暮らしを目指したい

主な支援

住まいの確保

食事の提供

日常生活の支援

※身体障害者については「年齢制限」があります。①65歳未満、②65歳に達する前日までに障害福祉サービスやこれに準ずるサービスを利用したことがある──のいずれかに該当していることが、利用要件となっています。

## ②サービスの自己完結性、日中支援の有無で３類型

グループホームは、利用者の状況に適合した受け入れ体制がとれるように、**①外部サービス利用型**、**②介護サービス包括型**、**③日中サービス支援型**――という３つの類型が設けられています。

グループホームの入居者は、昼間の時間帯は就労、訓練、デイサービス（生活介護）などに出かけるライフスタイルが一般的であり、サービスを提供するのは夜～朝および休日が中心となりますが、「③日中サービス支援型」については昼夜を通して介護を行うものとなっています。

### ●グループホーム（GH）の３類型

**①外部サービス利用型**

主として介護が不要な人・軽度の人を受け入れて、日常生活支援を提供。介護サービスが必要なときには外部の事業者に委託。

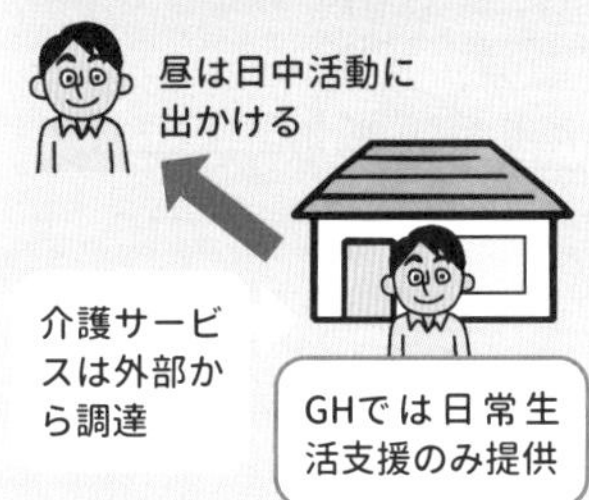


**②介護サービス包括型**

主として一定の介護が必要な人を受け入れて、グループホーム職員が日常生活支援から介護に至るまで一貫して提供。

**③日中サービス支援型**

重度の人を受け入れて、基本、昼夜とも日常生活支援や介護を提供。グループホーム職員が一貫して対応。

昼もGHにとどまり
介護を受ける

GHの自己完結で
●日常生活支援 ●介護を提供

## ③地域移行のサポートを強化した「移行支援住居」

グループホームには、住まい・食・日常生活の支援以外にも大事な機能があります。グループホームを“卒業”して、地域での一人暮らしやパートナーとの同居に移行できるようにサポートする機能です。この機能の強化のため、１人暮らし等の希望者だけを受け入れて、一定の期間、地域移行に向けた集中的な支援を実施する取り組みが、2024年度から障害福祉サービス等報酬の加算で評価されるようになりました。このようなグループホームを「移行支援住居」といいます。

### ●グループホームの「３類型」と移行支援住居

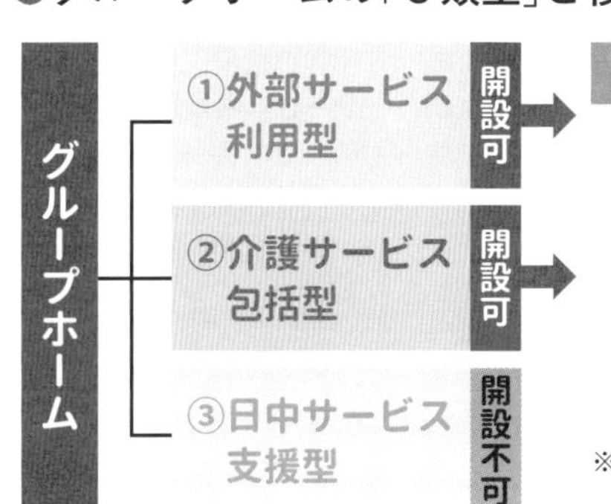


**移行支援住居**

一人暮らし等の希望者だけを受け入れて、一定の期間、地域移行に向けた集中的な支援を実施

基本的な
日常生活の支援

家事・健康管理・金銭管理のトレーニング、住居探しや各種手続きへの同行等

※「移行支援住居」は、①外部サービス利用型もしくは②介護サービス包括型の下の置かれた“新しい選択肢”という位置づけです。

障害福祉サービス

# 介護保険の「訪問介護」と障害福祉の「居宅介護」は何が違う？

**A** サービス内容はおおむね同じですが、障害福祉には「通院等介助」というメニューがあります。報酬の単位設計の違いと併せてご確認ください。

## ①障害福祉には「通院等介助」がある

訪問介護（介護保険サービス）と居宅介護（障害福祉サービス）は、どちらも利用者の自宅を訪問して「入浴、排泄、食事等の介護その他の日常生活上の世話」を提供するものです。違うのは、居宅介護には「通院等介助」というメニューがあることです（次ページ下図）。

この通院等介助は、文字どおり、通院時の移動の介助や受診手続きなどを行うものです。ただ、用途はごく限定的で、下記①～④以外の用途に用いることはできません。

### ●居宅介護の「通院等介助」の利用が認められている用途

①病院等への通院

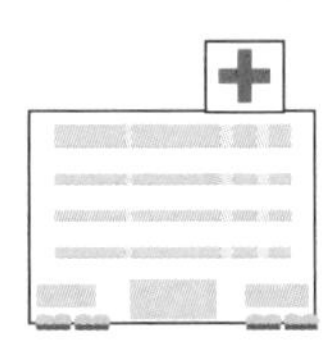

②官公署への公的手続き・相談

③障害福祉サービスの利用相談のために相談支援事業所等を訪れる場合

④③の結果、紹介されたサービス事業所を見学で訪れる場合

## ②通院等介助を利用できる場面は限定的

障害福祉サービスでは､外出支援はこと細かに守備範囲が決まっています。「居宅介護」では、外出への同行は基本的に認められていません｡「通院等介助」は前述の①～④の場合に利用でき、それ以外の部分は「移動支援」でカバーされているという構図です。視覚障害者の外出をサポートする「同行援護」や、重度障害者のケアを担う「重度訪問介護」に関しては、通勤・営業活動やギャンブル等の用途を除いて、制約なく利用できます（通年かつ長期の外出は利用不可)。

### ●外出支援にみる「訪問介護」と「居宅介護」の違い

| | 介護保険法 | 障害者総合支援法 | | | | |
|---|---|---|---|---|---|---|
| | 訪問介護 | 居宅介護 | | 重度訪問介護 | 同行援護 | 移動支援 |
| | 身体介護 | 身体介護 | 通院等介助 | | | |
| 社会的外出（買い物同行等） | ○ | × | △（官公庁等） | ○ | ○ | ○ |
| 通院 | ○ | × | ○ | ○ | ○ | △ |
| 余暇活動 | × | × | × | ○ | ○ | ○ |
| 外出準備・帰宅直後支援 | ○ | ○ | ○ | ○ | × | ○ |

自立支援給付（居宅介護〜同行援護）　地域生活支援事業（移動支援）

### ●「訪問介護」と「居宅介護」 ――報酬単位の違い

訪問介護（介護保険サービス）

| 身体介護 | |
|---|---|
| 20分未満 | 163単位 |
| 20分以上30分未満 | 244単位 |
| 30分以上1時間未満 | 387単位 |
| 1時間以上 | 567単位に30分を増すごとに ＋82単位 |

| 生活援助 | |
|---|---|
| 20分以上45分未満 | 179単位 |
| 45分以上 | 220単位 |

| 通院等乗降介助 | |
|---|---|
| ―― | 97単位 |

居宅介護（障害福祉サービス）

| 居宅における身体介護 | |
|---|---|
| 30分未満 | 256単位 |
| 30分以上１時間未満 | 404単位 |
| １時間以上１時間30分未満 | 587単位 |
| １時間30分以上２時間未満 | 669単位 |
| ２時間以上２時間30分未満 | 754単位 |
| ２時間30分以上３時間未満 | 837単位 |
| ３時間以上 | 921単位に30分を増すごとに+83単位 |

| 家事援助 | |
|---|---|
| 30分未満 | 106単位 |
| 30分以上45分未満 | 153単位 |
| 45分以上１時間未満 | 197単位 |
| １時間以上１時間15分未満 | 239単位 |
| １時間15分以上１時間30分未満 | 275単位 |
| １時間30分以上 | 311単位に15分を増すごとに+35単位 |

| 通院等介助（身体介護を伴う場合） | |
|---|---|
| 30分未満 | 256単位 |
| 30分以上１時間未満 | 404単位 |
| １時間以上１時間30分未満 | 587単位 |
| １時間30分以上２時間未満 | 669単位 |
| ２時間以上２時間30分未満 | 754単位 |
| ２時間30分以上３時間未満 | 837単位 |
| ３時間以上 | 921単位に30分を増すごとに+83単位 |

| 通院等介助（身体介護を伴わない場合） | |
|---|---|
| 30分未満 | 106単位 |
| 30分以上１時間未満 | 197単位 |
| １時間以上１時間30分未満 | 275単位 |
| １時間30分以上 | 345単位に30分を増すごとに+69単位 |

| 通院等乗降介助 | |
|---|---|
| ―― | 102単位 |

介護保険優先の原則①　65 歳到達時の「移行」

# 65歳到達に伴う障害福祉サービスから介護保険への移行は、どのような手続きで行われる？

**A** 65 歳到達の３か月前から介護保険を利用申請しておき、認定結果をもとに、いま利用している障害福祉サービスを本人、家族、障害・高齢の支援者で、振り分けていきます。

## ①移行のタイミングは「65歳の誕生日の前日」

障害福祉と介護保険の両方に存在しているサービス（ホームヘルプ、デイサービス、ショートステイ）については、原則として介護保険による給付が“優先”されます。そのため、これまで障害福祉サービスを利用してきた人が 65 歳となるときには、現在利用しているサービスについて、一部あるいは全部が介護保険の給付に置き換わります。

移行のタイミングは、65 歳到達時（誕生日の前日）です。それに間に合うように、準備を進める必要があります。

### ●介護保険への移行のタイミング

## ②事前に「移行するもの」「継続利用するもの」を仕分ける

具体的な手続きが動き出すのは、介護保険の「資格取得前の認定手続き」が受付開始となる「65歳到達時3か月前」からです。そのため、現在利用している障害福祉サービスについて、以下のように、事前に整理しておくとよいでしょう。

- 「**介護保険給付に移行できるもの**」と「**介護保険給付ではカバーされないので障害福祉の自立支援給付として受け続けるべきもの**」
- 「介護保険給付に移行してからも**現在利用中の事業所のサービスを継続利用できるもの**」と「**できないもの**」

### ●利用者本人の視点でみた「障害福祉」→「介護保険」移行の流れ

**❶移行準備**

……65歳到達6か月前くらいから……

●「自分でできること」「支援が必要なこと」を確認しておきます。

●相談支援事業所の相談支援専門員等とともに、要介護認定の程度を予測し、これまでと同様のサービスを介護保険サービスへ移行後に継続して利用できるのか、また、介護保険での対応が困難なサービスがないか等を確認しておきます。

**❷移行実務**

……65歳到達3か月前……

●市町村の介護保険担当窓口に、介護保険の利用申請をします。

→要介護認定にかかる訪問調査等が行われ、判定結果が出ます。

↓

●要介護認定の判定結果に基づいて、相談支援事業所の相談支援専門員や地域包括支援センター等のケアマネジャーとともに、以下の振り分けを行います。

(A) 介護保険に移行するサービス

(B) 継続して障害福祉サービスの利用となるサービス

↓

●Aについて、居宅介護支援事業者と契約してケアプラン作成を依頼します。

●Bについて、障害福祉サービスの継続申請をします。

**❸移行完了**

……65歳の誕生日の前日（支給決定期間の開始日）……

●A、Bによるサービスが開始されます。

介護保険優先の原則②　視覚障害者向けの外出介助

# 65歳を過ぎて視覚障害を負った場合、障害者総合支援法による外出介助のサービスを利用できる？

A できます。介護保険に存在しないサービスに「介護保険優先原則」は及びません。

## ①介護保険給付で満たせないニーズは、障害福祉から受けられる

「介護保険優先原則」は、サービス内容や機能からみて障害福祉サービスに相当する介護保険サービスがなければ、適用されません。たとえば、視覚障害者の外出を支援するサービス「同行援護」や「移動支援」等は、介護保険には存在しない障害福祉固有のサービスなので、たとえ介護保険被保険者であっても、障害福祉サービスの利用要件（次ページ表）を満たしていれば利用できます。市町村の障害福祉担当課につないで、利用申請を支援するとよいでしょう。

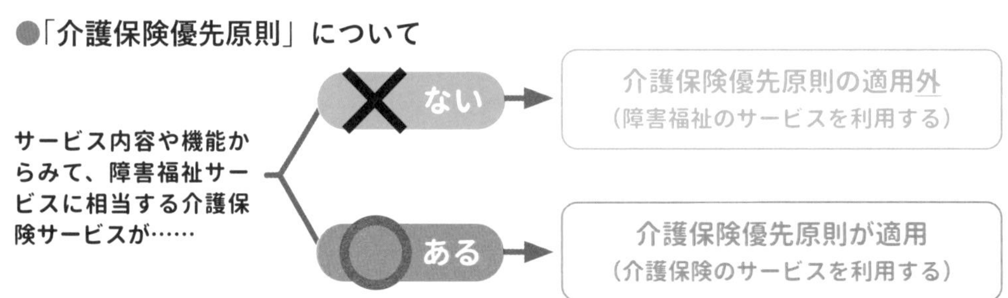

## ②介護保険による「外出介助」

介護保険でも、外出を介助する行為が「身体介護」の一環として位置づけられています。ただし、その外出の用途が「日常生活上の必要性が認められる通院や日用品の買い物等のため」である場合に限定されていて、病院に着いてからの介助は原則として給付対象外となっています。厳密にいえば、「病院等のスタッフで対応できない場合」に限って、訪問介護員による院内介助が認められてはいますが、その場合はケアマネジャーが事前に病院に問い合わせて可否を確認し、その内容を居宅サービス計画に記録しなければなりません。これでは、視覚障害者の通院にかかるニーズは満たせません。さらに、余暇活動等の社会参加のための外出にかかる介助は、原則的に介護保険の給付では認められていません。したがって、これらのサービスについては、障害福祉から受けることができると解されます。

以上のことは、65歳になって以後に初めて障害者手帳を取得した人についても、同じです。失明の原因などが問われることもありません。

### ●訪問系・通院・移動系サービスの種類と対象者

| | | | 18歳以上 | | | | 18歳未満 |
|---|---|---|---|---|---|---|---|
| | | | 身体障害 | 難病 | 知的障害 | 精神障害 | 障害児（難病含む） |
| 自立支援給付 | 居宅介護 | 身体介護 | 障害支援区分1以上 | | | | 障害児であることが書類等で確認できる（身体障害は3級以上） |
| | | 家事援助 | | | | | |
| | | 通院等介助 | | | | | |
| | | 通院等乗降介助 | | | | | |
| | 重度訪問介護 | | 障害支援区分4以上（その他要件あり） | | | | ／ |
| | 同行援護※1 | | 視覚、視野障害、夜盲の障害者（アセスメント票該当者） | | ／ | ／ | 要件は18歳以上と同じ |
| | 行動援護※2 | | ／ | ／ | 障害支援区分3以上の行動上著しい困難を有する人（その他要件あり） | | 要件は18歳以上と同じ |
| 地域生活支援事業 | 移動支援※3 | | 障害者等であって、市町村が外出時に移動の支援が必要と認めた人 | | | | |

※1 移動中に必要な視覚的支援（代筆・代読を含む）、移動の援護や排泄および食事等の必要な介助
※2 対象者が行動する際に生じ得る危険を回避するために必要な援護、外出時における移動中の介護、排泄および食事等の介護
※3 社会生活上必要不可欠な外出および余暇活動等の社会参加のための外出の際の移動を支援

## 介護保険優先の原則③　65歳以後の補装具費支給

# 65歳を過ぎてからの新しい車いすの購入には、補助が一切ない？

**A** 原則は介護保険の給付が優先され、車いすは「福祉用具レンタル」で対応されることになります。ただし、更生相談所が「オーダーメイドが必要」と判定した場合に限って、新規購入費が補助の対象となります。

## ①65歳以後でも医師が認めれば購入費補助も

車いす、電動車いす（付属品を含む）、歩行器、歩行補助つえについては、障害者総合支援法による購入費補助（補装具費支給制度）よりも、介護保険法における「福祉用具貸与」のほうが優先されます。言い換えれば、介護保険の福祉用具レンタルで調達できる品目であれば、新規購入費の補助を障害福祉サービスから受けることはできません。

ただし、医師や更生相談所等により、「障害者の身体状況に個別に対応することが必要である」と判断された場合に限って、介護保険のレンタルサービスと重複する品目であっても、障害福祉サービスから支給を受けることができます。

**●65歳以後の補装具費支給と介護保険優先原則**

## ②現在使っている車いすの修理が必要になったら？

介護保険法による貸与の対象者となる前から補装具費の支給を受けていて、利用中の補装具の修理や再支給が必要になった場合はどうしたらよいのでしょう。これについても流れは同じです。個々の状況に応じて判断されます。

### ●高齢の障害者が福祉用具貸与・補装具費支給を受けるまでのプロセス

障害者総合支援法対象外

① 身体等の状況を勘案し、**介護保険の貸与品目**にある福祉用具で対応が可能かどうかを検討

→ **可能** → ・介護保険の福祉用具貸与の利用へ

**不可能＆オーダーメイド等での対応が必要**

② 障害者総合支援法における「**補装具費支給**」を申請
（申請先：市町村の障害福祉担当部局）

③ 更正相談所による判定

④ 市町村が支給の可否を決定

→ **不支給** → ・介護保険の福祉用具貸与の利用を再検討？

**支給決定**

⑤ 本人と補装具業者で契約

⑥ 補装具の購入（代金支払い）

⑦ 市町村に補装具費支払い請求

⑧ 補装具費支払い

（網掛け）… 本人関与の事項

**CHECK!!**

上記は、代金をいったん全額支払ったあとで市町村に請求して給付を受ける「償還払い方式」の流れ。これとは別に、１割負担だけを支払って手続きが完了する「代理受領方式」による流れもある。

障害者の親亡き後の支援

# Q6 知的障害の息子の今後を心配している。どのような支援ができる？

**A** 親亡き後の障害児・者の生活を、地域全体で支える取り組みがあります。まずは「地域生活支援拠点」につなぎましょう。

## ①親が果たしている支援と、それを引き継ぐサービス

自宅で障害のあるお子さんを世話している親御さんは、当たり前のように多方面にわたる包括的な“支援”を日々行っています。親御さんが要介護になったり、入院・入所したり、あるいは亡くなったりすると（以下、「親亡き後等」）、これらの機能の一部またはすべてを別途補う必要が生じます。

次ページの表は代替する制度やサービスを対置させてみたものですが、いずれも事前の準備・手配・引き継ぎがなければ、円滑に代替できません。たとえば、生命保険や障害者扶養共済制度は、加入して掛金を払い込んでおくことが前提となります。

### ●障害のある子をもつ老親の気がかり

### ●「親亡き後等」に対応する制度、サービス

| 障害のある子に対する親の支援 | 「親亡き後等」に子への支援機能を代替するサービス、制度 | 実施主体、窓口 |
|---|---|---|
| 相談、ニーズのワンストップ、コーディネート | 地域生活支援拠点による相談機能、緊急時の受け入れ・対応機能 | 地域生活支援拠点<br>基幹相談支援センター<br>（なければ市町村の障害者福祉部局） |
| 見守り（緊急時対応含む） | | |
| 各種契約、公的手続き、財産管理 | 成年後見制度 | 市町村の成年後見センター |
| 生活費その他支出に見合う稼得および貯蓄 | 障害年金 | 年金事務所、市町村の年金担当部局 |
| | 障害者扶養共済制度 | 都道府県・指定都市担当部局 |
| | 生命保険 | 各生命保険会社 |
| | 特定贈与信託 | 各信託銀行 |
| | 障害者自立支援法の自立支援給付による就労系の支援 | 相談支援事業者 |
| 住居、居場所の確保 | （同じ場所に住み続けられない場合）<br>居住サポート事業 | 市町村の障害者福祉部局 |
| | 共同生活援助（グループホーム） | 相談支援事業者 |
| | 障害者支援施設 | 相談支援事業者 |
| 身の回りの世話<br>（食事・被服の確保、整容・移動・排泄の支援等） | 障害者自立支援法の自立支援給付、地域生活支援事業 | 相談支援事業者 |
| | 介護保険制度の介護給付、予防給付、総合事業 | 居宅介護支援事業者<br>地域包括支援センター |
| 学習、趣味、社会参加の機会確保 | 障害者自立支援法の地域活動支援センター機能強化事業（地域生活支援事業）、インフォーマルサービス | 市町村の障害者福祉部局 |

※上記以外にも、親は子に対して、「情緒的サポート」（慰め、支持、応援等）、「体験の共有と蓄積」（思い出づくり）などを“提供”している

## ②親が元気なうちから寄り添い型支援につなげておく

「親亡き後等」の支援で司令塔の役を担うのが、市町村の「地域生活支援拠点」です。

そこに所属する「相談支援専門員」は、本人の立場に立って各制度やサービスをコーディネートします。随時の見守りや緊急時の対応も行う、いわば“寄り添い”型の支援ですが、これは本人のことをよく知ってこそ、正しく機能する支援です。だからこそ、親が元気なうちからこの地域生活支援拠点とつながって、親子ともども関係性をもっておくことが大事です。

精神障害が疑われる家族への対応

# 利用者の同居家族から「私は盗聴・監視されている！」と訴えられた。どう対応したらよいか？

**A** 訴えの内容を掘り下げて聴いたうえで、当該同居家族の同意をとって地域包括支援センターにつなぎましょう。「本人の困っていること」に焦点を当てることが大事です。

## ①まずは、地域包括支援センターと情報共有

「盗聴」「監視」というワードだけで決めつけてはいけませんが、この同居家族は統合失調症等の精神疾患が進んでいるかもしれない——とも考えられます。訴えの内容を掘り下げて聴き、ここ最近変わったことはなかったか等、同居家族自身や利用者に尋ねたうえで、「担当部署に報告しますがよろしいですか」と同意をとり、地域包括支援センターと情報共有しましょう。

### ●「盗聴」等の訴えがあった場合の対応

## ②ケアマネジャーに求められる役割――聴く・見守る・つなぐ

基本的には地域包括支援センターがメインとなり、医療機関や行政の精神保健福祉部門などと連携を図る事案です。しかし、家族の精神疾患は本人の介護にも影響が及ぶことがありますので、相談援助職も協働して役割を担っていくことが期待されます。具体的には以下のような役割です。

### ①話を聴く

訪問した際に、同居家族にも「気になることはないか」「具合はどうか」「苦労していることはないか」等を尋ねます。話を聴き、そのなかから新たに生じている課題やＳＯＳを読み取り、解決への糸口を探すようにします。

### ②サービスを通じて見守り

訪問介護等のサービスを実施しているなら、何か気づいたことがあったら連絡してもらえるように見守りを依頼し、情報共有の体制を築きます。

### ③地域で見守り

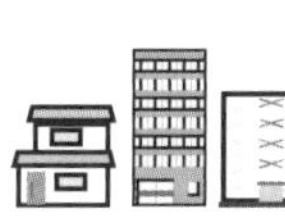

民生委員とも情報共有して見守りを依頼します。こうした「クレーム」を周囲にも語っているようだと、近隣トラブルにも発展しかねません。何かあった場合の対処策という意味でも、協力をお願いしておくとよいでしょう。

### ④医療につなぐ

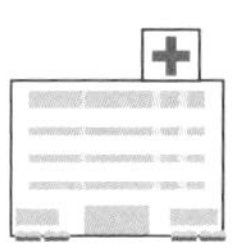

医療につなぐ際の基本は、「本人の困っていることに焦点を当てること」です。話を聴いて、その困っていることを地域包括支援センター等と共有し、受診勧奨に役立ててもらいます。すでに精神科にかかっているなら、主治医と情報共有します。

### ●精神保健福祉に関する連携先

**保健所**

こころの健康・保健・医療・福祉に関する相談、未治療・医療中断の人の受診相談、思春期問題、ひきこもり相談、アルコール・薬物依存症の家族相談など幅広い相談を受け付けています。相談は電話や面談により受け付けます。

**市町村（保健センター）**

保健、医療、福祉について、身近で利用頻度の高い相談に対応しています。障害福祉サービスなどの申請受付や相談、保健師による訪問等の支援を行っています。

**精神保健福祉センター**

こころの健康についての相談、精神科医療についての相談、社会復帰についての相談、アルコール・薬物依存症の家族の相談、ひきこもりなど思春期・青年期問題の相談、認知症にかかる相談など精神保健福祉全般にわたる相談を受け付けています。電話や面接で相談できます。

**医療機関**

以下のような診療科のある医療機関。

- 精神科、精神神経科
- 心療内科
- 神経内科

ピアサポート

# 「ピアサポート」には具体的にどのようなメリットや効果があるの？

A 同じようなつらい経験をもつ仲間として、利用者と「対等な関係」を築けること。当事者の経験と視点によるアセスメントやアドボケートで、支援の質を底上げできること。存在自体がロールモデルであること――などです。

## ①苦悩・葛藤の経験を有した仲間
### ――専門職支援者と大きく異なる

ピアサポートとは、「なんらかの課題を有する人が、自らの体験に基づいて、似たような境遇にある人の相談相手となったり、同じ仲間として社会参加や地域での交流、問題の解決等を支援したりする活動のこと」です。

「ピア」は英語の peer で、仲間、対等、同輩を意味します。たとえば、障害を有する人同士、がんや難病などの患者同士（闘病経験者含む）、ひきこもりの子をもつ親同士というような、「ピア」の関係性で行われる支援が「ピアサポート」で、ピアサポートを行う人を「ピアサポーター」といいます。

ピアサポーターは、同じような苦悩や葛藤の経験を有しているがゆえに、共感的態度に深みと説得力が備わっています。また、自らを引き合いに、「誰でもリカバリーできる。あなたもきっと大丈夫」と鼓舞できることも、専門職支援者と大きく違う点です。

### ②「対等の仲間」であり、「ロールモデル」でもある

従来の専門職支援者による支援は、「支える側→支えられる側」という一方向の関係性ですが、ピアサポーターの場合は“対等”です。同じようなつらい経験をしてきた仲間であり、本音で話せる関係性です。アドボケートや専門職・家族との「橋渡し」の役割を担えます。

また、利用者本人にとってピアサポーターは、自分が回復（退院、地域移行、就労等）した将来の姿と重なり合う「ロールモデル」でもあり、今後自分はどうなりたいか、そのために何をしたらよいのかを検討するきっかけ・動機づけを与える存在です。

その他、障害者支援の現場で発揮されるピアサポートには、以下のようなものがあります。

●障害者支援の現場で発揮されるピアサポート

- 外出同行の場面などで自身の実体験（失敗談含む）を開陳し、質問に答え、利用者の不安を軽減・解消
- 利用者からのサービス選択に関する相談・問い合わせに、ユーザー目線で助言
- 経験者として、居宅生活のうえでの留意事項、症状発生時の対処、関係職種との付き合い方等を利用者に助言

- 相談に対して、自身の経験から自然に湧き出る共感的態度をもって受容
- 経験しているからこその、わかりやすい制度説明や利用方法の助言
- 当事者としての経験に照らして、利用者に対する支援内容について意見を表明
- 当事者の視点で、利用者とのかかわり方について、同僚の専門職や家族に助言

## 「ピアサポート体制加算」「ピアサポート支援加算」が誕生

以上のような効果が評価されて、障害福祉サービス等報酬改定においても「ピアサポート体制加算」「ピアサポート支援加算」として加算の対象となっています。同時に、働くピアサポーター自身にとっても自己肯定感を高く保てる「一石三鳥」の支援方法といえるでしょう。

ただし、ピアサポーターの持てる力が発揮されるよう、相応の環境が必要です。受け入れる事業所は、ピアサポーターの状況や利用者との関係性をフォローして、いつでも相談にのれる体制を整えておく必要があります。また、「就業・生活支援センター」や地域の自助グループなど、相談できる場所を外部に確保しておくことも望まれます。

障害者の地域移行

# Q9 障害者施設入所中（または精神科病院に入院中）の利用者の「地域移行」って、どう進めるの？

**A** 施設・病院と相談支援事業所とで連携をとって「動機づけ」を図り、不安を一つひとつ解消して、課題を解決する段取りをつけます。

## ①まずは「退所後・退院後の生活のイメージづくり」から

施設・病院での暮らしが長期化した入所者・患者にとっては、現在の環境こそが現実であって、外で流れる日常は「非現実的」な世界です。だからこそ、「退所後・退院後の生活のイメージづくり」が大事になります。

まずは、さまざまな課題があっても地域生活が可能であることを知ってもらえるように、施設・病院において情報提供に努めます。たとえば、既に同じような体験を経て地域で暮らしている「ピアサポーター」と交流する茶話会を開催するなどの方法があります。

## ②希望と不安を受け止めて計画作成、申請手続き

地域移行の希望を示した利用者を相談支援事業所につなぎます。地域移行を担う相談支援専門員が、「暮らしたいところ」「してみたいこと」などの希望と、いま感じている不安等を、本人が打ち明けやすいように丁寧に聴き取り、支援内容を検討して「地域移行支援計画」に落とし込みます。施設・病院の側でも「退所（退院）支援計画」を作成し、両者をすり合わせます。なお、対象者が介護保険の被保険者である場合は、「介護保険優先原則」と絡んできますので、介護保険担当課とも相談しておきます。

## ③地域で暮らすための具体的段取り

障害福祉サービスの事業所を本人と一緒に見学してみたり、グループホームや宿泊型自立訓練施設などで体験宿泊を実施します。一人暮らしを希望している場合は、不動産事業者に同行して一緒に物件探しを行います。このほか行政手続きや関係機関との調整その他を行います。

同時に、ＳＯＳの出し方や相談手順の習得、服薬の自己管理の習慣化など、セルフケア能力を高めるプログラムを実施します。退所・退院後の緊急時に備えて、本人の「病状悪化のサイン」とその対処方法を一覧にした計画表「クライシスプラン」を作成しておきます。

あわせて、退院後のサービス利用の手配を行います。退院後の地域生活を支えるサービス等利用計画（案）を作成し、支給決定～サービス開始まで調整に当たります。

### ●地域生活への移行に向けた支援の流れ（イメージ）

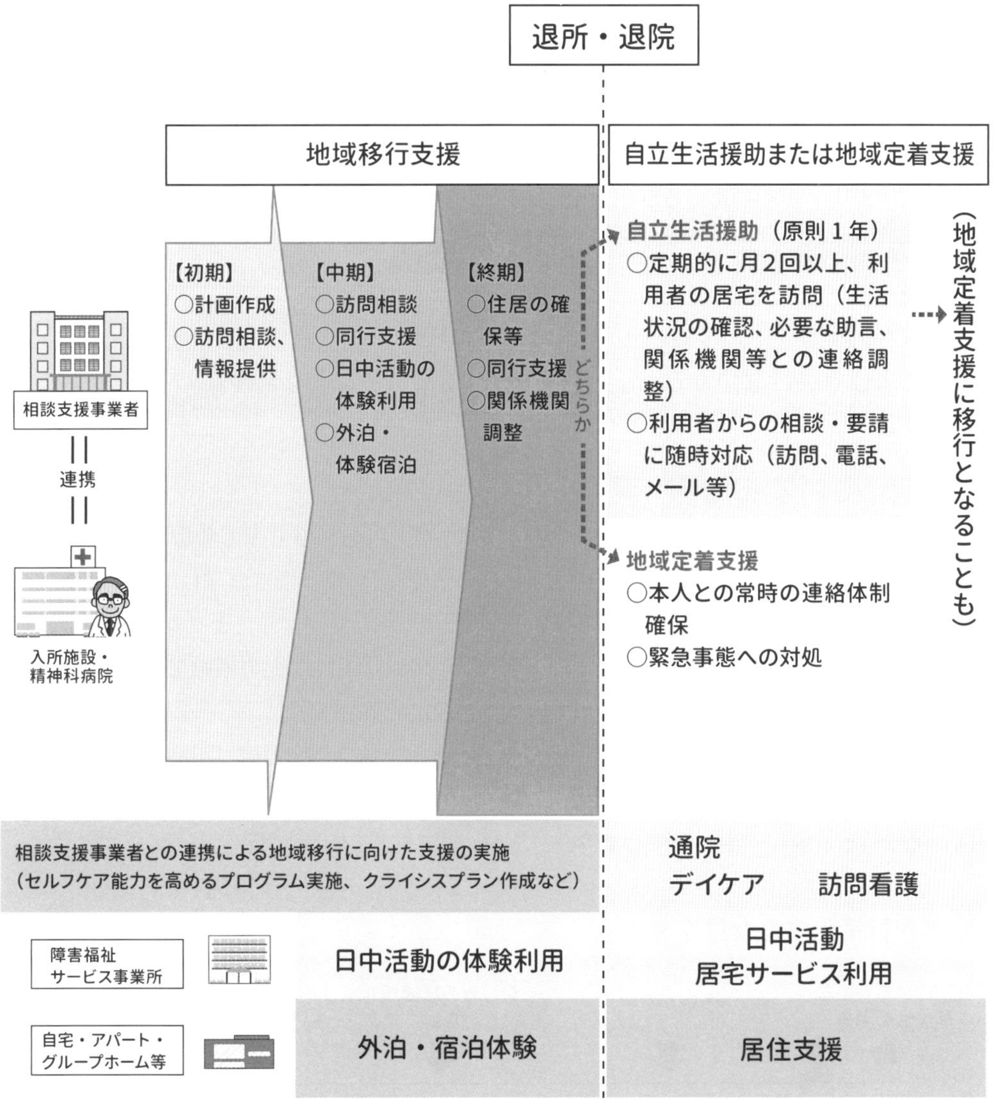

高齢のアルコール依存症者への支援

## 最近、朝から飲酒するようになった利用者がいる。どう対応したらよい？

**A** 非審判的態度で、アルコールに頼らざるを得ない“生きづらさ”をほぐし、「このままじゃいけないかな…」という“思い直し”を促します。

### ①依存症に対する治療・支援の検討が必要

要支援ではあるものの、身の回りのことは自分でこなすことのできる独居の80代男性で、最近、奥さんを亡くされてから塞ぎこむようになり、飲酒量が目に余るほどに増えてきました。近隣に住む娘が心配して、節制するよう注意を繰り返すも、無視。「ほかに楽しみもないし、仕方がないか…」と半ばあきらめつつ、酩酊による転倒やタバコの火の不始末が心配で、受け入れてくれる施設はどこかないか尋ねられたという事例です。

原則論からいえば、まずはアルコール依存症に対する治療や支援の検討が必要です。施設入居を第一選択にするとしても、一通りの治療・支援を通じて依存症がおさまっていないと、施設探しは難航を余儀なくされるでしょう。

**●飲酒が習慣化する背景を考える**

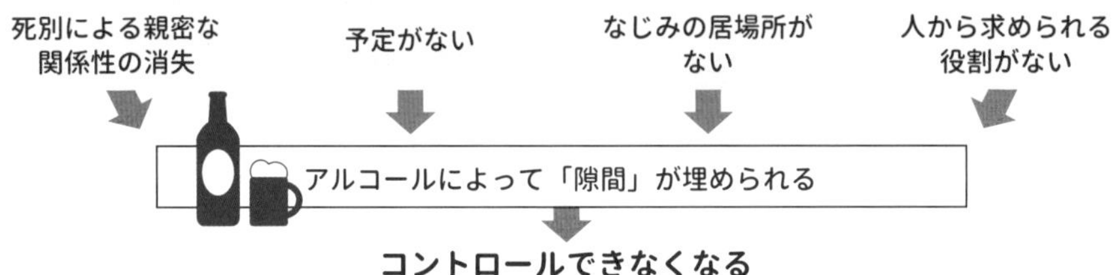

## ②高齢者特有の難しさ

とはいえ、治療・支援に結びつけること自体が、高いハードルとなります。

健康上のリスクを説明したり、周囲の心配や後始末の負担を説明しても、「だからどうした。酒で死ねるなら本望だ」「頼んだ覚えはない。放っておいてくれ」といった拒絶を招くだけかもしれません。あるいは、火に油を注ぐように、さらに飲酒に拍車がかかることもありえます。

独居の高齢者の場合、朝から飲んでも“支障のない”状況が生じやすい点に留意が必要です。現役世代であれば、職場や家庭や地域など、いくつもの居場所・役割があって、そのなかでＴＰＯ（時間・場所・機会）をわきまえた行動をとらなければならないという暗黙の了解があります。そうした制約が「ない」ぶん、高齢者は依存症に陥りやすいということです。

## ③非審判的態度を貫きつつ、“思い直し”を促す

対応のポイントは以下のとおりです。

- 一貫して相手に関心を抱いている態度を示して、共感しながら話を聴く
- 違和感を感じる点があれば、目に見えるように驚きの表情を示して（視覚化)、「そこは私には想像がつきません」「もう少し詳しく教えてください」などと掘り下げていく
- 「相当苦しい状況かもしれないが、乗り越えられると信じているし、乗り越えてほしい」「できれば一緒にこれからのことを考えていきたい」などと意思を伝える

本人が支援を受ける意向を示したら、精神保健福祉センターまたは保健所につなぎます。

なお、高齢期における依存症を減らすには、地域に高齢者の「居場所」と「役割」を創出することが、何より大事であると考えられます。

### 「専門職であるがゆえのイネイブリング」に注意

依存症の人の世話を焼いたり、尻拭いをしたりすることによって、結果的に、依存を続けやすい環境をつくってしてしまうことを「イネイブリング」といいます。たとえば、本人がギャンブルでつくった借金の肩代わりをしたり、出社できないほど泥酔した本人に代わって会社に謝罪の電話を入れたりするような行動が、これに当たります。相談援助職も、知らず知らずのうちにイネイブリングに陥ってしまうことがあります。知識や経験が豊富であるがゆえ、“先”が見えてしまったり、譲れない一線にこだわってしまって、ついつい世話を焼いてしまいがちなのです。

定期的に自ら「振り返り」を行うとともに、職場や職能団体等でスーパービジョンを受けるなど、対策を講じる必要があります。

ギャンブル依存と経済的虐待

# Q11 息子が老親の貯金を勝手に引き出して、パチンコにつぎ込んでいる。どう対応したらよい？

**A** 経済的虐待の原因である「依存症」の支援につながるようはたらきかけます。介護負担や孤立が依存の要因となっていなかったかも検討します。

## ①依存症の理解―「否認の病気」であるということ

介護サービス利用料の支払いが滞った利用者（親）に、担当ケアマネジャーが事情を尋ねて発覚した事例です。息子（60代、無職独身）に勧められるままに通帳を預け、管理を任せていたら、1年も経たぬうちに300万円以上あった貯金が尽きて、口座から引き落としできなくなっていた。何に使ったかを尋ねても、息子は言を左右に答えようとしない。たまたまヘルパーが、パチンコ屋から出てきた息子を目撃した。「そういえば外出から帰ってくると、最近いつもタバコ臭かった」――という状況証拠から、ギャンブル依存が強く疑われました（実際そうだった）。

依存症は、「否認の病気」といわれるように、それを続けるためなら不都合なことを隠したり、嘘をついてごまかすことも厭わない病気です。そして責められれば責められるほど、現実逃避の衝動にかられ、依存が強化されてしまいます。

## ②全体像をとらえ、課題を整理する

もちろん、勝手に財産を費消したという時点で「経済的虐待」です。着服された金額は返還されるべきですし、被害がこれ以上拡大しないように手を打たなければなりません。同時に、問題の「元」となっているギャンブル依存が落ち着くように、治療・支援につなげる必要があります。そうしないと、新たな借金や違法な手段で「軍資金」を調達するようになるからです。

かといって、この息子が親の主たる介護者であることにかわりはなく、不在となったら在宅介護が回らなくなります。対応にあたっては、こうした全体像をふまえる必要があります。

## ●本事例における対応のポイント

### ①全体像を整理する

息子の状況

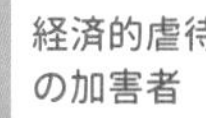

経済的虐待の加害者

ギャンブル依存症当事者

要介護者の家族（主たる介護者）

親の状況

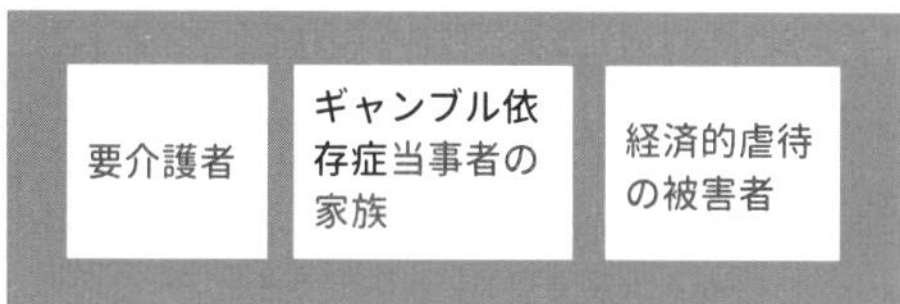

要介護者

ギャンブル依存症当事者の家族

経済的虐待の被害者

### ②課題を整理する

(1) 生活費の枯渇への対応

(2) 通帳等の管理のあり方の見直し。場合によっては親の身の安全の確保も必要

(3) 借金の有無の確認

(4) ギャンブル依存症当事者の家族としての、親のストレスへの対応

(5) ギャンブル依存症に関する専門窓口や社会資源の紹介とフォロー。入院・入所する場合は、その間の親への介護サービス等の調整

(6) 息子にかかっている介護負担や生活状況の確認、支援内容の見直し

### ③改善を促す

対応のポイント

- ☑ 非審判的態度で接する
- ☑ 経済的虐待による支障を具体的に伝える
- ☑ 以下のことを説明し、「回復への取り組みを応援したい」という意思を伝える
- ☑ 本人の意向に応じて精神保健福祉センターまたは保健所につなぐ

説明すべきポイント

- ☑ 依存症は誰でもなりうる病気であること
- ☑ 歯止めがきかなくなるのは「脳の機能異常」によるものであること
- ☑ 依存症は回復可能な病気であって、回復に必要な手段もあること
- ☑ 債務整理や生活の立て直しに関する支援を得ることもできること

COLUMN

# 障害支援区分と要介護度の違い

## ――障害支援区分は「標準的な支援の度合い」を示す

介護保険制度における「要介護度」は、「いまの環境で自立した日常生活を送るうえで足りない部分・程度を測定する指標」です。その足りない部分に、外部からサービスを手配して、尊厳ある生活を保持できるように支援することを目的としています。

一方、障害者総合支援制度における「障害支援区分」は、認定調査や主治医意見書から導き出された「必要とされる標準的な支援の度合い」です。つまり、これを標準として、「個別の障害のある人が自らの生き方・暮らし方を選択して実現する」うえで必要なサービス等を検討することを目的とした指標です。

### ●障害支援区分と要介護度

| | 障害支援区分 | 要介護度 |
|---|---|---|
| 制度の趣旨 | 障害者総合支援制度<br>基本的人権を享有する個人としての尊厳にふさわしい日常生活または社会生活を営むことができるよう（自らの生き方、暮らし方を選択し、実現できるよう）支援するしくみ | 介護保険制度<br>要介護状態等となった者について、尊厳を保持し、その有する能力に応じ自立した日常生活を営むことができるよう支援するしくみ |
| 区分 | 区分１～６ | 要支援１～２、要介護１～５ |
| 区分が示すもの | 障害の多様な特性その他の心身の状態に応じて必要とされる標準的な支援の総合的な度合い | 介護の手間（介護の時間）の総量 |
| 認定調査の考え方 | 「できたりできなかったりする場合」は、「できない状況」に基づき評価 | 「できたりできなかったりする場合」は、「より頻回な状況」に基づき評価 |
| | 普段過ごしている環境ではなく、「自宅・単身」を想定して評価 | 生活環境や本人のおかれている状態等も含めて評価 |
| 審査会の考え方 | 対象者に必要とされる支援の度合いが一次判定結果に相当するか検討 | 通常に比べ、介護の手間がより「かかるか」「かからないか」を検討 |

# 第3章

# 医療保障

# ❶「医療保障制度」をザックリ押さえよう！

## 必要な医療を受けられるしくみ

わが国では、原則として国民はみな公的医療保険に加入して、保険料を納めることが義務づけられています。そうして、「医療保険者から交付された被保険者証※」または「被保険者証としての利用登録を済ませたマイナンバーカード」を、病気を患ったり負傷したりしたときに医療機関に提示すれば、必要な医療を３割以下の費用負担で受けることができます。

このように、被保険者が少額の負担で医療を受けられるようにするための費用保障のことを「療養の給付」といい、そのもとで提供される医療のことを「保険診療」といいます。

## 保険診療の対価は公定価格

保険診療のもとでは、個々の診療行為の「値段」は、すべて厚生労働大臣の告示する「診療報酬点数表」で定められています。医薬品や医療材料の値段も全国一律の公定価格です。提供された診療の対価は１点＝10円で計算され、うち一定割合を一部負担金として患者が負担します。残りは医療保険が負担します。

※ **2024年12月2日**をもって、受診時に提示する書類は原則としてマイナンバーカードに統一され、**被保険者証は廃止**される予定です。マイナンバーカードを取得していない人には、有効期間最長５年間の「**資格確認書**」が交付されます。

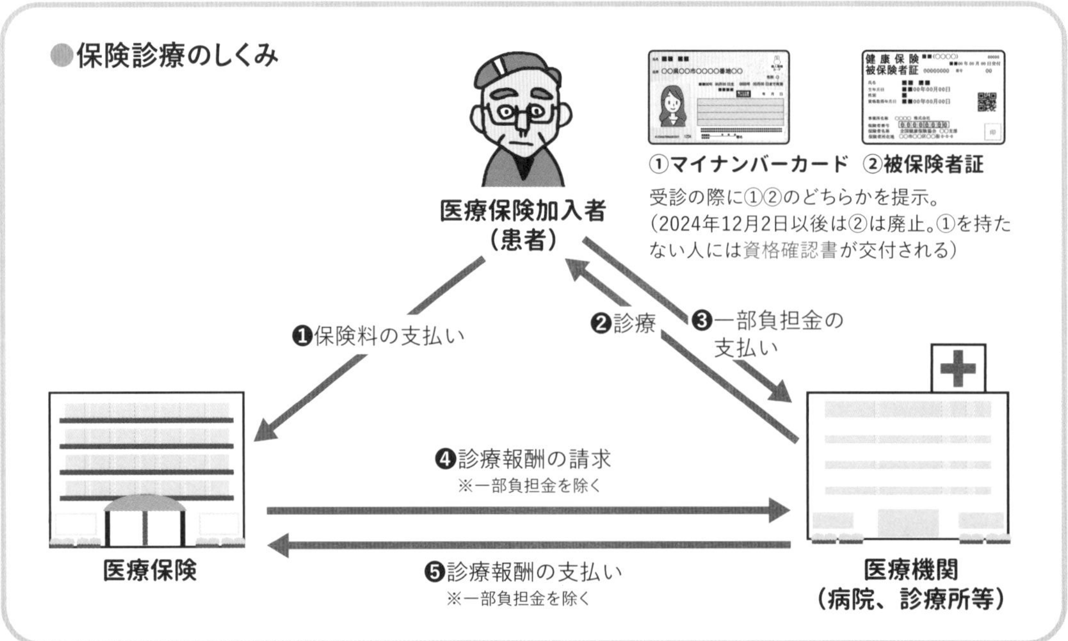

## 保険診療の枠外の医療ニーズ

ただし、わが国の医療ニーズは公的医療保険ですべてカバーされているわけではありません。効果や安全性を評価している途上にある「先進医療」は保険の適用外ですし、予防接種や人間ドック受診などの「予防」関連経費や市販薬購入費も保険給付の対象外です。医療技術を用いていても、美容を目的とした検査、投薬、処置、手術等は保険診療に含まれず、妊婦健診や正常分娩での出産は「病気」に対する対処とはみなされないため保険診療の対象外です（ただし、別途「出産育児一時金」という給付が支給される）。介護保険の給付にもある訪問看護やリハビリテーションは、原則として介護保険が優先します。

## 他制度で医療給付されるケース

また、保険診療の対象となる医療ニーズであっても、傷病の原因や患者の属性によっては、他制度で医療給付されることもあります。

具体的には、業務上の傷病にかかる診療費は、労働者災害補償保険（労災保険）の医療補償給付によって賄われます。自動車事故による負傷については、過失割合に応じて当事者が負担する決まりとなっていて、それを前提とした自動車損害賠償責任保険や民間自動車保険のしくみが確立しています。生活保護の被保護者については、勤務先の社会保険の適用を受けている場合を除いて、生活保護制度の「医療扶助」によって医療を受けることとなっています（p.34 参照）

## 公費による医療費の助成も

それ以外にも、病気の種類、原因、周囲に与える影響、患者の状況によっては、患者負担の軽減または無償化を図ることを目的として、国や自治体が医療費の全額または一部を公費で助成するしくみがあります。これを公費負担医療といいます（p.146 参照）

●公的医療保険の医療給付（保険診療）がカバーする範囲

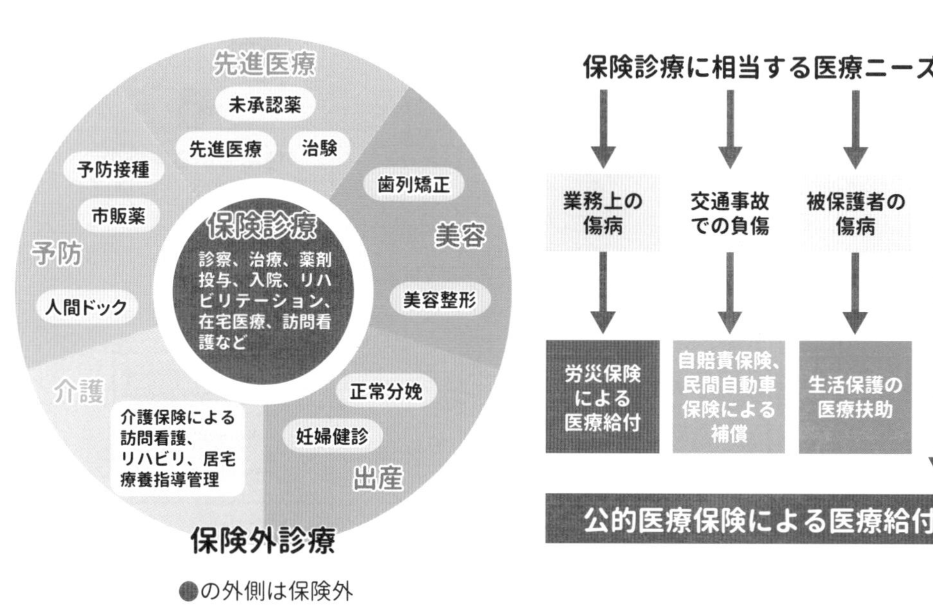

# ❷ 活用までの流れとポイント

私たちは皆が公的な医療保険に加入しています。これによって、誰もが適時に必要な医療を受けられ、高額な医療費で家計が破綻することのないようになっています。ただし、制度体系や手続きに一部複雑なところがあって、時として、本来受け取れる給付が受け取られていないことや、本来は必要のない負担をしていることがあります。こうした点を中心に解説します。

## 1. 医療保険制度の体系と加入・保険料

### 加入する制度

どのように生計を立てているか、75歳以上か未満かで、加入する制度が異なります。75歳以上の人は、誰もが「後期高齢者医療制度」の適用となります。75歳未満の人は、生計の立て方によって「健康保険」か「国民健康保険（以下、国保）」に加入します。

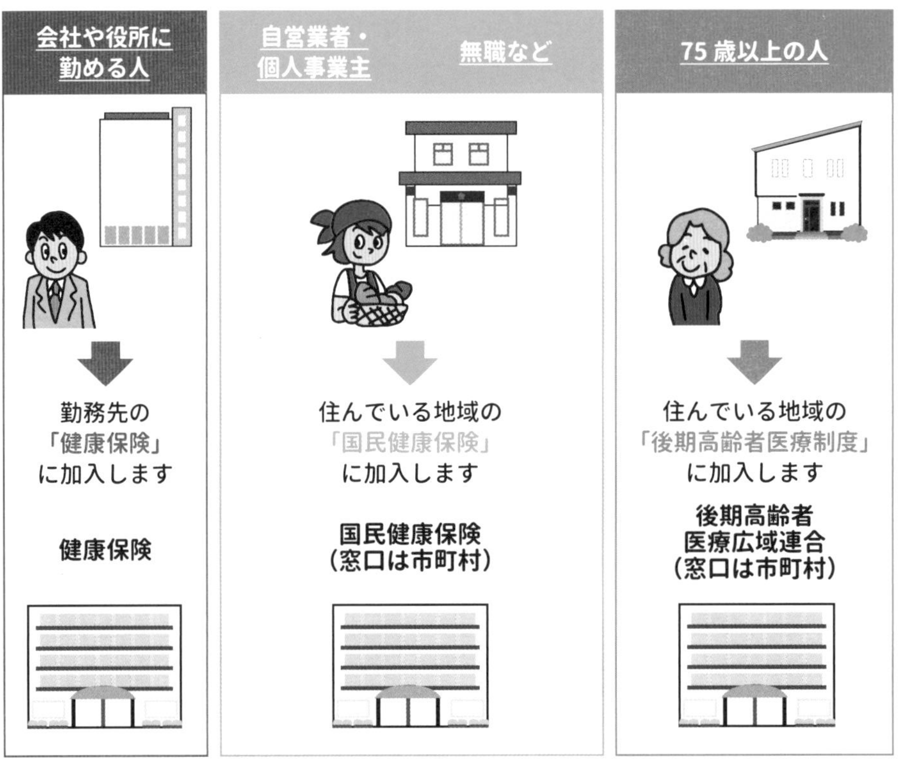

## 加入の単位、保険料、扶養家族の位置づけ

制度ごとに、加入の単位、保険料の決まり方、扶養家族の位置づけが異なります。健康保険と国保は加入が「世帯単位」ですが、後期高齢者医療制度は「個人単位」となっています。

| | 健康保険 | 国民健康保険 | 後期高齢者医療制度 |
|---|---|---|---|
| 加入 | 被保険者の勤務先の健康保険に世帯単位で加入します。 | 世帯主の住所地の国民健康保険に世帯単位で加入します。 | 一人ひとりが住所地の後期高齢者医療制度に個人単位で加入します。 |
| 保険料 | ［給料・賞与×保険料率］で算出された額を、事業主と折半して納付します。保険料は、給料等から源泉徴収されます。 | 世帯内の被保険者数、被保険者全員の所得等に応じて算出された額を納付します。保険料は、口座引き落としや納付書による振込等で支払います。 | 所得等に応じて算出された額を納付します。保険料は主として年金からの天引きで徴収されます。 |
| 扶養家族 | 扶養家族は、「被扶養者」という位置づけです。被扶養者が何人いても保険料はかかりません。 | 扶養家族は、「被保険者」という位置づけです。被保険者の人数と所得額が保険料に反映されます。 | 「個人単位」の制度なので、扶養家族を取り扱うしくみはありません。仮に扶養家族がいる場合は、別途に保険加入が必要です。 |



**CHECK!!**

健康保険に被扶養者としての加入が認められるのは、被保険者と生計維持関係にあり、かつ、日本国内に住所のある（海外赴任の被保険者への帯同、海外留学、短期滞在などは例外）3親等以内の親族に限られる。「生計維持関係」の要件は以下のとおり。

**年間収入の見通しが130万円未満**

※60歳以上または障害厚生年金を受けられる程度の障害者の場合は180万円

かつ

**扶養者の収入の2分の1未満**



※別居の場合は扶養者からの仕送り額未満

# 2－1. 保険給付のポイント①──窓口での負担額

公的医療保険で医療を受けても、費用の一部は患者が負担する必要があります。入院した場合には食事の材料費や光熱費にあたる費用等があわせて請求されます。

## 一部負担金

病院や診療所は、診察・医学管理・検査・注射・投薬・手術・処置など実際に行った医療行為の対価（診療報酬点数）を足し上げて、合計金額のうち一定割合を被保険者（患者）に請求します。これを**一部負担金**といいます。

一部負担金の負担割合は年齢により区分されています。基本は「３割負担」ですが、義務教育前の乳幼児と 70 ～ 74 歳は「２割負担」、75 歳以上は「１割負担」と定められています（下図）。

### ●年齢に応じた一部負担金の負担割合

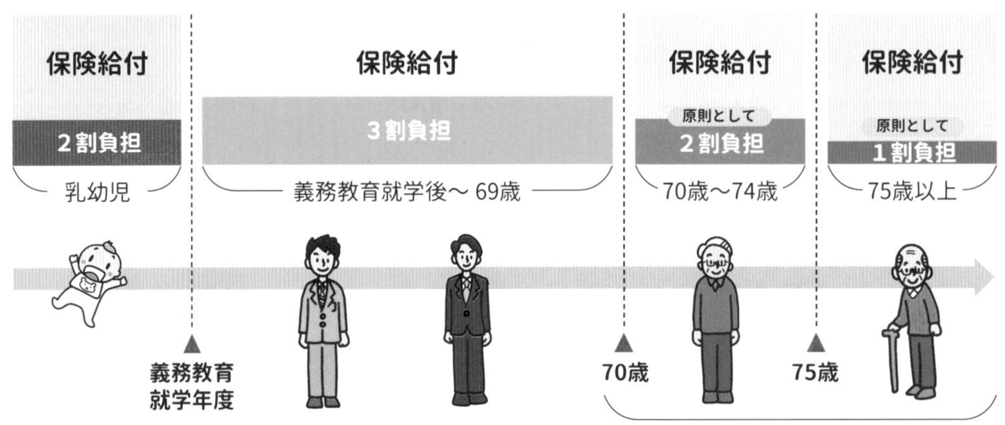


70 歳以上の人については、「課税所得 145 万円以上」に該当すると、**現役並み所得者**として区分され（右図❶）、３割負担となります。

また、75 歳以上の人については、「課税所得 28 万円以上 145 万円未満」に該当すると、**一定以上所得者**として区分され（右図❷）、２割負担となります。

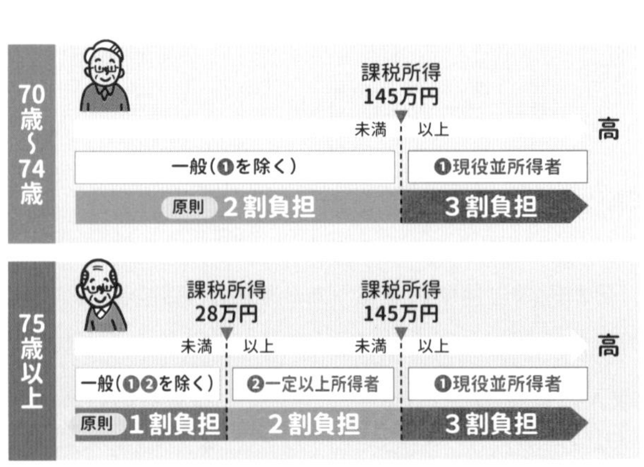

## 食事療養標準負担額／生活療養標準負担額

入院の際に提供される食事には、食材料費や調理コストとして1食単位で460円（**2024年6月以後は490円**）の患者負担が発生します。これを食事療養標準負担額といいます。なお、住民税非課税世帯については、負担が軽減されます。

療養病床に入院する65歳以上の患者については、介護保険施設で徴収される「居住費負担」との整合性をとる趣旨で、光熱水費相当分として1日あたり370円を上乗せした料金が徴収されることとなっています。これを生活療養標準負担額といいます。

### ●食事療養標準負担額

| 所得区分 | 食費 |
|---|---|
| ①住民税課税世帯 | 460円（490円） |
| ②指定難病患者、小児慢性特定疾患患者 | 260円（280円） |
| ③住民税非課税世帯 | 210円（230円） |
| ④直近1年間の累計入院日数91日以降 | 160円（180円） |
| ⑤住民税非課税世帯で所得が一定基準未満の70歳以上 | 100円（110円） |

※（　）内の金額は2024年6月以降のもの。食材費等の価格高騰に対応する料金改定が実施されます

### ●生活療養標準負担額（療養病床に入院する65歳以上の患者に適用される負担）

| | 医療区分Ⅰの患者 | | 医療区分Ⅱ・Ⅲの患者 | | 指定難病患者 | |
|---|---|---|---|---|---|---|
| 所得区分 | 食費 | 居住費 | 食費 | 居住費 | 食費 | 居住費 |
| ①住民税課税世帯 | 460円（490円） | 370円 | 460円（490円） | 370円 | 260円（280円） | － |
| ②住民税非課税世帯 | 210円（230円） | 370円 | 210円（230円） | 370円 | 210円（230円） | － |
| ③直近1年間の累計入院日数91日以降 | － | － | 160円（180円） | 370円 | 160円（180円） | － |
| ④住民税非課税世帯で所得が一定基準未満の70歳以上 | 130円（140円） | 370円 | 100円（110円） | 370円 | 100円（110円） | － |
| ⑤老齢福祉年金受給者等 | 100円（110円） | － | 100円（110円） | － | 100円（110円） | － |

### その他、窓口で請求される費用

選定療養や評価療養（p.143参照）を利用した場合は、その利用料金や受療費用を支払う必要があります。その他、診断書の交付を受けたり、病衣貸与を受けたり、オムツを使用した場合も、医療機関の定める利用料金を支払う必要があります。

# 2－2. 保険給付のポイント②──高額療養費

保険診療の自己負担は、かかった医療費の１割、２割、または３割ですが、それでも医療費そのものが高額であれば、負担額も跳ね上がってしまい、家計が危機に瀕してしまうおそれもあります。そこで、月単位で一定額以上の一部負担金が発生する場合は、医療保険が“肩代わり”してくれるしくみがあります。これを高額療養費制度といいます。

## 高額療養費制度のしくみ

たとえば、100万円かかる医療を受けたとすると、３割負担ならば30万円を支払わなければならない計算です。しかし、高額療養費制度が適用されると、最終的な負担額は「8万7430円」まで軽減されます（下図）。

**●高額療養費のしくみ**

**【例】100万円かかる医療を受けた場合（70歳未満、負担区分：一般）**

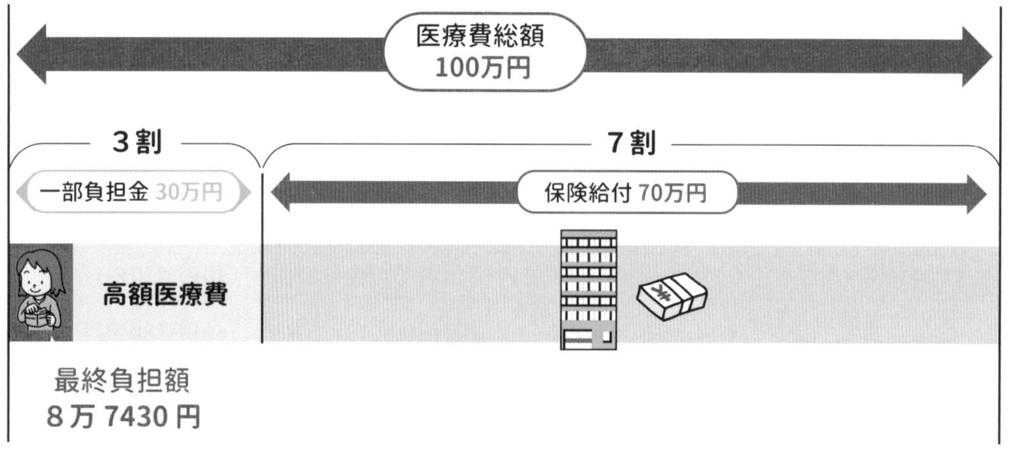


### 支給の要件

高額療養費が支給されるのは、「医療を受けた月の**月始めから月末までの１か月間に、同一医療機関に支払った一部負担金が、自己負担限度額を超えた場合**」です。ただし、入院は入院のみ、外来は外来のみで計算し、医科と歯科のある病院で両方にかかった場合は、別々に計算します。また、一部負担金以外の患者負担（食事療養標準負担額や選定療養・評価療養の自費負担など）は、高額療養費の支給対象ではありません。

## 自己負担限度額

高額療養費の払い戻しの基準となる金額を自己負担限度額といいます。この自己負担限度額は、所得の低い人に対して、より多くの高額療養費が支給されるように設定されています。70歳未満と70歳以上とで、若干の違いがあります（下図）。

### ●高額療養費制度の自己負担限度額

| 年収の目安（低→高） | 69歳以下の自己負担限度額 | 多数該当 | 70歳以上の自己負担限度額 |
|---|---|---|---|
| 住民税非課税（総所得金額0円） | 3万5400円 | 多数該当 2万6400円 | 1万5000円 |
| 住民税非課税（上記以外） | 3万5400円 | 多数該当 2万6400円 | 2万4600円 |
| ～約370万円（住民税課税） | 5万7600円 | 多数該当 4万4400円 | 同左 |
| 約370万円～約770万円 | 8万100円＋（医療費－26万7000円）×1% | 多数該当 4万4400円 | 同左 |
| 約770万円～約1160万円 | 16万7400円＋（医療費－55万8000円）×1% | 多数該当 9万3,000円 | 同左 |
| 約1160万円～ | 25万2600円＋（医療費－84万2000円）×1% | 多数該当 14万100円 | 同左 |

70歳以上の住民税非課税の高齢者には「外来上限特例」が適用される
- 外来の自己負担は1医療機関につき月1万8000円が限度。年間14万4000円を超えると申請により払い戻しあり
- 外来の自己負担は1医療機関につき月8,000円が限度。

### ●高額療養費のイメージ

【例】年収「約370万円～約770万円」の人が100万円の医療を受けた場合

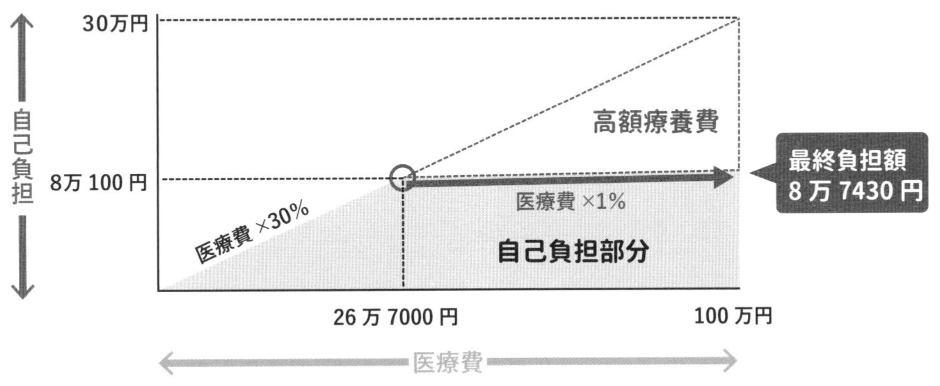


直近の1年の間に、高額療養費がすでに3回支給されている場合、患者の経済的負担の軽減を目的として、4回目以降となる自己負担限度額が引き下げられることになっています。これを多数該当（または多数回該当）といいます。

## ●多数該当のイメージ

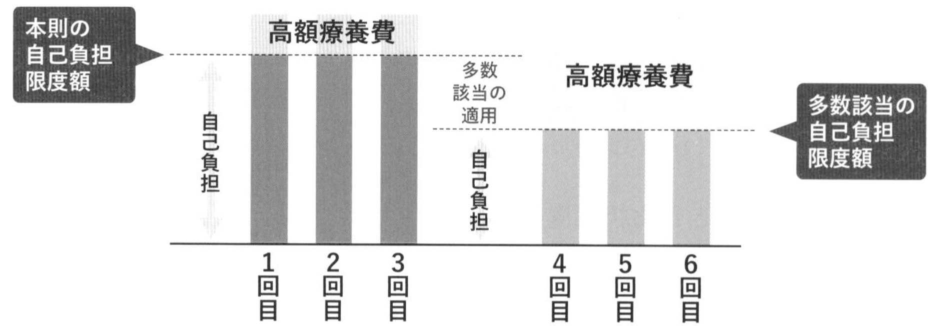


### 合算高額療養費

1か所の医療機関への支払いだけで自己負担限度額を超えなくても、複数の医療機関への支払いを合計して自己負担限度額を超えれば、合算して高額療養費を受けることができます。世帯内の同一の医療保険に加入する世帯員同士で合算して、自己負担限度額を超える場合についても高額療養費が適用されます。これを合算高額療養費といいます。ただし、70歳未満の場合は、「月2万1000円超の一部負担金しか合算できない」という制約があります。

## ●合算高額療養費のルール

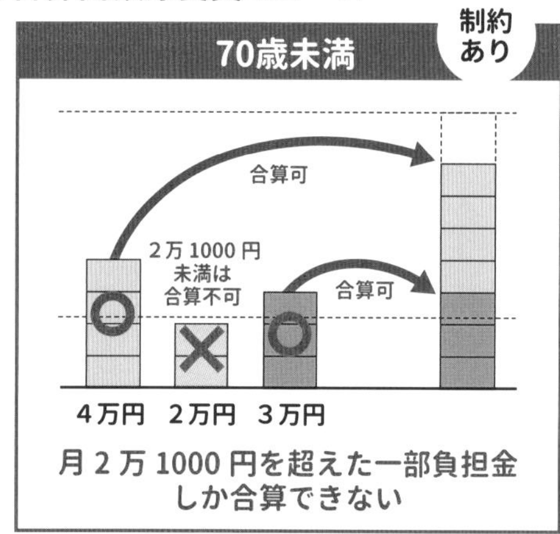


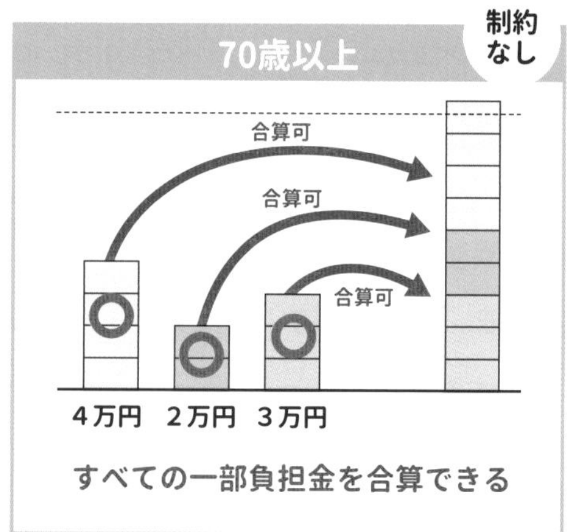


## 高額長期疾病の特例

「著しく高額な治療を長期にわたって必要とする疾病」として厚生労働大臣が定めた疾病は、自己負担限度額が「1万円」になるという特例があります。現在指定されているのは、①人工透析を実施する慢性腎不全、②血友病、③血液製剤の投与に起因するHIV感染症の3疾病です。ただし、70歳未満で①の疾病に該当し、かつ、課税所得380万円以上の人の場合は、自己負担限度額が「2万円」となります。

## 高額療養費を受けるための手続き

マイナンバーカードを提示して受診するか、加入する医療保険から交付された「限度額適用認定証」という書類を医療機関の窓口に提出すれば、その医療機関で当月に支払う一部負担は自己負担限度額までとなります（外来・入院別、医科・歯科別）。

マイナンバーカードではなく、従来の被保険者証または医療保険者の発行した「資格確認書」を提示して受診した人については、「限度額適用認定証」を提示しておかないと、医療機関から自己負担金を全額請求されることとなります。この場合は、請求額を支払っておいたうえで、後日、加入している医療保険に「高額療養費の支給申請」を行う流れとなります。

### ●高額療養費の支給申請手続き

**マイナンバーカードで受診**

手続き不要

支払いは自己負担限度額まででＯＫ

**従前の被保険者証または「資格確認書」で受診**

限度額適用認定証を使う

❶加入している医療保険に限度額適用認定証の交付を申請し、交付を受ける

❷限度額適用認定証を医療機関に提示する

❸支払いは自己負担限度額まででＯＫ

※後期高齢者医療制度では支給対象となる被保険者の指定口座に自動的に還付する流れになっているため、申請手続きは不要です（ただし初回のみ、口座登録等のための申請手続きが必要）

限度額適用認定証を使わない

❶限度額適用認定証を提示せずに受診する

❷一部負担金を全額支払う

❸自己負担限度額を超えた一部負担金支払いがあった場合は、加入している医療保険に高額療養費の支給を申請する

❹高額療養費が指定口座に振り込まれる

## 高額医療・高額介護合算療養費制度

医療保険と介護保険双方の自己負担が著しく高額となって家計が窮迫するのを防ぐために、制度横断の払い戻し制度が設けられています。８月から翌年７月末までの１年間に支払った医療保険と介護保険の自己負担額を、世帯内の同一の医療保険制度に加入している家族等全員で合算して、年間の基準額を超えた場合は、申請により、その超えた額が「高額医療・高額介護合算療養費」として払い戻されます。限度額は、所得区分ごとに設定されています。

# 2−3．保険給付のポイント③ ― 保険外併用療養費制度

## 混合診療禁止の原則と、例外的な「併用」の取り扱い

日本国内で提供されている医療は「保険診療」が主体です。これに対して、その枠外にあるのが「自由診療」（保険外診療）です。保険診療と自由診療は原則、一緒に提供してはならないというルールがあります（混合診療禁止の原則）。これによって、自由診療と保険診療を並行して受けると、本来は３割負担（人によっては２割負担または１割負担）であるはずの保険診療の部分もすべて自由診療扱いとなり、10割分の負担をしなければなりません（**下図中央**）。

しかし、すべてを禁じてしまうと、「患者の多様化するニーズに応えられなくなる」「医療技術の進歩を保険診療に反映させにくくなる」といった不都合があるために、例外的に、「厚生労働大臣の定める療養」に限って保険診療と併用できるというルールが設けられています（**下図右**）。

### ●保険診療と保険外診療は一緒に受けると全額自己負担が原則

公的医療保険から支給される通常の医療分の診療報酬を「保険外併用療養費」と称し、患者はこれに相当する３割の自己負担金（人によっては２割負担または１割負担）を支払います。「厚生労働大臣の定める療養」の分は、各医療機関が定める料金を全額自己負担（10割負担）する必要があります。

## 「厚生労働大臣の定める療養」について

「厚生労働大臣の定める療養」とは、大きく分けて、①選定療養、②評価療養、③患者申出療養の３種類があります。利用にあたっては、その内容や負担額について、患者が事前に医療機関から説明を受け、納得・同意することが前提となります。

## 選定療養

個室に入院したり、紹介状なしに大病院を受診したり、制限回数を超えた治療を追加で受けたりというように、通常の診療の過程で厚生労働省の定める「特別なサービス」を患者本人の希望によって利用した場合は、その分の特別料金を医療機関に支払う必要があります。

- 特別の療養環境（個室等のいわゆる差額ベッド）
- 大病院の初診
（他院からの紹介状を持たずに受診した場合）
- 大病院の再診
（他院紹介の申し出を断って受診を続けた場合）
- 制限回数を超える医療行為
- 水晶体再建に使用する多焦点眼内レンズ
- 長期収載医薬品（特許が切れて後発品も出回っている品目の先発品）の使用（2024 年 10 月から追加）
- 前歯部の材料差額
- 金属床総義歯
- 小児う蝕治療後の継続管理
- 180 日を超える入院
- 予約診療
- 時間外診療

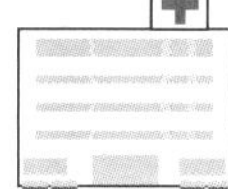

## 評価療養

保険適用されていない新しい医療技術で、一定の有効性および安全性が認められるとして厚生労働大臣が定めた先進医療を受けたり、医薬品・医療機器の治験を受けたりする場合は、その保険外にあたる部分のすべてを“自費”によって負担する必要があります。

- 先進医療
- 治験にかかる診療
- 薬機法承認後で保険収載前の使用
（医薬品、医療機器、再生医療等製品）
- 薬価基準収載医薬品の適応外使用
- 保険適用医療機器、再生医療等製品の適応外使用

## 患者申出療養

評価療養の対象となっていない国内未承認の医薬品等を、より早く使用できるようにするしくみです。指定の専門病院を通じて患者が国に申請し、承認されれば受けることができます。治験や先進医療の対象患者から外れてしまった場合も、このしくみで受療を申請できます。

# 3. 医療保険と介護保険にまたがるサービス

## 訪問看護

訪問看護は、介護保険からサービスを利用可能な人については、介護保険からの給付が優先します。介護保険と医療保険の双方から訪問看護を受けることはできません。一定の重症者については医療保険からの給付に切り換えられ、頻回の訪問が可能になります。

### ●訪問看護の保険給付

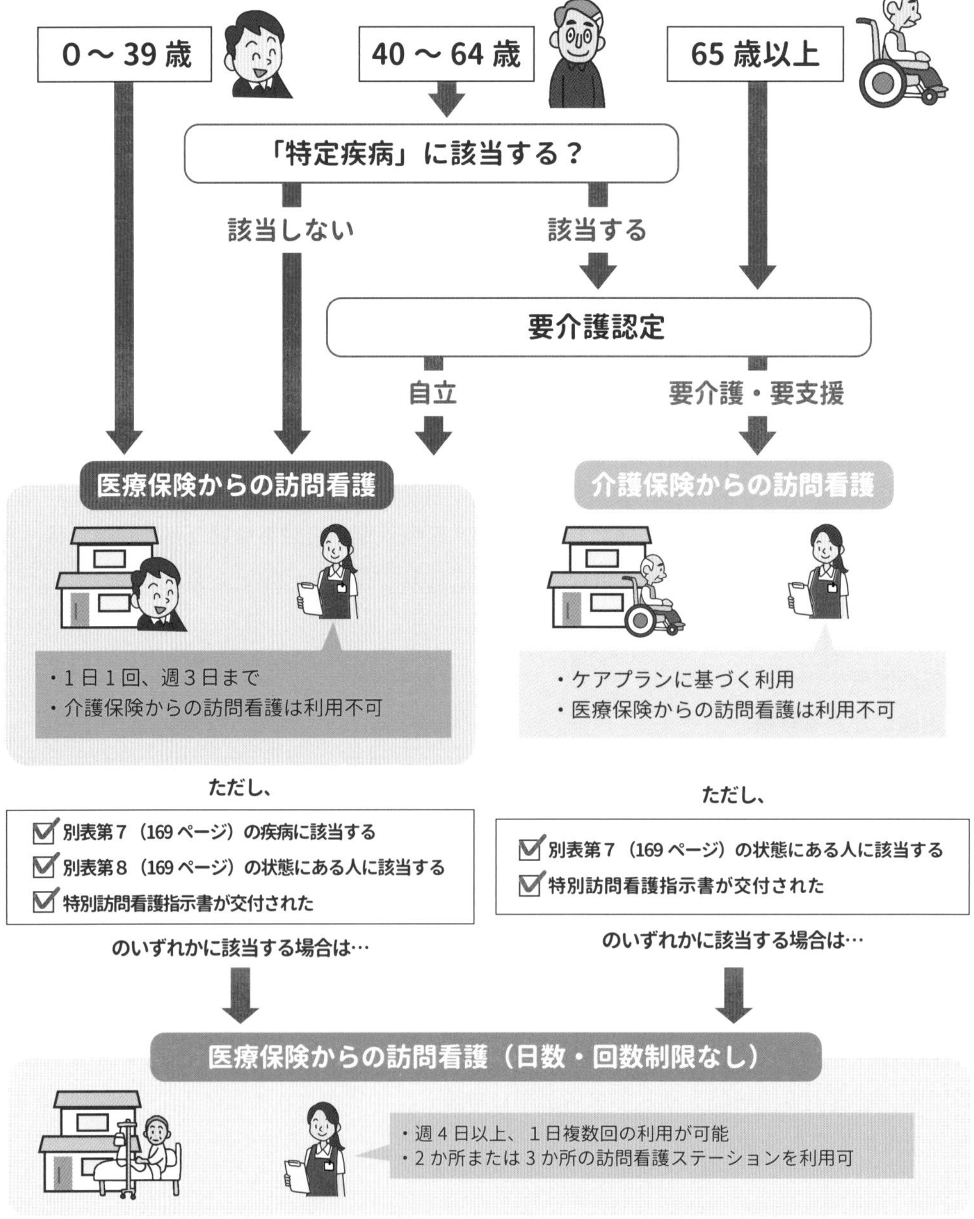

0～39歳

40～64歳

65歳以上

「特定疾病」に該当する？

該当しない

該当する

要介護認定

自立

要介護・要支援

**医療保険からの訪問看護**

・1日1回、週3日まで
・介護保険からの訪問看護は利用不可

ただし、

- ☑別表第7（169ページ）の疾病に該当する
- ☑別表第8（169ページ）の状態にある人に該当する
- ☑特別訪問看護指示書が交付された

のいずれかに該当する場合は…

**介護保険からの訪問看護**

・ケアプランに基づく利用
・医療保険からの訪問看護は利用不可

ただし、

- ☑別表第7（169ページ）の状態にある人に該当する
- ☑特別訪問看護指示書が交付された

のいずれかに該当する場合は…

**医療保険からの訪問看護（日数・回数制限なし）**

・週4日以上、1日複数回の利用が可能
・2か所または3か所の訪問看護ステーションを利用可

# リハビリテーション

### 病期とリハビリテーションの展開

リハビリテーションは、下図のように①急性期、②回復期、③維持期・生活期の3段階で展開されます。「急性期」と「回復期」には、治療と並行して短期集中型のリハビリが行われ、医療保険から給付されます。「維持期・生活期」には、それでもなお残る障害に対応するための生活機能維持やQOL改善を目的としたリハビリが行われ、介護保険から給付されます。

### ●リハビリテーションの役割分担

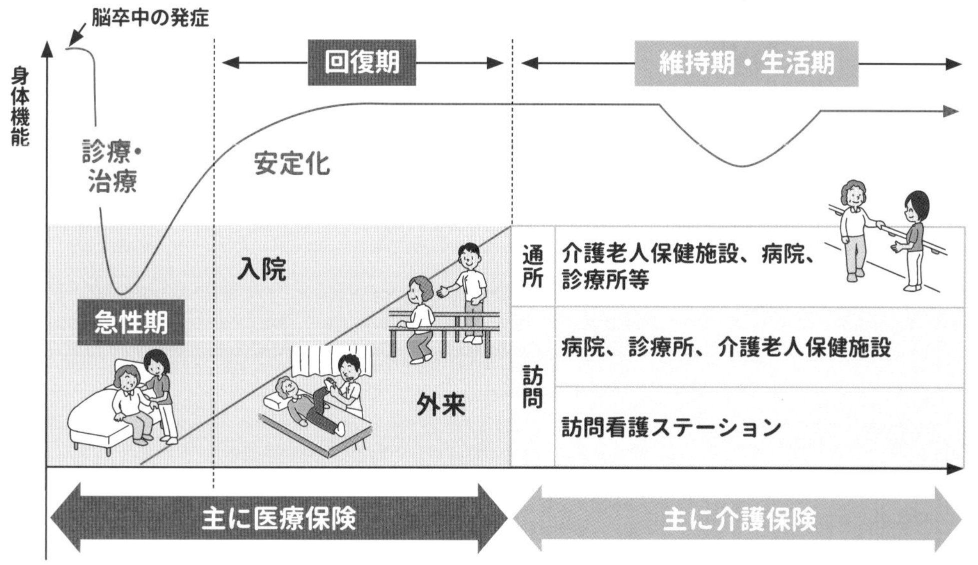


### 「標準的算定日数」を超えると時間・回数に制限

医療保険から実施されるリハビリには、疾患類型ごとに「標準的算定日数」という目安の日数が定められていて、疾患が発症した日（治療開始日、手術日、急性増悪のあった日など）から、その標準的算定日数の範囲内で終了することを目指して計画的に実施されます。この標準的算定日数を越えると、原則として受けられるリハビリの時間･回数に制限がかかり、要介護･要支援の認定を受けている患者は介護保険による給付に差し替えられます。

**標準的算定日数の例：**
**脳血管疾患のリハビリ**…発症、手術もしくは急性増悪または最初に診断された日から180日以内
**廃用症候群のリハビリ**…廃用症候群の診断または急性増悪から120日以内

### 例外が認められる場合

失語症、高次脳機能障害、重度頚髄損傷の患者、回復期リハビリテーション病棟に入院している患者、退院後3か月未満の患者等であって、治療継続によって状態の改善が期待できると医学的に判断される場合は、標準的算定日数を超えても医療保険でリハビリを継続できます。

## 4. 公費による医療費助成制度

わが国の医療保障は公的医療保険をメインに組み立てられていますが、病気の種類、原因、周囲に与える影響、患者の状況等によっては、国や地方自治体が医療費の全額または一部を公費で助成、患者負担が軽減または無償化されるしくみがあります。このしくみを「公費負担医療制度」といいます。大まかに①公衆衛生、②障害者福祉、③児童福祉、④疾病対策、⑤国家補償、健康被害の救済、⑥公的扶助という6つの区分に分類することができます。

**①公衆衛生**
公衆衛生の維持、患者本人・家族等の保護

**②障害者福祉**
障害者等の障害の除去・軽減、受療継続の支援

**③児童福祉**
特別な医療を要する児童の支援、措置児童の医療

**④疾病対策**
難病・慢性疾患の治療研究促進、患者負担軽減

**⑤国家補償、健康被害の救済**

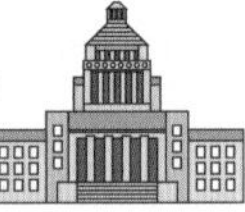

**⑥公的扶助**
低所得者の受療機会保障

### ●公費負担医療の種類と概要（国による実施分）

| 区分 | 法律、制度 | 対象者 | 患者負担 |
|---|---|---|---|
| 公衆衛生 | 感染症法による結核患者の適正医療 | 一般の結核患者 | 5% |
| | 感染症法による結核患者の入院医療 | 勧告または措置に基づいて入院となった結核患者 | なし※ |
| | 感染症法による入院医療 | 一類・二類感染症患者、新型コロナウイルス感染症、新感染症の入院患者 | なし※ |
| | 麻薬及び向精神薬取締法による医療 | 麻薬、大麻又はあへんの慢性中毒者であり、入院措置が必要であると都道府県知事が認めた人 | なし※ |
| | 医療観察法による医療 | 心身喪失等の状態で重大な他害行為を行い、その精神障害の特性に応じて円滑な社会復帰促進のための医療を要すると認められた人 | なし※ |
| | 精神保健福祉法による措置入院 | 2名以上の精神保健指定医に、医療及び保護のために入院させなければ、その精神障害のために自身を傷つけ又は他人に害を及ぼすおそれがあると認められた精神障害者 | なし※ |
| 障害者福祉 | 障害者総合支援法による精神通院医療 | 統合失調症・知的障害・てんかん等を有する人で通院による精神医療を継続的に要する程度と認められる人 | 1割負担（所得に応じた負担上限あり） |
| | 障害者総合支援法による更生医療 | 18歳以上の身体障害者手帳の交付を受けた人で、その障害を除去・軽減する手術等の治療により確実に効果が期待できる人 | 1割負担（所得に応じた負担上限あり） |
| | 障害者総合支援法による育成医療 | 18歳未満の身体障害者又は疾病を放置すれば将来に身体障害を残すと認められる人（確実な治療効果が期待できる人） | 1割負担（所得に応じた負担上限あり） |
| | 障害者総合支援法による療養介護 | 18歳以上の療養介護サービスの対象者（重度心身障害者又は筋ジストロフィー患者であって、障害支援区分5以上の人など） | 1割負担（所得に応じた負担上限あり） |

※一定所得者は月2万円を上限に負担あり

| 区分 | 法律、制度 | 対象者 | 患者負担 |
|---|---|---|---|
| 児童福祉 | 児童福祉法による<br>結核児童の療養給付 | 結核に罹患している 18 歳未満の児童で、その治療のため医師が長期の入院を必要と認めた人 | 世帯の総所得税額により自己負担が生じる |
| | 母子健康法による<br>未熟児養育医療 | 医師が入院養育 ( 出生体重が 2,000g 以下・生活力が特に薄弱で基準に定める症状のある者など ) が必要と認める未熟児 | 医療保険の自己負担 ( 所得に応じた負担上限あり ) |
| | 児童福祉法による障害児施設医療（障害児入所医療および肢体不自由児通所医療） | 医療型障害児入所施設、医療型児童発達支援センター及び指定発達支援医療機関に入所又は通所している児童等 | 1 割負担 ( 所得に応じた負担上限あり ) |
| | 児童福祉法による<br>措置児童等に係る医療 | 里親に委託された児童又は、児童福祉施設等に入所している児童等 | なし★ |
| 疾病対策 | 肝炎治療特別促進事業に係る医療の給付（B 型・C 型ウイルス肝炎治療） | C 型肝炎のインターフェロン治療又は、インターフェロンフリー治療、B 型肝炎のインターフェロン治療又は核酸アナログ製剤治療受診者のうち認定基準を満たす人 | 月 1 万円（一定以上所得者月 2 万円） |
| | 肝がん・重度肝硬変治療研究促進事業 | B 型・C 型肝炎ウイルスに起因する肝がん・重度肝硬変の患者のうち認定基準を満たす人（治療3月目から） | 月 1 万円 |
| | 特定疾患治療研究事業に係る治療研究費 | スモン、難治性肝炎のうち劇症肝炎※、重症急性膵炎※、プリオン病（ヒト由来乾燥硬膜移植によるクロイツフェルト・ヤコブ病に限る）の患者で厚生労働省が定める認定基準を満たす人 ( ※の疾病は新規申請不可 ) | なし |
| | 先天性血液凝固因子障害等治療研究事業に係る治療研究費 | 先天性血液凝固因子障害および血液凝固因子製剤の投与に関係する HIV 感染症の人 | なし |
| | 小児慢性特定疾病医療<br>支援事業 | 18 歳未満の児童で「厚生労働大臣が定める慢性疾病及び当該疾病ごとに厚生労働大臣が定める疾病の状態の程度」に該当する人 | 2 割負担（所得に応じた負担上限あり） |
| | 難病法に係る特定医療費<br>( 指定難病 ) | 指定難病の患者で、その病状の程度が厚生労働大臣が定める認定基準に該当する人等 | 2 割負担（所得に応じた負担上限あり） |
| 国家補償・健康被害の救済 | 石綿健康被害救済法による医療費の公費負担 | 労働災害対象外の石綿健康被害者 | なし★ |
| | 特定Ｂ型肝炎「特定無症候性持続感染者」の定期検査費及び母子感染防止医療費 | 特定Ｂ型肝炎ウイルス感染者給付金の対象者のうち、20 年の除斥期間が経過した無症候性キャリアの人（特定無症候性持続感染者） | なし★ |
| | 公害健康被害補償制度 | 指定疾病の認定を受け、公害医療手帳を交付された人 | なし |
| | 予防接種健康被害救済制度 | 予防接種法に基づく予防接種によって健康被害を生じ、両者の因果関係につき厚生労働大臣の認定を受けた人 | 自己負担分を全額支給★ |
| | 医薬品副作用被害救済制度 | 適切に使用した医薬品等の副作用で重篤な健康被害を生じ、両者の因果関係につき厚生労働大臣の判定を受けた人 | 自己負担分を全額支給★ |
| | 戦傷病者特別援護法による療養給付 | 戦傷病者 | なし |
| | 戦傷病者特別援護法による更生医療 | 政令で定める障害の状態にある戦傷病者 | なし |
| | 被爆者援護法による認定疾病医療 | 被爆者（原爆症認定者） | なし |
| | 被爆者援護法による一般疾病医療 | 被爆者 | なし |
| 公的扶助 | 中国残留邦人等への医療 | 特定中国残留邦人等であって、その者の属する世帯の収入の額がその者について生活保護法第八条第一項の基準により算出した額に比して不足するもの | なし |
| | 生活保護法による医療扶助 | 生活保護の被保護者 | なし ( 医療券に本人支払額が記入されている場合を除く ) |

★印：制約なしにすべての医療機関で受診可能。それ以外は指定医療機関でのみ受診可能。

# 指定難病医療費助成制度

国の定める「指定難病」にかかり、日常生活に支障を及ぼす程度の重い症状が生じていると診断された人に対して、その難病の治療に要する医療費を助成する制度です。

**【指定難病とは】**

原因不明かつ治療方法が確立していない病気であるとして、難病法に定められる基準に基づいて厚生労働大臣が"指定"した疾病のこと。現在、341疾病が指定されています（2024年4月1日が最終更新）。

## 対象者

難病指定医により「指定難病」と診断され、①②のいずれかに該当する人

①「重症度分類等」に照らして症状が一定程度以上

②①に該当しないものの、指定難病にかかる月ごとの医療費総額（10割分）が3万3330円を超える月が、さかのぼって直近の12か月のうち3回以上ある

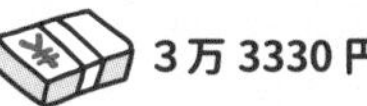

## 助成の範囲

難病指定医療機関（病院、診療所、薬局、訪問看護ステーション）で受けた指定難病に対する医療費。介護保険における訪問看護などの医療系サービスを含みます。

## 助成の内容

①窓口での自己負担は「**2割負担**」に軽減されます。もともと1割負担の人は1割負担です。

②難病の治療に要する自己負担には「**月額上限**」が設定されていて、**これを超えた自己負担支払いは求められません**。上限額は、所得区分・状態像によって下表のように定められています。

### ●指定難病医療費助成制度の負担上限月額

| | 所得区分の基準（年収等の目安） | 患者負担 | | | 入院時の食費（医療保険制度の標準負担額） |
|---|---|---|---|---|---|
| | | 一般 | 高度かつ長期 | 人工呼吸器等装着者 | |
| 上位所得者 | 住民税25.1万円以上 | 30,000円 | 20,000円 | 1,000円 | 1食260円 |
| 一般所得II | 住民税7.1万円〜25.1万円未満 | 20,000円 | 10,000円 | | 1食260円 |
| 一般所得I | 住民税課税〜7.1万円未満 | 10,000円 | 5,000円 | | 1食260円 |
| 低所得II | 住民税非課税世帯<br>本人年収80万円以上 | 5,000円 | 5,000円 | | 1食210円<br>（※長期入院該当160円）（※70歳以上で低所得Iの人は1食100円） |
| 低所得I | 住民税非課税世帯<br>本人年収80万円未満 | 2,500円 | 2,500円 | | |
| | | | 【注1】参照 | 【注2】参照 | 【注3】参照 |

**【注１】「高額かつ長期」該当者の負担軽減**

「高額な治療を長期間にわたり継続しなければならない人」に対して、さらなる負担軽減を図る趣旨で、負担上限月額を２分の１ないし３分の２に引き下げる特例です。具体的には、「指定難病にかかる月ごとの医療費総額（10 割分）が 5 万円超となる月が、さかのぼって直近 12 か月のうち 6 回以上ある」ことが要件となっています。

**【注２】人工呼吸器装着患者の負担軽減**

人工呼吸器その他の生命の維持に必要な装置を装着していることにより特別の配慮を必要とする患者については、負担上限月額は所得階層にかかわらず月額 1,000 円となっています。

**【注３】入院時の食事負担**

入院時に提供される食事の費用については、指定難病医療費助成制度による助成の対象ではありませんが、公的医療保険で定められた１食ごとの負担額（入院時食事療養標準負担額）そのものが、通常の入院患者の場合は一般所得Ⅰ、Ⅱ、上位所得者で「460円（2024年６月以降は490円）」のところ、指定難病医療費助成制度対象者については「260 円」と割引きされた設定となっています。

### 手続き

月ごとの自己負担額は「自己負担上限額管理票」で管理されます。受診の都度、この管理票に医療機関や薬局が受け取り額（＝患者が支払った自己負担額）を記入していき、月間累積額が負担上限に達した時点で、その月はそれ以上の自己負担が請求されなくなります。

なお、医療費助成の対象となるのは、「申請日以降」ではなく、「重症度要件を満たしたものと診断された時点」からです。ただし、遡ることができる期間は、原則として申請日から１か月前まで（入院その他緊急の治療が必要であった場合等は最長３か月）とされています。

**❶申請**

**難病指定医の診断**を受け、診断書を作成してもらい、住民票、住民税課税証明書、保険証の写しなどの必要書類をそろえて**都道府県窓口に申請**します。

**❷交付**

都道府県から「**指定難病医療受給者証**」と「**自己負担上限額管理票**」が交付されます。

**❸受診**

**指定医療機関**に②を提示して受診します。

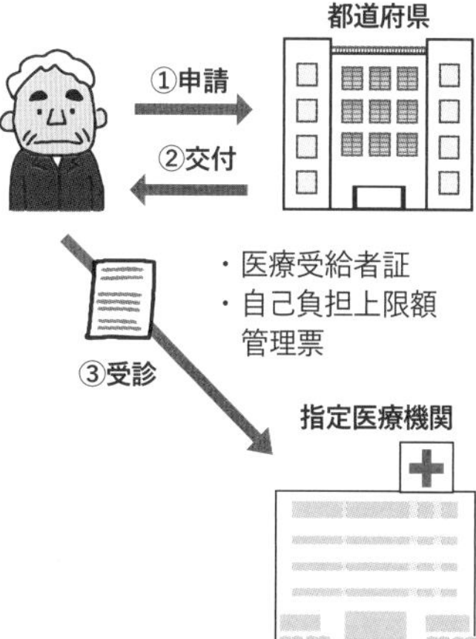

# 5. 感染症法と医療費負担

## リスクに応じた対人・対物の措置

現行の感染症法には、患者の生命・安全の確保と蔓延防止のために、政府や地方公共団体がとるべき措置が定められています。具体的には、症状の重さや病原体の感染力などから、対応を要する既知の感染症を1類〜5類に分け（1類が最もリスクが高い）、さらに今後新たに発生（再興）するかもしれない事態への対応として「新型インフルエンザ等感染症」「新感染症」を定め、あわせてほかの既知の疾病で急激に脅威が高まったものを当てはめる「指定感染症」の8分類で、対人・対物の措置が規定されています（次ページ表）。

なお、「新型インフルエンザ等感染症」（2類相当）に位置づけられていた新型コロナウイルス感染症は、2023年5月8日に5類へと改められ、医療費の自己負担は原則として通常の医療と同じ扱いですが、一部、公費負担を継続する経過措置がとられています。

## 勧告・措置による入院は、原則無償

1類感染症、2類感染症、新型インフルエンザ等感染症等については、罹患した患者に対して都道府県知事が「入院勧告」を発し、従わない患者に対しては強制力を伴う「入院措置」をとることができるようになっています。この場合の入院費用は、医療保険適用後の患者負担分（3割、2割または1割分）が原則として全額公費で賄われることになっています。入院中に提供される食事にかかる負担額も、公費で賄われます。

こうした入院措置には、蔓延防止のための「隔離」という目的もあるため、医療費の支払い余力にかかわらず確実に一定期間の入院治療が完遂されなければならないという趣旨で、公衆衛生のための経費として患者負担が肩代わりされているのです。

ただし、世帯員全員の住民税所得割額の年間合計額が56万4000円を超える場合は、月額2万円を限度に自己負担が徴収されます。

●勧告・措置による入院費用の負担のイメージ

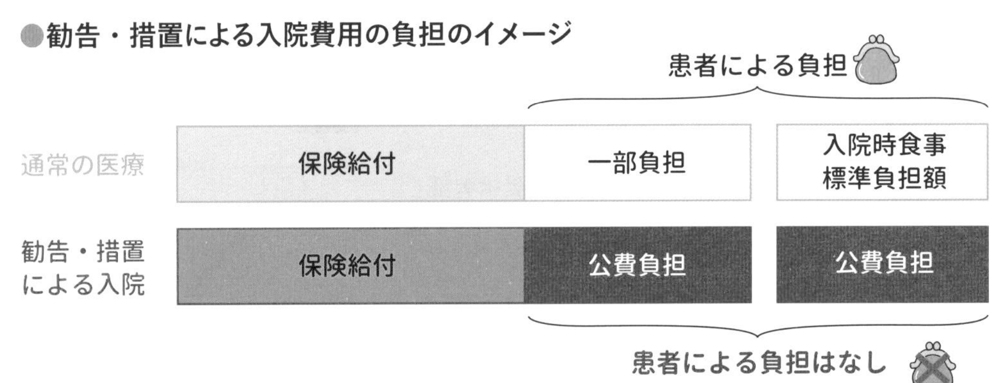


ただし、世帯員全員の住民税所得割額の年間合計額が

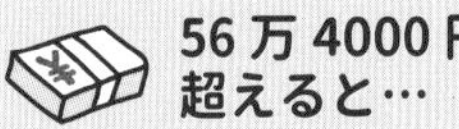

最大
月額2万円の自己負担が発生

## ●感染症類型ごとの対応・医療費負担

| 感染症類型 | | 主な対応 | 医療費負担 |
|---|---|---|---|
| ●１類感染症 | エボラ出血熱、クリミア・コンゴ出血熱、痘そう、南米出血熱、ペスト、マールブルグ病、ラッサ熱 | ・対人：入院（都道府県知事が必要と認めるとき）等<br>・対物：消毒等の措置<br>・建物の立入制限・封鎖、交通の制限が可能 | ●医療保険適用<br>●入院については原則自己負担なし |
| ●２類感染症 | 急性灰白髄炎、結核、ジフテリア、ＳＡＲＳ、ＭＥＲＳ、鳥インフルエンザ（Ｈ５Ｎ１）、鳥インフルエンザ（Ｈ７Ｎ９） | ・対人：入院（都道府県知事が必要と認めるとき）等<br>・対物：消毒等の措置 | |
| ●３類感染症 | コレラ、細菌性赤痢、腸管出血性大腸菌感染症、腸チフス、パラチフス | ・対人：就業制限（都道府県知事が必要と認めるとき）等<br>・対物：消毒等の措置 | ●医療保険適用<br>（通常の保険診療と同様の自己負担あり） |
| ●４類感染症 | Ｅ型肝炎、Ａ型肝炎、黄熱、Ｑ熱、狂犬病、炭疽、鳥インフルエンザ（Ｈ５Ｎ１及びＨ７Ｎ９を除く）、ボツリヌス症、マラリア等 | ・対物：消毒等の措置 | |
| ●５類感染症 | インフルエンザ（鳥インフルエンザおよび新型インフルエンザ等感染症を除く）、ウイルス性肝炎（Ｅ型・Ａ型除く）、クリプトスポリジウム症、後天性免疫不全症候群、性器クラミジア感染症、梅毒、麻しん、メチシリン耐性黄色ブドウ球菌感染症、新型コロナウイルス感染症等 | ・発生動向の情報収集・把握<br>・国民や医療関係者等に対する情報提供 | |
| ●新型インフルエンザ等感染症 | | ・対人：入院、宿泊療養・自宅療養（都道府県知事が必要と認めるとき）等<br>・対物：消毒等の措置<br>・感染のおそれのある者に対する健康状態報告要請、外出自粛要請等 | ●医療保険適用<br>●入院については原則自己負担なし（ただし、所得によっては２万円を限度に自己負担が徴収される。以下同じ）<br>●宿泊療養には食費および滞在費を支給。自宅療養には配食を実施 |
| ●指定感染症 | | １～３類感染症に準じた措置 | １～３類感染症に準じた措置 |
| ●新感染症 | | ・発生当初は、厚生労働大臣が都道府県知事に対して、対応を個別に指導・助言。<br>・症例が蓄積され、病原体の特定等が進んだ時点で、政令で１類感染症に指定し、感染症法の準用する規定を定める。 | ●発生当初は全額公費<br>●１類感染症に指定後は、１類感染症に同じ |

※１　感染症法による入院は原則無料だが、所得によっては２万円を限度に自己負担が徴収される（左ページ参照）。

※２　１類感染症、２類感染症、新型インフルエンザ等感染症、指定感染症、新感染症で入院措置を受けながら、入院先から逃げたり正当な理由なく入院措置に応じない場合は、50万円以下の過料が課せられる

# 6. 精神科医療の入院制度

入院治療は、患者本人による同意が前提となります。そのため、通常は入院に先立って、「説明と同意」という手続きが行われます。しかし、精神科医療に関しては、判断能力そのものに症状の影響が及び、病気の自覚をもてなかったり、受け止め切れないこともあるという事情をふまえて、必要とされる医療を提供するために、本人の同意のない入院医療が制度化されています。

## 本人の同意によらない精神科医療の入院制度

大きく分けて、以下３つの入院制度があります。

### ①措置入院

２人以上の精神保健指定医が診察して「自傷他害のおそれがあり、入院による医療・保護が必要」と認めた患者について、本人同意の有無にかかわらず都道府県知事の権限で決定される入院（精神保健福祉法第 29 条）。実施医療機関は、国・都道府県立の精神科病院または指定病院。

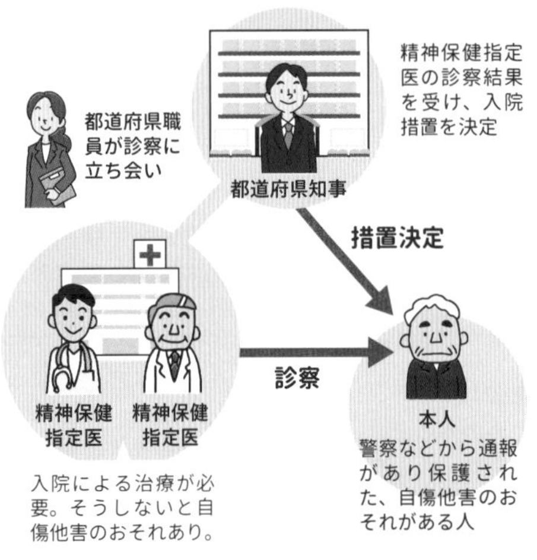


緊急の場合は指定医１名の診断でも「緊急措置入院」の実施が可能（精神保健福祉法第 29 条の 2）。この場合、入院期間は最大 72 時間まで。

### ②医療保護入院

精神保健指定医が診察して「入院による医療・保護が必要」と認めた患者について、家族等または市町村長（家族等がいない場合、意思表示できない・しない場合に限る）の同意に基づき、本人の同意によらず開始が認められる入院（精神保健福祉法第33条）。６か月が上限（次ページ参照）。

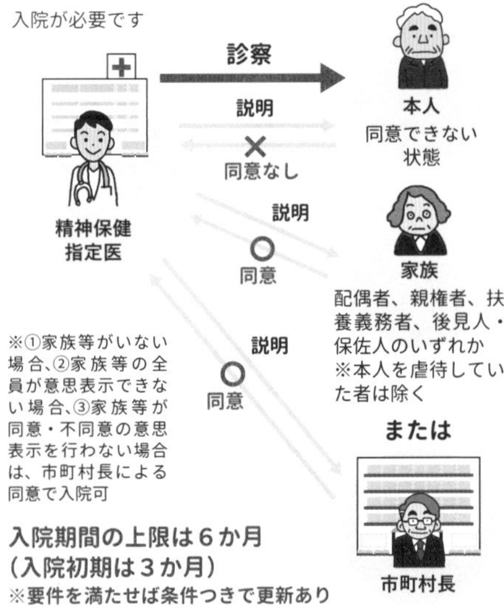


**入院期間の上限は６か月**
**（入院初期は３か月）**
**※要件を満たせば条件つきで更新あり**

### ③応急入院

精神保健指定医が診察して「入院による医療・保護が必要」と認めた患者について、緊急を要する場合に限って、本人・家族等の同意なしに、72 時間を限度に認められる（精神保健福祉法第 33 条の 7）。実施医療機関は「応急入院指定病院」に限定。

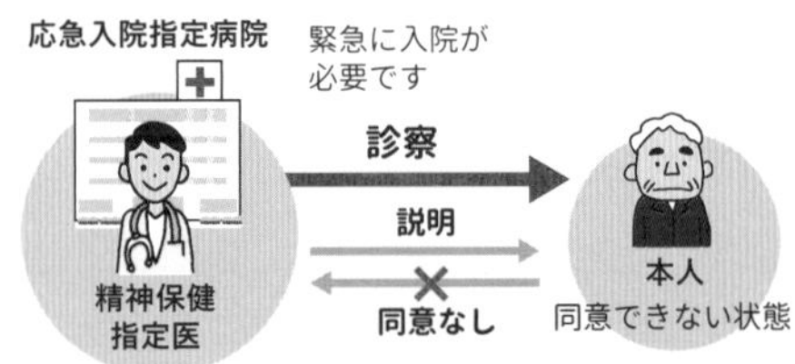


**72 時間以内に限り、本人・家族等の同意がなくても入院が認められる**

### 入院長期化を防ぐためのルール等

本人の同意によらない入院制度では、入院の長期化を防ぎ、患者としての権利を擁護するために、以下のようなルールが設けられています。

**「精神医療審査会」による審査**

措置入院も医療保護入院も、入院開始時や入院後一定期間ごとに、入院の必要性が都道府県の「精神医療審査会」（医師、法律家、有識者等で構成される会議体）で審査されます。「必要なし」と判定された場合は病院に退院命令が出されます。

**医療保護入院は６か月が上限**

医療保護入院では、入院期間は６か月（入院開始後６か月経過するまでは３か月）が上限とされています。指定医による診察の結果、「入院の継続が必要」かつ「本人に同意能力なし」と判断された場合にかぎり、家族や市町村長の同意に基づいて更新が認められます。

**「自傷他害のおそれなし」なら措置解除**

措置入院では、指定医の診察で「自傷他害のおそれがない」と認められた場合、病院長はただちに都道府県に届け出を行い、届け出を受けた都道府県は速やかに「措置解除」を行うこととなっています（措置解除後も医療保護入院や任意入院として入院が継続されることもあります）。

**入院に納得がいかない場合**

入院患者や家族等は、入院の決定や入院中の処遇に納得がいかない場合は、都道府県に対して退院や処遇改善を請求できます。請求が受理されれば、精神医療審査会による調査・審査が行われ、請求が正当と認められれば病院に退院命令や改善命令が出されます。

以上のほかに、次のような権利擁護の取り組みが行われています。

**地域援助事業者の紹介**

患者・家族等から求めがあった場合、地域生活への移行を支援する地域援助事業者が紹介されます（→ p.124 参照）。

**入院者訪問支援事業**

主として市町村長同意による医療保護入院患者を対象に、希望者のもとを「訪問支援員」が訪ねて話を傾聴し、相談に乗り、情報提供等を行います。

## 本人の同意に基づく精神科医療の入院制度

本人の同意を経て決定された入院を「任意入院」といいます。

### ④任意入院

医師（精神保健指定以外でも可）が「入院治療が必要」と判断し、本人も同意のうえで開始される入院（精神保健福祉法第 20 条・第 21 条）

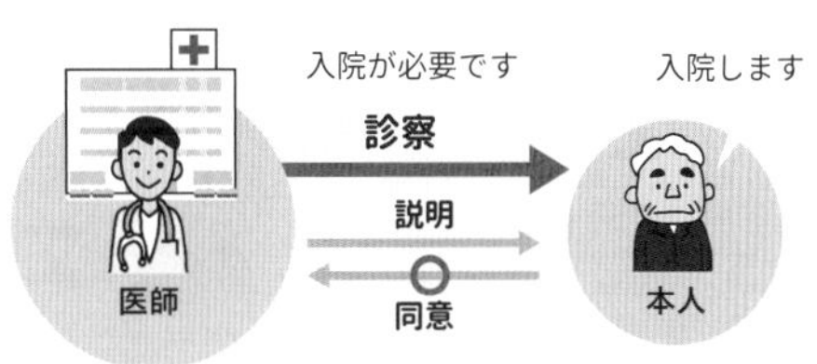

# ❸事例で学ぶ！ 制度活用術

## 保険料滞納で10割負担となった場合の対応

## 国民健康保険の保険料を滞納して通院できずにいる利用者。対応は？

**A** 受診控えによる病状悪化を防ぐのが第一。現実的な解決に向けて、市町村の国民健康保険課等と相談するよう、背中を押してあげてください。必要に応じて生活困窮者自立支援制度にもつなぎましょう。無料低額診療事業（Q2）も選択肢の一つです。

### ①あとで申請すれば「特別療養費」として還付されるが…

国民健康保険や後期高齢者医療制度の被保険者が保険料の納付を怠り、督促の通知がきても無視・放置していると、受診時の一部負担金が一時的に「10割負担」とされてしまうことがあります。これは、滞納している被保険者に納付を迫る、ある種の“実力行使”です。正確には、この措置を受けた人は、10割負担を支払って医療を受けたあと、市町村に申請すれば、本来保険で支払われるはずだった分（7割または8割もしくは9割）の還付を受けられます（これを特別療養費といいます）。ただその際、滞納分の保険料の支払いや、その後の納付の誓約が求められることが多いようです。

#### ●国保等保険料滞納者の保険給付の特例

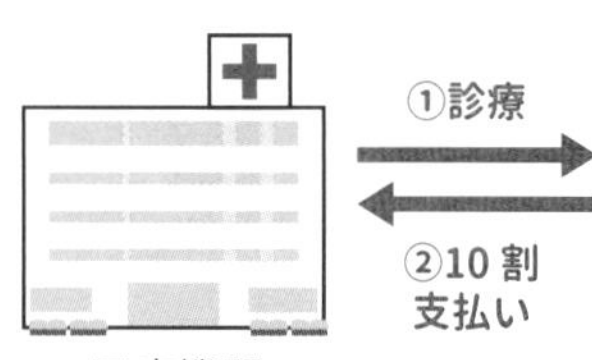

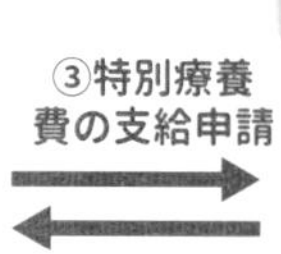


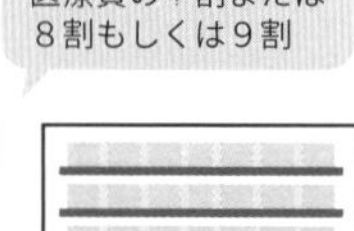


・滞納してから1年6か月が経過すると、支給申請しても一部または全部が差し止められる

・さらに滞納が続くと、差し止められた給付から滞納分が差し引かれることに

## ②必要な医療が受けられる環境を確保する

### ――まず市町村の国民健康保険課等に相談を

10割負担のインパクトは大きく、これによって受診をためらう人は少なくありません。必要な医療を受けられていない状況は、早急に解消する必要があります。滞納分の納付が可能な家計状況ならば、すぐに納付することが望まれますが、それが難しいのであれば、まずは市町村の国民健康保険課に出向き、現在の状態を率直に打ち明けて相談してみることが肝要です。

本人が気づいていなかっただけで、実は保険料減免や徴収猶予の事由に該当していたことが相談してみて初めてわかった――というようなこともあるかもしれません。また、たとえ未納分の保険料をすぐに納めることができなくても、それがいかに困難であるか、根拠を示して説明すれば、納め方などで柔軟な対応がとられる余地はあります。

### ●「相談」にあたり、準備しておくべき書類等

※事前に電話等で窓口にご確認ください

**①被保険者資格を示す証明書類**

・マイナンバーカード（取得済の人）
・被保険者証または資格確認書
（マイナンバーカードを取得していない人、被保険者証として利用登録していない人）

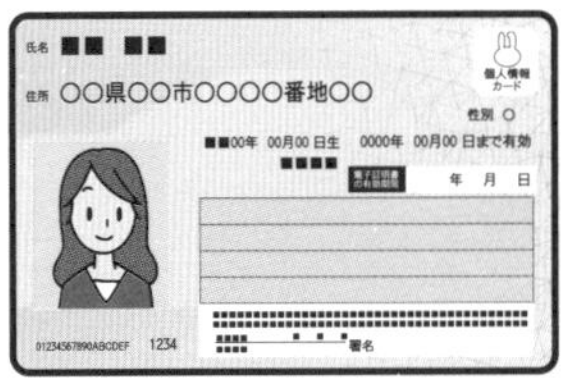


**②生活状況・収支内訳・資産・負債のわかる書類**

（例）預金通帳、給与明細、確定申告書の控、家賃明細、公共料金・通信費の請求書、各種ローンの明細書、家計簿など

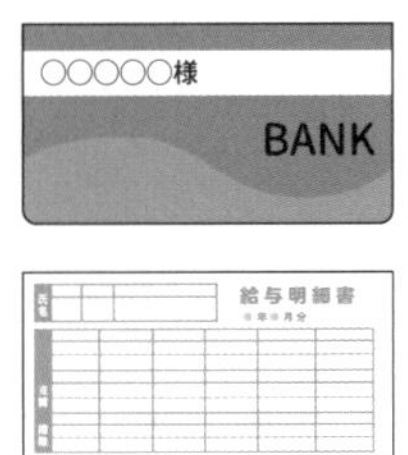


## ③必要に応じて生活困窮者自立支援制度を利用する

国保等の保険料納付の相談では、世帯の家計改善の見通しが立たず生活困窮のリスクが高いと判断されれば、生活困窮者自立支援制度の窓口（自立相談支援機関）につなぐ対応がとられます。同窓口では、相談支援員がワンストップで話を聴き、課題解決に資する支援がコーディネートされます。なお、国民健康保険課の窓口がどうにも敷居が高く感じられるのであれば、順番を逆にして、自立相談支援機関に先に相談して、そこから国民健康保険課につないでもらうという手もあります。滞納を重ねた本人にとっては、こちらのほうが心理的障壁は低いかもしれません。

税や保険料を滞納している人が役所を敬遠してしまう心理はわからないでもないですが、むしろそういうときこそ、窮地を脱するために役所とかかわる必要があります。相談援助職としては、そのことを伝えて、背中を押してあげることが大事です。

無料低額診療

# 保険料滞納で「受診控え」している人が体調悪化。受診できる病院はない？

**A** 無保険であっても、無料または低額で医療を受けられる「無料低額診療」という事業があります。

## ①緊急避難的な手段としての「無料低額診療」

お金がなくて「医療を受けたくても受けられない」という人に対し、緊急避難的に無料または低額で診療を行う「無料低額診療」という事業が、一部の医療機関で実施されています。医療機関による“審査”で認められれば、医療費が一定期間減免されます。ただし、処方箋を渡されて院外の調剤薬局で処方を受ける場合の医薬品費は、減免の対象外です。

●無料低額診療の範囲

●無料低額診療のしくみ

| 対象 | 低所得者、要保護者、ホームレス、ＤＶ被害者、短期滞在やオーバーステイの外国人、人身取引被害者等 |
|---|---|
| 減免基準 | 医療機関ごとに個別に定められています。たとえば、１か月の収入と生活保護基準を照らして、「〇%以下であれば全額免除の適用」「〇%以下であれば半額免除の適用」というように設定されています（実施医療機関のなかにはホームページで自院での審査の目安を公開しているところもあります）。 |
| 手続きの流れ | ①医療機関のソーシャルワーカーに相談 → ②申請書と必要書類を提出 → ③審査<br>求められる書類の例<br>源泉徴収票／給与明細／住民税非課税証明書／預金通帳／保険証／障害者手帳／生命保険などの契約書／年金通知書（年金受給者の場合）／在留カード（外国人の場合） |

## ②無料で実施している医療機関はごく一部

――全国でわずか733か所

無料低額診療事業は、社会福祉法に基づく第２種社会福祉事業であり、あらかじめ都道府県（政令市、中核市）に届け出てこれを実施している医療機関が、患者の収入などを審査したうえで医療費の減免を行うものです。

実施している医療機関名は、都道府県のホームページに掲載されています。2021年度現在で実施医療機関は、全国に733か所。全医療機関のわずか0.4%ですので、必ずしも各地で活用できる社会資源というわけではありません。

●無料低額診療事業の概要

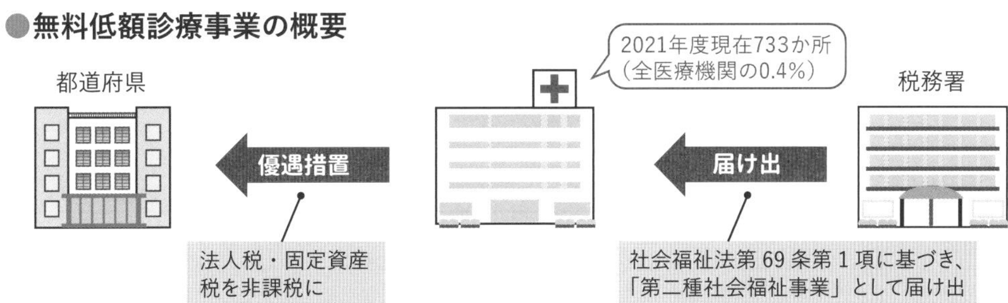


無料低額診療事業の基準

1. 診療費の減免方法を定めて明示していること
2. 生活保護受給中の患者と、無料低額診療事業対象患者の合計が、総延患者数の10%以上
3. 医療ソーシャルワーカーを配置し、相談室を設置していること　　ほか

保険料減免の手続き

# 国民健康保険の保険料を払えなくなったらどうする?

**A** 事業廃止、病気、災害、倒産、解雇など、特別な事情があって保険料納付が難しい人については、「保険料減免措置」がとられます。

## 特別な事情による「所得激減」には、保険料減免・徴収猶予も

公的医療保険の保険料額は、基本的に「所得」と連動しています。ただし、「前年の所得」をもとに保険料が計算されるため、その「時間のずれ」によって、負担能力と見合わない水準の保険料が請求されてしまうことがあります。たとえば、病気、災害、倒産、解雇などに遭遇して、所得が激減した場合などです。こうした事態に対応するため、国民健康保険や後期高齢者医療制度には、以下のような保険料減免・徴収猶予の制度が設けられています。

### ●所得減少に対する減免

| | |
|---|---|
| 概要 | 事業廃止、病気などで収入が激減し、生活が著しく困難となった世帯を対象に、保険料の徴収を猶予したり、減額または免除する制度 |
| 手続きの流れ | ①世帯主が市町村の国民健康保険担当課または後期高齢者医療担当課に申請<br>↓<br>②世帯の生活状況等を調査したうえで決定されます<br>※原則として、減免対象となる保険料は申請した月以降のもの |
| 準備しておくべき書類等 | ・生活状況・収支内訳・資産・負債のわかる書類<br>(例) 預金通帳、給与明細、確定申告書の控え、家賃明細、公共料金・通信費の請求書、各種ローンの明細書、家計簿　など |

### ●被災に対する減免

| | |
|---|---|
| **概要** | 震災、風水害、火災等の災害により、住宅や家財等に著しい損害を受けた世帯を対象に、被災の程度に応じて保険料を減額または免除 |
| **手続きの流れ** | ①世帯主が市町村の国民健康保険担当課または後期高齢者医療担当課に申請<br>↓<br>②要件に該当していることが確認されると、被災月以後の保険料が減免される |
| **準備しておくべき書類等** | ・罹災証明書 |

### ●非自発的離職に対する減免

| | |
|---|---|
| **概要** | 倒産・解雇・雇い止め等で離職して国保に加入した人を対象に、保険料計算の基となる給与所得を「30/100」で計算し、保険料を軽減 |
| **手続きの流れ** | ①世帯主または失業した本人が、市町村の国民健康保険担当課または後期高齢者医療担当課に申請<br>↓<br>②要件に該当していることが確認されると、離職の翌日から翌年度末までの間、保険料が軽減される<br>※届け出が遅れても、遡及して軽減を受けることができる |
| **準備しておくべき書類等** | ・雇用保険受給資格者証（ハローワークで発行）<br>・マイナンバー（個人番号）が確認できる書類 |

※いずれの場合も、手続きには被保険者証の提示が必要です
※所得減少に対する減免は、申請した月以後が対象

## 「介護離職」で保険料減免になることも

「非自発的離職に対する減免」には、倒産・解雇・雇い止めのほか、「正当な理由による自己都合退職」も含まれます。介護離職についても、「常時本人の介護を必要とする親族の疾病、負傷等」によるものであれば、該当します。ただ、そのためには事業主の発行する離職票に、親族を常時介護することによるやむをえない離職である旨が記載されている必要があります。詳細は、第5章の年金の **Q5**（252ページ）をご参照ください。

介護離職は可能なかぎり回避されることが望ましいですが、ほかに選択肢がない場合にも、適宜負担軽減に資する情報提供ができるよう、準備しておきましょう。

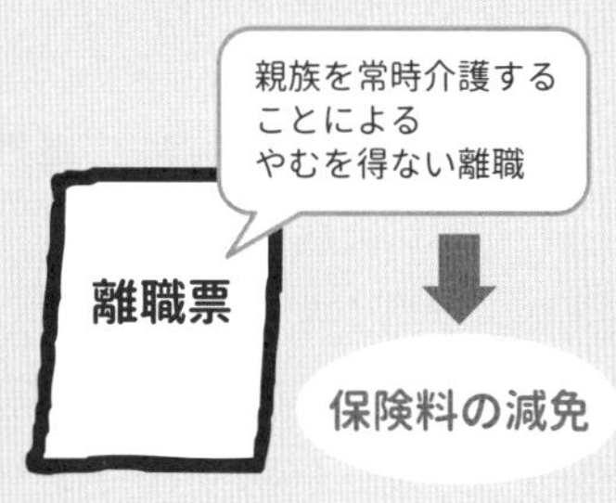

医療費を節約する４つの方法

# 医療費を少しでも節約できる方法はある？

**A** 大きく分けて、①医療のかかり方を「賢く」する、②ジェネリック医薬品を利用する、③自己負担割合の低い保険制度に移行する、④給付の申請漏れをなくす、の４つがあります。

## ①医療のかかり方を「賢く」する

### 1　入院は月をまたがないように病院側と相談する

入院の時期･期間をあらかじめ決められるのであれば、同一月内で入院→退院できるように、病院と相談して調整してもらうとよいでしょう。

というのは、高額療養費制度は月単位で計算されるので、どんなに医療費が高額になっても、同一月内であれば「自己負担限度額」までで収まります。しかし、月をまたいでしまうと、さらに翌月分の自己負担も発生してしまうのです（次ページ図参照）。特に月末からの入院は、最も自己負担が高額になりやすいパターンです。

### 2　かかりつけ医をもち、専門医にかかる前には必ず紹介状を書いてもらう

紹介状なしに大病院にかかると、それだけで「初診時選定療養費」という特別料金が別途発生します。平均すると約4,000円、病院によっては１万円以上の金額を設定しているところもあります。紹介状を持って受診すれば、初診時選定療養費はかからないため、通いやすい範囲でかかりつけ医をもち、何かあればまずそのかかりつけ医を受診し、必要に応じて適切な専門医につないでもらうようにすれば、医療費を節減できます。

### 3　時間外の受診は控える

休日や夜間に受診すると、医療費が「割増」になります。

たとえば深夜22時～早朝6時の間に受診すると、1割負担の人で初診480円／再診420円、3割負担の人で初診1,440円／再診1,260円の割増料金を別途支払う必要があります。

日曜・祝日・年末年始についても、1割負担の人で初診250円／再診190円、3割負担の人で初診750円／再診570円の割増料金を別途支払わなければなりません。

やむを得ない場合を除いて、時間外受診は控えたほうが得策です。

●入退院のタイミングだけでこれだけ違う医療費自己負担

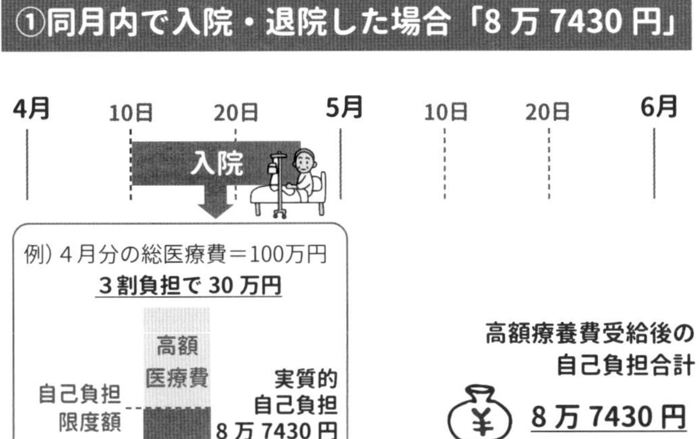


左図は、トータルの医療費が100万円かかる入院医療を、
①同月内に受けるか
②月をまたいで受けるか
によって、高額療養費給付後の自己負担額がどれほど変わるかを比較してみたものです。
①は8万7430円
②は14万5430円と、
両者で5万8000円違います。

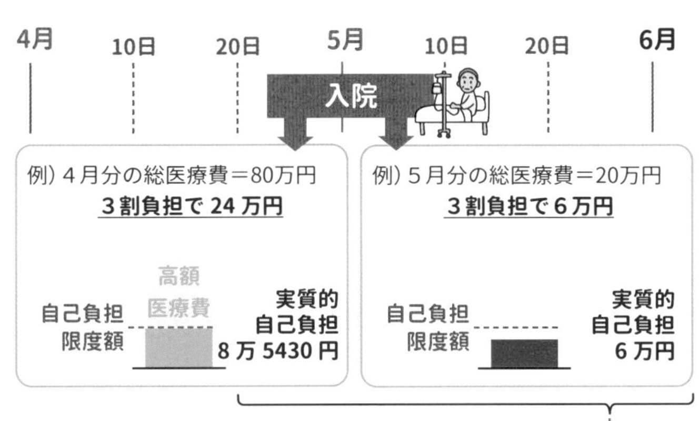

## ②ジェネリック医薬品を利用する

ジェネリック医薬品とは、中身や効き目が元の新薬とほぼ同じでありながら、値段が割安になっている後発薬のことです。安全性のテストをクリアして、厚生労働省の承認を得て製造・販売されているので、安心して利用できます。いま服用している薬が、新薬メーカーのブランド品である人は、ジェネリック医薬品に置き換えることで、3～7割程度薬代を節約することが可能です。

### ●ジェネリック医薬品を利用するための準備など

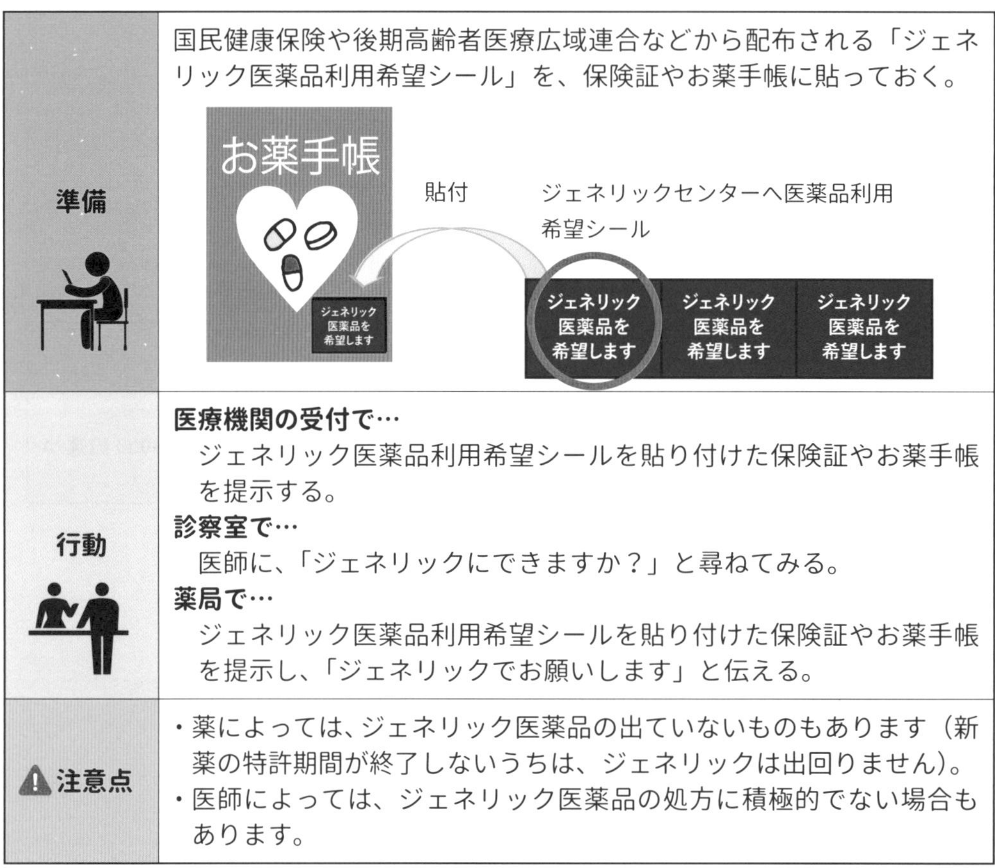

| | |
|---|---|
| 準備 | 国民健康保険や後期高齢者医療広域連合などから配布される「ジェネリック医薬品利用希望シール」を、保険証やお薬手帳に貼っておく。<br>お薬手帳 / 貼付 / ジェネリックセンターへ医薬品利用希望シール<br>ジェネリック医薬品を希望します |
| 行動 | **医療機関の受付で…**<br>ジェネリック医薬品利用希望シールを貼り付けた保険証やお薬手帳を提示する。<br>**診察室で…**<br>医師に、「ジェネリックにできますか？」と尋ねてみる。<br>**薬局で…**<br>ジェネリック医薬品利用希望シールを貼り付けた保険証やお薬手帳を提示し、「ジェネリックでお願いします」と伝える。 |
| ⚠注意点 | ・薬によっては、ジェネリック医薬品の出ていないものもあります（新薬の特許期間が終了しないうちは、ジェネリックは出回りません）。<br>・医師によっては、ジェネリック医薬品の処方に積極的でない場合もあります。 |

**CHECK!!**

2022年来、全国的にジェネリック医薬品の大規模な供給不足が続いており、品薄状態が解消されるまで、2～3年かかるともいわれている。希望してもジェネリック医薬品を受けられない可能性もある。

## ③自己負担割合の低い保険制度に移行する

65～74歳で以下のような一定の障害がある人は、現在加入している国民健康保険または健康保険を脱退して、本来は75歳からである「後期高齢者医療制度」に任意加入することができます。後期高齢者医療制度の自己負担割合は、一定以上の所得のある人を除き、「1割」なので、医療費を節減できます。

- 国民年金法等障害年金：1・2級
- 身体障害者手帳：1・2・3級および4級の一部
- 精神障害者手帳：1・2級
- 療育手帳：A

### ●医療費自己負担の節減

| 国保にとどまった場合の自己負担 | → | 後期高齢者医療制度に移行した場合の自己負担 |
|---|---|---|
| 70歳未満の人 …3割負担<br>70～74歳の人…2割負担 | | 1割負担 |

※いずれも、一定以上の所得のある人は3割負担となります

### 申請・相談先

市町村の国民健康保険担当課が窓口となっています。

収入や世帯の状況によっては、後期高齢者医療制度に移行することで保険料負担が増えることもあります。移行手続きに先立って、まずは市町村の国民健康保険担当課に相談してみることをお勧めします。

## ④給付の申請漏れをなくす

国民健康保険では、まだまだ多くの自治体で、被保険者からの受給申請がなければ高額療養費が支給されません。一方、後期高齢者医療制度では、医療保険の側で計算し、受給要件に該当する患者に対して指定口座に自動的に還付するという流れになっているのですが、初回のみ口座登録等のための申請手続きが必要です。

また、支給申請しないまま2年間が経ってしまうと、時効により受給できなくなってしまいます。受け取れる高額療養費は、速やかに漏れなく申請することが大切です。

### ●高額療養費の支給申請期限

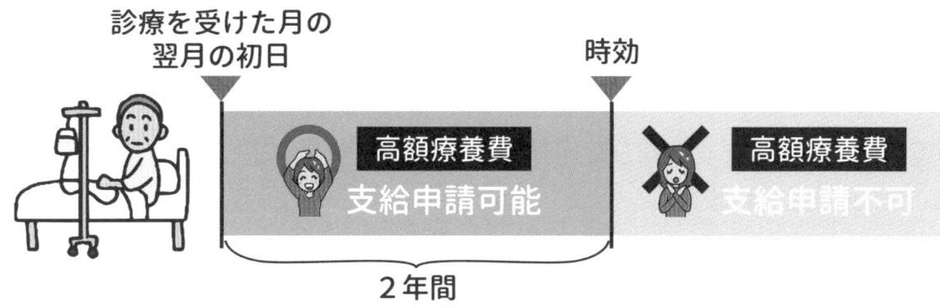

個室への入院で請求される特別料金

# 救急搬送先で個室しか空きがなかった場合も、「差額ベッド代」を払わなくてはいけない？

**A** 厚生労働省の通知に「満床を理由に個室等を利用させた場合、料金を求めてはならない」と明記されています。病院の対応に納得がいかなければ、都道府県の医療保険担当課等に相談してみるとよいでしょう。

## ①差額ベッドの価格は病院が自由に設定できる

保険診療は全国一律の診療報酬が定められていますが、個室等をはじめとして、通常の診療の過程で厚生労働省の定める「特別なサービス」を患者本人の希望によって利用した場合は、患者はその分の特別料金を医療機関に支払う必要があります。価格は、医療機関側が自由に設定できます。厚生労働省の推計によれば、個室の１日あたり平均額は「8,322円」(2022年7月現在）とのことです。

## ②「満床」は差額ベッド代徴収の理由にならない

厚生労働省は課長通知を通じて、「こういうときには差額ベッド代を徴収してはいけない」という例を列挙しています。そのなかで、本事案の「個室以外の病床に空きがない」というケースも、まさに徴収してはいけない例として挙げられています。

このほか、治療上の必要により特別療養環境室へ入院させる場合についても差額ベッド代を徴収してはいけないとして、次ページのような例が掲げられています。

- 免疫力が低下し、感染症に罹患するおそれのある患者
- 救急患者、術後患者等であって、病状が重篤なため安静を必要とする患者
- 救急患者、術後患者等であって、常時監視を要し、適時適切な看護および介助を必要とする患者
- 集中治療の実施、著しい身体的・精神的苦痛を緩和する必要のある終末期の患者
- 後天性免疫不全症候群の病原体に感染している患者

### ●差額ベッド代に関するルール（厚生労働省課長通知）

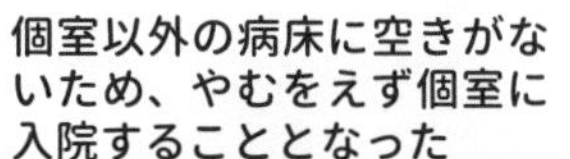

## ③同意書にサインしていたら「全面衝突」になることも

ただし、以上のことはあくまで「通知」による“指導”であって、法律による強制力をもって禁止しているものではありません。突き詰めると、それに従うかどうかは病院側に委ねられます。しかも、入院時に「同意書」にサインをしていると、それは病院側が「契約はすでに成立している」と主張する根拠となり、正面からぶつかりあう展開にもなりかねません。

こういうときは、行政に相談してみるとよいでしょう。窓口となるのは、都道府県の医療保険担当課です。このほか、都道府県単位で設置されている「医療安全支援センター」でも医療に関する苦情相談を受け付けています。

### 「個室等を希望しない」との意思を明示する

こうしたトラブルを回避するためには、満室を理由に個室等利用を勧められた段階で、「満床の場合、特別料金は徴収されないのではないですか？」と確認を求めることが有効です。

もちろん、救急搬送されたときなどで、一刻も早く治療を始めなければいけないときには「揉めたくない」という心理状況にもなるでしょう。対策としては、たとえば、あらかじめ「わたしは特別料金を必要とする病室への入院を希望しません（氏名）」などと一筆入れた紙やカードを提示する方法などが考えられます。

大病院受診で請求される特別料金

# 「初診時選定療養費」をとる病院ととらない病院の違いは？

**A** 徴収が認められているのはベッド数200床以上の病院です。

## ①徴収できる病院と、徴収しなければならない病院

「初診時選定療養費」は、紹介状を持たずに200床以上の病院を直接受診した場合に、支払いを求められる特別料金のことです。199床以下の病院から請求されることはありません。

200床以上の病院において料金を徴収するかどうか、徴収する場合いくらにするかは、各病院の裁量に委ねられています。ただし、大学病院や地域の中核病院、紹介患者を中心に外来を受け付ける「紹介受診重点病院」については、法律によって7,000円以上、歯科の場合は5,000円以上の徴収が義務づけられています。

### ●初診時選定療養費に関する整理

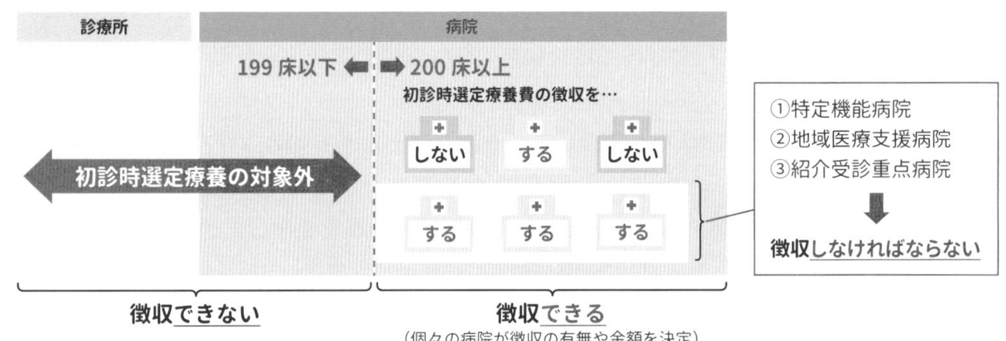

## ②「緊急その他やむを得ない事情」がある場合は徴収されない

以下の患者については、徴収してはならない決まりになっています。

- 救急の患者（ただし、医師が「緊急」に該当すると判断した患者）
- 国の公費負担医療の受給対象者（自立支援医療、難病医療費助成制度、医療扶助、結核等）
- 地方単独の公費負担医療の受給対象者（特定の障害、特定の疾病等に着目しているもの）
- 無料低額診療事業を実施している病院に来院した対象患者
- エイズ拠点病院に来院したHIV感染者

## ③再診時選定療養費

――受診のたびに徴収される

病状が安定したものと大病院の医師が判断し、患者にとって身近な地域の診療所や小規模の病院を紹介する申し出をしたにもかかわらず、患者が自身の判断で大病院への通院を続けた場合も、特別料金徴収の対象となります。これを「再診時選定療養費」といいます。料金を徴収するかどうか、徴収する場合いくらにするかは、各病院の裁量に委ねられています。

ただし、大学病院や地域の中核病院、紹介患者を中心に外来を受け付ける「紹介受診重点病院」については、法律によって3,000円以上、歯科の場合は1,900円以上の徴収が義務づけられています。

### かかりつけ医と大病院

初診時選定療養費および再診時選定療養費は、大病院への患者集中を防ぎつつ、医療の機能分担を進めるために導入されたものです。通常は身近な「かかりつけ医」で診療を受け、必要に応じて紹介状を書いてもらうほうが、安心かつ効率的で、余計な出費を抑えられます。

かかりつけ医

日常的な診療

紹介　専門的な治療や入院が必要な時

逆紹介　症状が安定した時

大きな病院

急性期の入院
（手術・放射線治療など）
節目の治療や検査

医療保険と介護保険の訪問看護

# 訪問看護について、医療保険適用の場合と介護保険適用の場合とで、どう違う？

**A** 利用者負担、週あたり利用可能日数、１日あたり利用可能回数、「支給限度額」という“枠”の有無などで、違いがあります。

## ①医療保険の訪問看護は、“平時”に制限がある

医療保険でも、介護保険でもサービス内容に違いはありません。ただし、利用者負担と利用にあたっての制約という点で、右ページ表のような違いがあります。医療保険からの訪問看護は、介護保険からの訪問看護に比べて、さまざまな制限がついています。

## ②介護保険の訪問看護は「支給限度額」と「ケアプラン」が“重石”

要介護または要支援の認定を受けた人に対しては、介護保険の訪問看護が優先し、ケアプランに基づいて提供されることとなります。利用可能日数や利用可能回数といった制限は、介護保険の訪問看護にはありませんが、そのかわりに「支給限度額」や「ケアプラン」が一種の制約になっています。

### ●医療保険・介護保険における訪問看護の制限

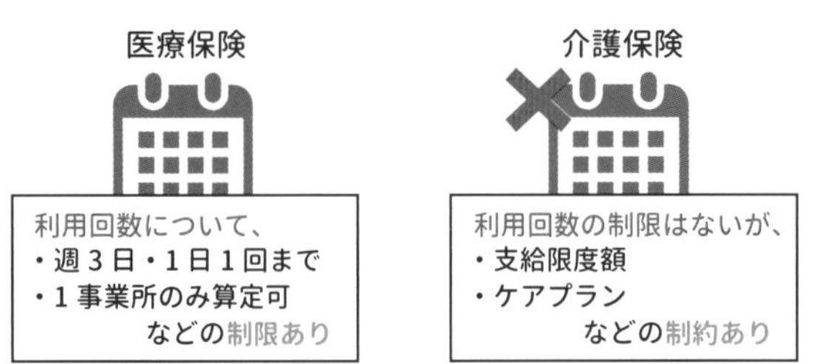

### ●医療保険と介護保険における訪問看護の違い

| | 医療保険の訪問看護 | 介護保険の訪問看護 |
|---|---|---|
| 利用者負担 | ①小学校就学後～ 69 歳：3 割<br>② 0 歳～小学校就学前、70 ～ 74 歳：2 割<br>③ 75 歳以上：1 割<br>（②③で一定以上の所得のある人は 3 割） | 1 割<br>（一定以上の所得のある人は 2 割または 3 割） |
| 週あたり利用可能日数 | 週 3 日まで<br>（別表第 7、別表第 8 に該当する場合や特別訪問看護指示書が交付された場合は制限なし） | 制限なし<br>（ただし、支給限度額に収まるようにケアプランにおいて適宜提供量が調整される） |
| 1日あたり利用可能回数 | 1 日 1 回まで<br>（別表第 7、別表第 8 に該当する場合や特別訪問看護指示書が交付された場合は制限なし） | 制限なし<br>（ただし、支給限度額に収まるようにケアプランにおいて適宜提供量が調整される） |
| 利用可能事業所数 | 1 か所のみ | 制限なし |
| 支給限度額 | なし | あり<br>（要介護度ごとに支給限度額が定められている） |
| 利用条件 | ①医師による訪問看護指示書が出ていること<br>②患者と訪問看護事業所で契約を交わしていること | ①医師による訪問看護指示書が出ていること<br>②患者と訪問看護事業所で契約を交わしていること<br>③ケアプランに位置づけられていること |

## ③「重症化して頻回の訪問が必要な状態」の場合

重症化して頻回の訪問が必要な状態になると、事情が異なります。以下①②に該当する場合は介護保険優先原則の例外となり、医療保険の給付として受けることが認められます。この場合は、「利用可能日数」や「利用可能回数」「利用可能な事業所数」といった制限が取り払われます。また③の場合、医療保険からの給付であれば同様に制限が緩和され、介護保険からの給付であれば「特別管理加算」等の対象となります。

①急性増悪、終末期、退院直後などで集中的に訪問看護が必要であるとして、主治医から「特別訪問看護指示書」が交付されている
②厚生労働大臣告示「特掲診療料の施設基準等」の「別表第７」に掲げられた疾病に該当
③厚生労働大臣告示「特掲診療料の施設基準等」の「別表第８」に掲げられた状態に該当

### ●「特掲診療料の施設基準等」に掲げられた疾病・状態

**別表第７**

●多発性硬化症　●重症筋無力症
●筋萎縮性側索硬化症　●脊髄小脳変性症
●ハンチントン病　●パーキンソン病関連疾患
●多系統萎縮症　●プリオン病
●亜急性硬化性全脳炎　●ライソゾーム病
●副腎白質ジストロフィー
●脊髄性筋萎縮症　●球脊髄性筋萎縮症
●慢性炎症性脱髄性多発神経炎　●スモン
●末期の悪性腫瘍　●進行性筋ジストロフィー症
●ＡＩＤＳ（後天性免疫不全症候群）●頸椎損傷
●人工呼吸器を使用している状態

**別表第８**

①在宅悪性腫瘍等患者指導もしくは在宅気管切開患者指導管理を受けている状態にある者又は気管カニューレもしくは留置カテーテルを使用している状態
②在宅自己腹膜灌流指導管理、在宅血液透析指導管理、在宅酸素療法指導管理、在宅中心静脈栄養法指導管理、在宅成分栄養経管栄養法指導管理、在宅自己導尿指導管理、在宅人工呼吸指導管理、在宅持続陽圧呼吸療法指導管理、在宅自己疼痛管理又は在宅肺高血圧症患者指導管理を受けている状態
③人工肛門又は人工膀胱を設置している状態
④真皮を越える褥瘡の状態
⑤在宅患者訪問点滴注射管理指導料を算定している

入院・入所時の身元保証

# Q8 入院することとなった利用者の「身元保証人」を病院から求められた。どうしたらよい？

**A** 「身元保証の責任は負いかねますが、相談ならお伺いします」と立場を明確にして、情報提供等を通じて連携•協力するよう努めましょう。地域を挙げて、身元保証がなくとも必要な医療が受けられる体制づくりが必要です。

## ①「身元保証人がいないと入院不可」は医師法違反

前提として、身元保証人等がいないことのみを理由に入院を拒否することは、医師法第 19 条第 1 項に抵触します。身元保証人がいないことと、その人の心身の状態および医療ニーズの内容は無関係です。国民皆保険のわが国で、必要な医療を受けられない状況があってはなりません。このことは、厚生労働省が 2018 年 4 月に、医事課長通知で注意喚起しています。

とはいえ、病院側の求めも理のないことではありません。高齢化や単身世帯・老々世帯の増加で、かつて家族や親戚が担っていた以下のような役割が宙に浮いてしまっているからです。

### ●身元保証人の役割・機能

・緊急時の連絡受付

・入院計画書への同意

・必要な物品の準備・購入

・入院費等の支払保証

・退院時の居室明け渡しや退院先の確保

・死亡時の遺体・遺品の引き取りや葬儀の手配等

## ②身元保証は相談援助職の「公正・中立」の立場と相反する

しかし、身元保証が「入院費用の肩代わり」の責任を含む以上、利用者との関係性が「債権者と債務者」という立場に転化し得ることを意味します。相談援助職は利用者のニーズに応じて必要かつ適正な支援を組み立てる専門職として、常に「公正・中立」の立ち位置が求められる職務です。立場が明らかに相反する役割を同時に負うことは適切ではないと解されます。

相談援助職としてできることは、本人の同意のもと、病院と本人との間に入って情報を整理すること。本人が応答できる状況になければ、相談援助職として把握している情報を病院と共有したりすること――です。

### ●相談援助職に求められる役割

## ③関係機関でリスクに先回りすれば身元保証人は不要

厚生労働省研究班の調査研究によると、関係する機関であらかじめ役割分担のうえ情報を共有し、適宜リスクに先回りした段取りをつけていれば、実は身元保証人を立てる必要のないことが明らかになっています。その具体的な方法は、ガイドラインにまとめられていますので、地域ケア会議等で議題に上げたり、連携先の病院と情報交換するなどして、「身元保証がなくとも必要な医療が受けられる」地域づくりを進めてみてはいかがでしょうか。

### ●緊急連絡先の確認の流れ

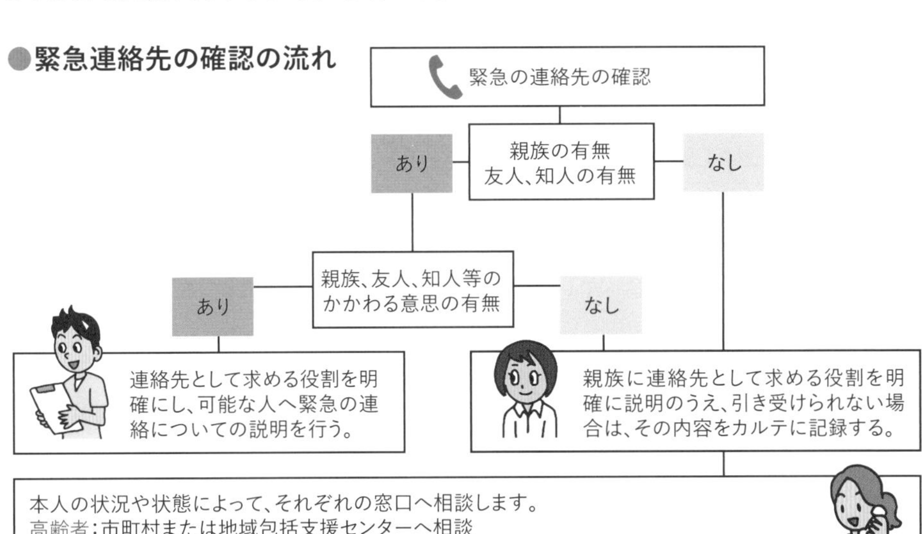


出典：「3. 医療機関における身寄りがない人への具体的対応」『身寄りがない人の入院及び医療に係る意思に決定が困難な人への支援に関するガイドライン』2019、p.19を一部改変

オンライン診療

# オンライン診療は、希望すれば誰でも利用できるの？

**A** 医師が「オンライン診療が可能」と判断した場合は、初診から受けることができます。ただし、対面診療とは違って、診断に「限界」があることに留意が必要です。状態によっては対面診療を促されることもあります。

## ①「かかりつけの医師」から受けるのが原則

オンライン診療は、「かかりつけの医師」から受けることが原則となっています。というのも、オンライン診療では診察の手段が画面越しの視診と問診に限られ、対面診療と比べて得られる情報量が少なく、初診では正確な診断が難しいケースがあるからです。

ただし、かかりつけ医をもっていない患者でも、診療に先立って医師と患者がオンラインで顔を突き合わせる「診療前相談」を受けて、医師が「この患者にはオンライン診療を実施可能」と判断すれば、受診できることとなっています。

### ●オンライン診療が可能なケース

|  | |  |
|---|---|---|
| かかりつけの医師に受診する場合 |  | ➡ 初診からオンライン診療可能 |
| かかりつけの医師に準ずる一定の情報を持つ医師に受診する場合（医師がカルテ、お薬手帳、健康診断結果等を参照して患者の状態が把握できる場合） |  | ➡ 初診からオンライン診療可能 |
| 上記以外　オンラインの「診療前相談」（医師－患者間で行われる映像付きリアルタイムのやりとり）で医師がオンライン診療可と判断した場合 |  | ➡ 初診からオンライン診療可能 |

## ②「長所」と「限界」をふまえた“賢い利用”を

オンライン診療の長所は、「通院の必要がない」ということです。二次感染や院内感染のリスクを避けられ、往復を含めた労力や時間も不要。免疫が低下している人、移動の困難な人、外出したくない人、医療機関が遠い人、忙しい人――に恩恵がもたらされる診療形態です。

一方で、限界もあります。触診・聴診など五感をフルに活用した診察や検査が行えず、画面越しの視診と問診に頼った診察となりますので、個別の患者について「何がどうなったとき“異常”なのか」を医師の側が判断できるだけの関係性が築かれていることが前提となります。

腹痛、頭痛、胸痛など、数多くの疾患が原因となりうる症状の場合、オンライン診療での診断は難しいとされ、特に「これまでに一度も受診したことがなく、かつ他医療機関等からの診療情報提供等もない、まったくの初診患者」では、見落とし等のリスクが大きくなるとされます。患者の側も、こうした「限界」をふまえて利用する必要があります。

### オンライン診療の流れ

以下のような流れです。状態によっては対面診療を促されることもあります。

**①医療機関を選ぶ**

かかりつけの医療機関がある場合は、そこでオンライン診療を行っているかを、まず確認するようにします。なお、かかりつけ以外の医療機関で受ける場合は、診療に先立ち「診療前相談」を受ける必要があります（医師が健診結果やカルテやお薬手帳などから十分な医学的情報を得られる場合を除く）。

**②予約**

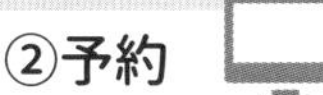

希望の日時を医療機関指定のオンライン診療用アプリまたは公式サイトから予約する（問診票記入の求めがあれば、記入する）。

**③診療前相談（かかりつけの医師以外の医師を受診する場合のみ）**

診療に先立って、オンラインで医師に症状を伝え、質問に答えます。医師が「オンライン診療可」と判断すれば、次のステップに進みます。

**④診察**

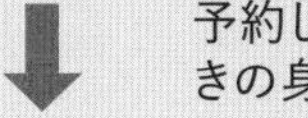

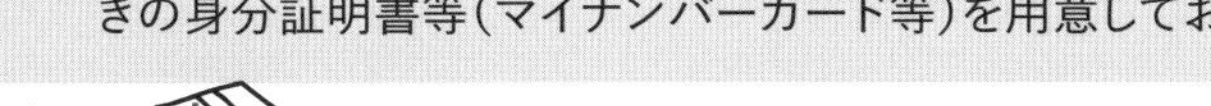

予約した日時に診療がスタート。冒頭、本人確認を求められるので、顔写真付きの身分証明書等（マイナンバーカード等）を用意しておく。

**⑤支払い**

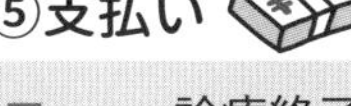

診療終了後、画面上で決済。クレジットカードでの支払いが一般的。

**⑥薬の受け取り**

服薬にあたっての注意事項はオンラインで薬剤師から指導を受け、薬そのものは自宅に配送してもらう。薬局での受け取りも可。

マイナ被保険者証による受診

# Q10 被保険者証が廃止されたら、マイナンバーカードなしには受診できなくなる？

**A** 廃止後も、発行済の被保険者証は最長１年間そのまま使えます。マイナンバーカードをもたない人には、有効期限最長５年間の「資格確認書」が医療保険者から交付されますので、それをもって受診できます。

## ①マイナ被保険者証のない人には「資格確認書」が送られる

2024年12月2日をもって、従来の被保険者証は“廃止”され、マイナンバーカードが被保険者証の機能を引き継ぐこととなりました。マイナンバーカードは、被保険者証として利用するための「登録」を行えば、以後は受診時の資格確認に用いることができます（＝マイナ被保険者証）。一応、従来の被保険者証も、発行済のものについては最長1年間は使用可能ですが、券面にそれ以前の有効期限が記されている場合はその期日までとなりますので、注意が必要です。マイナンバーカードを保有していない人については、「資格確認書」が医療保険者から交付されることになっていますので、従前の被保険者証が使えなくなってからは、これを提示して受診します。

●診療受け付け（被保険者資格確認）方法

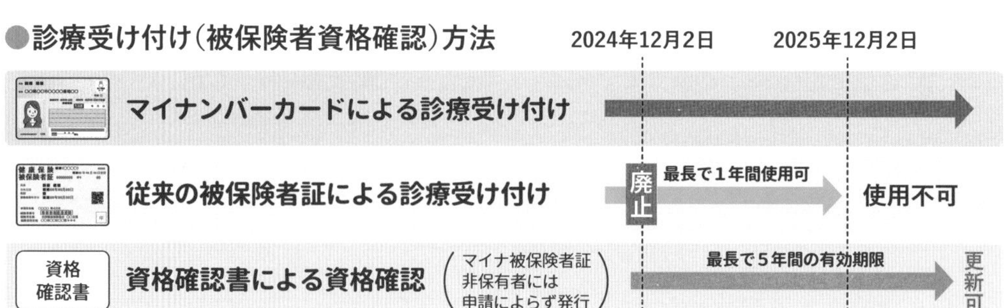

●被保険者資格の確認方法

「マイナ被保険者証」を持っている人

マイナンバーカードを医療機関の受付の専用読み取り機器にかざして、顔認証または暗証番号によって本人確認を受ける

「マイナ被保険者証」を持っていない人

医療保険者から交付された資格確認書※を医療機関の窓口に提示して本人確認を受ける。資格確認書の有効期間は最長５年で、更新可能。

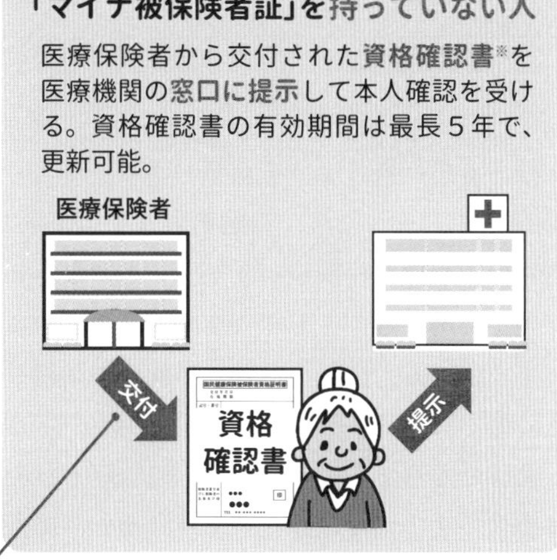


※マイナンバーカードを持っていない人や被保険者証として未登録の人に対しては、被保険者証の廃止（2024 年 12 月）から当分の間、申請がなくても資格確認書が医療保険者から交付される取り扱いになっている

## ②マイナンバーカードを失くしたときはどうする？

マイナンバーカードを紛失した場合は、2024 年中には、申請から 1 週間以内（最短 5 日）で交付できる体制が整えられる見通しとのことです。お急ぎの場合は、医療保険者に申請すれば「資格確認書」の交付を受けられますので、それをもって受診ができます。

なお、マイナンバーカードを紛失した場合は、以下の手続きが必要です。

①「マイナンバー総合フリーダイヤル」に電話して、機能停止の手続きを行う
（0120-95-0178：音声ガイダンス 2 番／聴覚障害者は FAX（0120-601-785）で連絡）
②警察に遺失届・盗難届を提出
③市区町村へ紛失・廃止届を出して、マイナンバーカードの再発行手続きを行う

## ③機器の故障や通信障害が発生した場合はどうなる？

医療機関の機器の故障、停電または通信障害などが原因で、オンライン資格確認ができない事態が発生した場合は、以下のような手段で被保険者資格を確認し、通常の自己負担割合での支払いにとどめるように各医療機関で対応がとられることになっています。

①患者が被保険者証を所持している場合は、その掲示を求める
②患者の手持ちのスマートフォンなどで、マイナポータル（マイナンバーをもつすべての国民が利用できるオンライン上のマイページ）の資格情報画面の掲示を求める
③患者に「被保険者資格申立書」を記入してもらう

COLUMN

# 交通事故による医療費はどうなる？

## ——自賠責保険と任意保険の取り扱い

第三者の行為によって病気やケガがもたらされた場合、医療費の支払い義務はその第三者（加害者）にあります。自動車事故でケガを負ったときは、加害者たる運転者（実際には、自賠責保険や任意保険）が支払うことになります。示談が成立するまでに、便宜的に公的医療保険を活用することもできますが、事後的に医療保険者から加害者にかかった費用が請求されます。一方、自分の運転で単独事故を起こして自らケガを負った場合は、第三者行為による負傷ではありませんので、通常の病気やけがと同様、公的医療保険の適用となります。

法律ですべての自動車に加入を義務づけた「自動車損害賠償責任保険（自賠責保険）」は、被害者一人当たり120万円まで（ケガの場合）といった支払限度額が定められていて、それを上回る分は補償されません。また、運転者自身のケガも補償されません。そのため、世間一般ではさらに上乗せとなる「任意保険」に加入するのが常となっています。

●交通事故による医療費の保障／補償

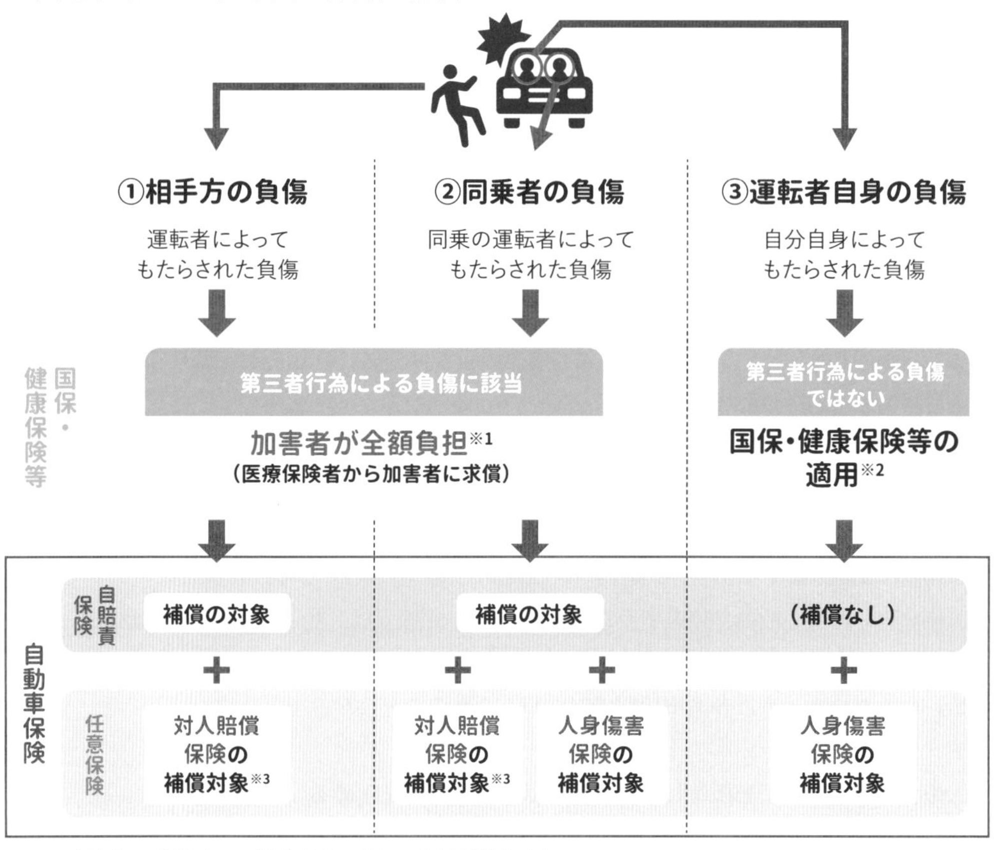


※1　実務上は、相手方との過失割合に応じて負担が按分される
※2　泥酔運転、無免許運転などの著しい不行跡が認められた場合は給付対象外
※3　対人賠償保険は運転者の家族にもたらされた被害については、補償対象外

# 第4章

# 権利擁護

# ❶「権利擁護」をザックリ押さえよう!

## 誰もがもつ「人間らしく生きる」権利

私たちは、誰しも生まれながらにして人間らしく生きる「権利」を有しています。

暴力によって身の安全が脅かされることなく、健康で文化的な最低限度以上の衣食住を確保でき、良心に従って行動し、人生上の選択を自己決定し、職業をもち、財産をもち、家族を形成し、社会参加して、暮らしをよりよきものにする自由が、憲法によって保障されています。

こうした権利や自由が具現化されるように、①権利行使支援、②権利侵害の防止、③権利侵害からの回復支援の取り組みが、福祉・法律の両面から行われています。これらを総称して、「権利擁護」といいます。

## 「権利擁護」が必要な状況とは

しかし、人は加齢によって、権利が侵されやすい状況になります。個人差はありますが、高齢になるほど身体機能や判断能力が低下し、就業の機会が失われ（あるいは限られ）、現役の頃と比べて収入も目減りします。病気を患ったり、身体に障害を負ったり、認知症になったりする人も増え、社会参加や地域との交流も乏しくなりがちです。

●権利擁護のイメージ

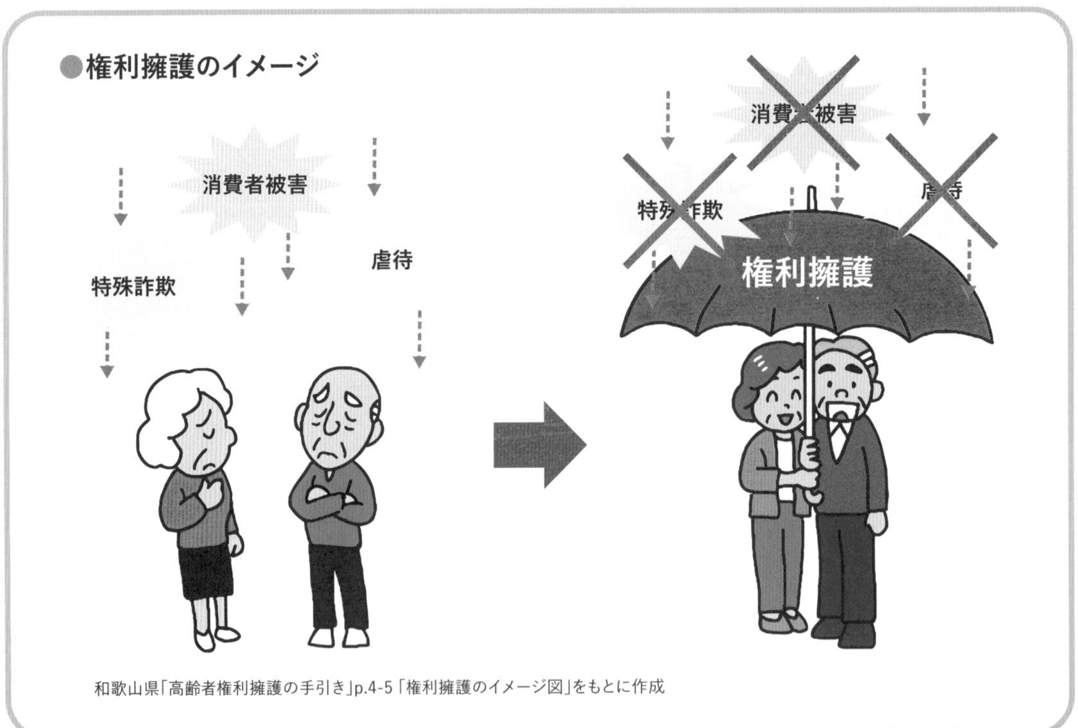


和歌山県「高齢者権利擁護の手引き」p.4-5「権利擁護のイメージ図」をもとに作成

## 権利侵害の存在は表面化しにくい

そもそも権利侵害の存在は表面化しにくいものです。権利侵害を受けたこと自体への忸怩（じくじ）たる思い、恥ずかしさ、SOSを発した場合の報復の恐怖、虐待者との共依存関係など、さまざまな背景が絡んで、人は沈黙します。何も相談がないからといって「問題なし」というのではなく、単に「助けてほしい」と声を挙げられずにいるだけなのかもしれません。

こういった負の状況を解消していく取り組みが、権利擁護です。

## セルフネグレクトへの対応も

さらには、認知症等で適切な意思決定ができずに、衛生環境や自らの心身状態を悪化させてしまったり、財産をいたずらに費消したり、近隣との対人関係を損なってしまっているような状況「セルフネグレクト」も、自分の力だけで自らの権利を守り切ることができないという点で、権利擁護の対象です。

利用者本人のみならず、家族介護者をはじめ関係者全員の権利が守られるように取り組んでいく必要があります。

### ●高齢者の遭遇しやすい権利侵害と対応・相談先

| 類型 | 悪質商法 | 特殊詐欺 | 高齢者虐待 | セルフネグレクト |
|---|---|---|---|---|
| 内容 | 消費者の不安や無知につけこんで不当に金品を支払わせる商取引。訪問販売、電話勧誘販売など。 | 欺いて現金を支払うしかない状況だと信じ込ませて実行する金品詐取。オレオレ詐欺、還付金詐欺など。 | 保護等が期待できる他者によって、高齢者の権利利益が侵害され、生命や心身または生活に何らかの支障を来している状況またはその行為。具体的には、暴力的行為や拘束など。 | 一人暮らしなどの高齢者で、認知症やうつなどのために生活に関する能力や意欲が低下し、客観的にみると本人の人権が侵害されている状況。具体的には、ごみ屋敷、栄養摂取ができていないなど。 |
| 権利擁護のための対応 | ●クーリングオフ<br>●「不当な勧誘、不当な契約条項の無効」等による解約 | ●振り込め詐欺被害回復分配金<br>●被害回復給付金支給制度 | ●警察による「保護」等<br>●緊急入院<br>●特養等への施設入所措置<br>●緊急ショートステイなどへの一次避難<br>●成年後見制度の活用<br>●日常生活自立支援事業の利用<br>●地域の見守り・声かけ<br>●虐待者に対する相談援助<br>●年金振込口座等の変更 | ●緊急入院<br>●特養等への施設入所措置<br>●緊急ショートステイなどへの一次避難<br>●成年後見制度の活用<br>●日常生活自立支援事業の利用<br>●地域の見守り・声かけ |
| 対応の根拠法 | ●消費者契約法<br>●景品表示法<br>●特定商取引法等 | ●振り込め詐欺救済法<br>●犯罪被害回復給付金支給法 | ●高齢者虐待防止法<br>●老人福祉法 | (●高齢者虐待防止法…法に規定されてはいないが、準じた取扱い)<br>●老人福祉法 |
| 相談先 | ●消費者センター<br>●消費者ホットライン（局番なしの188） | ●警察<br>●警察相談専門窓口（#9110）<br>●振込先の金融機関 | ●市町村<br>●地域包括支援センター | ●市町村<br>●地域包括支援センター |

厚生労働省、法務省、検察庁、金融庁、国民生活センター、東京都等の資料をもとに作成

# ❷活用までの流れとポイント

虐待防止の取り組み、消費者被害防止の取り組み、判断能力が低下した人を支援する「成年後見制度」と「日常生活自立支援事業」について、その流れと留意事項を解説します。

## 1．虐待通報（通告）

わが国には虐待の防止に関する法律が３つあります。児童虐待防止法、障害者虐待防止法、そして高齢者虐待防止法です。それぞれ、虐待を受けたと思われる対象者を発見した場合の通報（通告）義務が設けられています。このほか、児童福祉法にも児童福祉施設職員等にかかる虐待防止制度があり、今年４月からは、新たに精神保健福祉法において精神科病院の従事者にかかる虐待防止が制度化されました。

●虐待通報(通告）制度

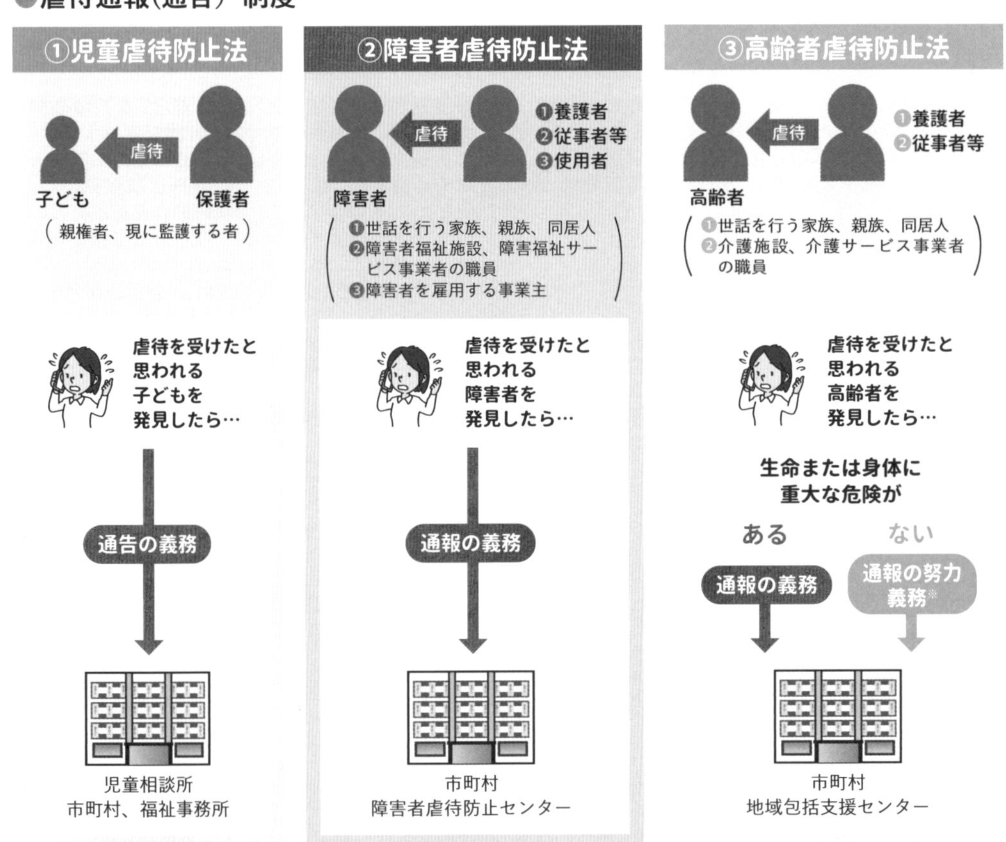


※③において、職場内で同僚による虐待を受けたと思われる高齢者を発見した従事者は、「重大な危険」の有無にかかわらず通報の義務がある

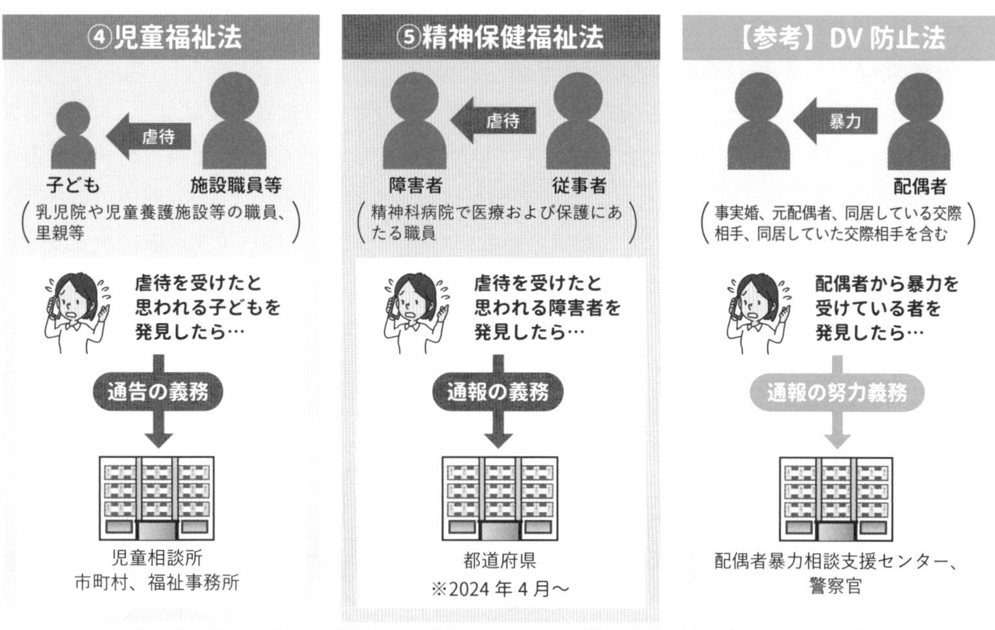


**これらのほか、保育所や認定こども園の職員からの虐待についても、通報・通告制度の導入に向けて児童福祉法改正が予定されています**

### 虐待対応の肝は「早期発見・早期対応」

相談援助職として、かかわりのある子ども・高齢者・障害者については常に状況に心を配り、その言動や家族の様子を通じて何か違和感を覚えたことや、気づいたことがあれば、通報先（通告先）となっている機関に相談するようにします（「何かあってから」ではなく、「何か起こる前」が大事です。その意味で、相談援助職としては「連絡」や「相談」という気構えでいたほうがよいでしょう）。

早期発見・早期対応には、本人（被害者側）の安全確保のみならず、養護者や保護者（加害者側）の心身の負担・孤立・ストレス・生活困窮等に対応して、いち早く世帯全体を適切な支援につなぐという目的があります。

## 「虐待を受けたと思われる」なら通報対象

虐待防止法制では、通報・通告の対象となるのは「虐待を受けた者」ではなく、「虐待を受けたと思われる者」として規定されています（ＤＶ防止法については、「配偶者からの暴力を受けている者」が通報対象）。これは、虐待現場を目で見て確認しなくても、「虐待があったと考えることに合理性がある」ならば、通報・通告の対象――という趣旨です。虐待かどうか判断がつかない場合でも、通報・通告を受け付けています。

通報・通告にあたって、「虐待」の事実を裏付ける証拠の提示は必要ありませんが、そのように受け止めた根拠となる状況・様子については、忘れないようにメモに残しておくとよいでしょう。

## 通報は守秘義務の対象外。「当事者の事前同意」も不要

専門職として業務上知り得た個人情報を第三者に提供することは、各法の守秘義務や個人情報保護法によって厳しく制限されていますが、虐待防止にかかる通報・通告あるいは相談や情報共有に関しては、それらの制限は及びません。また、事前に「これからあなた方のことを通報しますが、いいですね？」などと先方の同意を得る必要もありません。仮に同意を求めようものなら、通報後の事実確認に支障が生じ、生命、身体、人格・尊厳、財産を危険にさらすことになりかねないため、同意なしに行うことが認められています（詳細は p.204 参照）。

### ●「虐待」とは

**①身体的虐待**

身体に傷や痛みを負わせる暴行を加えたり、正当な理由がなく身体を縛るなど身動きのとれない状態にすること。戸外に閉め出したり、室内に閉じ込めて外部との接触を意図的・継続的に遮断する行為。

**②心理的虐待**

大声や脅しなどで恐怖に陥れる、無視や拒否的な態度をとる、自尊心を傷つける言葉や態度、嫌がらせ等によって精神的に苦痛を与えること。
※子どもの場合はいわゆる「面前DV」も該当

**③ネグレクト**

世話や介助を放棄して、生活環境や本人の身体的・精神的状態の悪化をもたらすこと。必要な福祉サービスや医療、教育※を受けさせないこと。同居人による身体的虐待や心理的虐待を放置すること。
※子ども・障害者の場合

**④性的虐待**

本人が同意していない性的な行為やその強要※。わいせつな話をしたり映像を見せたりすること。
※子どもの場合は同意の有無によらず虐待に該当

**⑤経済的虐待**

本人の同意なしに財産や年金を不当に使用すること。本人が希望する金銭の使用を理由なく制限すること。
※児童虐待の定義には「経済的虐待」は含まれない

## 通報・通告後はどうなるの？

通報・通告の対象となった「虐待を受けたと思われる本人」の**安全確認**と、虐待の事実があったのかどうかについての**事実確認**が行われます。安全確認ができない場合に、**立入調査**が行われることがあります。

把握された情報に基づいて、対応が検討されます。虐待の事実が認められ、それによって生命または身体に重大な危機が生じているおそれがあると認められる場合には、**一時的に保護するための措置**が講じられます。緊急事態への対応以外にも、専門職・専門機関による介入的な支援や見守り支援が用意されています。

# 2. 消費者被害の防止

消費者と事業者では、持っている情報の質・量や交渉力に格差があります。その“事業者有利”の構造のもとで、消費者が不当な不利益を被ることがないように、わが国では２段構えのしくみで消費者保護が図られています。

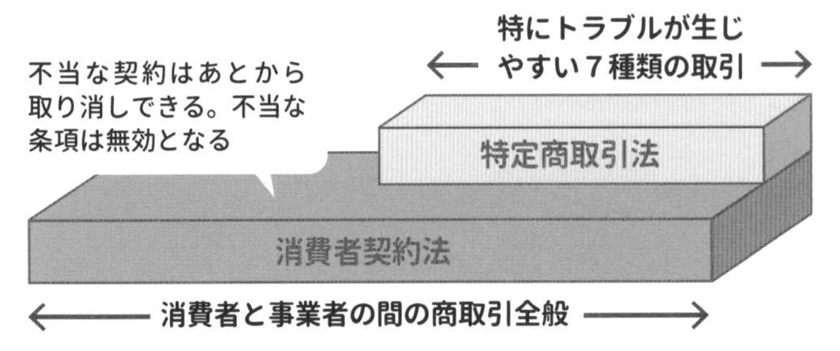

## 特定商取引法

落ち着いて判断できない心理状態や、事実誤認しやすい状況のもとでは、必要でないものを購入したり、不当な代金を支払わされたりするリスクが高まります。そこで、特にハイリスクな取引形態について、消費者被害の防止・救済を図る規制が**特定商取引法**によってとられています。

### ●規制対象となっている取引類型

**訪問販売**

自宅等への訪問営業(点検商法含む)、キャッチセールス、アポイントメントセールス、催眠商法等。

**訪問購入**

消費者の自宅等を訪問して物品を買い取るもの。悪質なものはいわゆる「押し買い」と呼ばれる。

**通信販売**

事業者との対面や現物の直接確認なしに電話やインターネット等で申込みするもの。

※クーリング・オフ対象外

**電話勧誘販売**

電話やSNS等を通じて消費者に接近し、商品の販売等を行うもの。

**連鎖販売取引**

いわゆる「マルチ商法」。収入増を誘引に販売組織への参加者拡大を通じて行う商品・サービスの取引。

**業務提供誘引販売取引**

内職などの仕事や有償モニターの斡旋を装って、「業務上必要」だとする商品等を買わせる取引。

**特定継続的役務提供**

長期契約で対価が高額となる取引。エステ、美容医療、語学教室など７サービスが対象。

### ●典型的な「悪質商法」と特定商取引法の関係

| | | |
|---|---|---|
| キャッチセールス | 路上で声をかけて呼びとめ、喫茶店や営業所に連れて行き、商品やサービスの契約を勧誘する | いずれも、「訪問販売」の位置づけで、特定商取引法の規制対象 |
| アポイントメントセールス | 電話や SNS などで「あなたは選ばれた人だ。とてもいい話がある」など、販売目的等を告げずに特定の場所に呼び出し、商品やサービスの契約を勧誘する | |
| 催眠商法（SF 商法） | 用意された会場で無料プレゼントを配り、気分を高揚させてから、高額の商品を売りつける | |
| 点検商法 | 無償点検を装い、虚偽の情報で不安をあおって、工事契約や商品・サービスの購入を迫る | |

CHECK!!

いわゆる「暮らしのレスキューサービス」のように、消費者の側から電話等で事業者に対して訪問を求めた場合には、「訪問販売」とみなされず、規制の対象外となる。ただし、広告表示と異なる高額な工事の勧誘を受けたのであれば、訪問販売として規制対象となる。

### クーリング・オフ制度

消費者被害防止の“切り札”となるのが、「**クーリング・オフ制度**」です。前ページに掲げた取引類型のうち、通信販売を除く６つの取引について、申込みや契約をした後でも、一定期間内であれば、定められた手続きをとることで、**消費者の側から一方的に無条件で契約解除できます**。

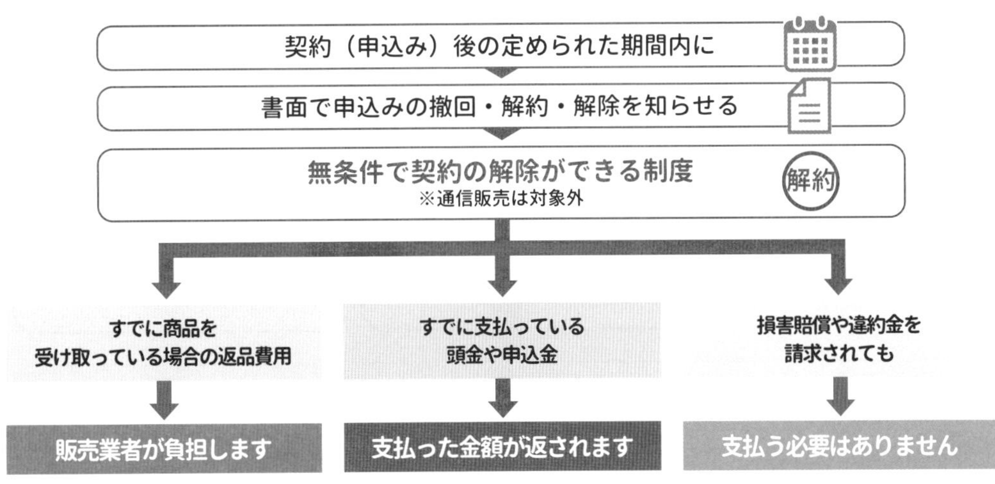


CHECK!!

- 商品がすでに引き渡されていたり、外壁工事などの役務が提供されていたとしても、商品の引き取りや役務提供契約の原状回復は、事業者側の責任で行われる（＝消費者側の負担は一切なし）。
- 事業者側から消費者に、損害賠償や違約金の請求を行うことはできない。

### クーリング・オフの手続き

消費者から事業者に対して、下図のように、契約解除したい取引の内容（契約年月日、契約者名、購入商品名、契約金額等）を記した通知をクーリング・オフ期間内に 送ることで完了します。通知内に発信日も記載しておきます。クレジット払いの契約である場合は、販売会社とクレジット会社の双方に通知する必要があります。

●クーリング・オフの流れ

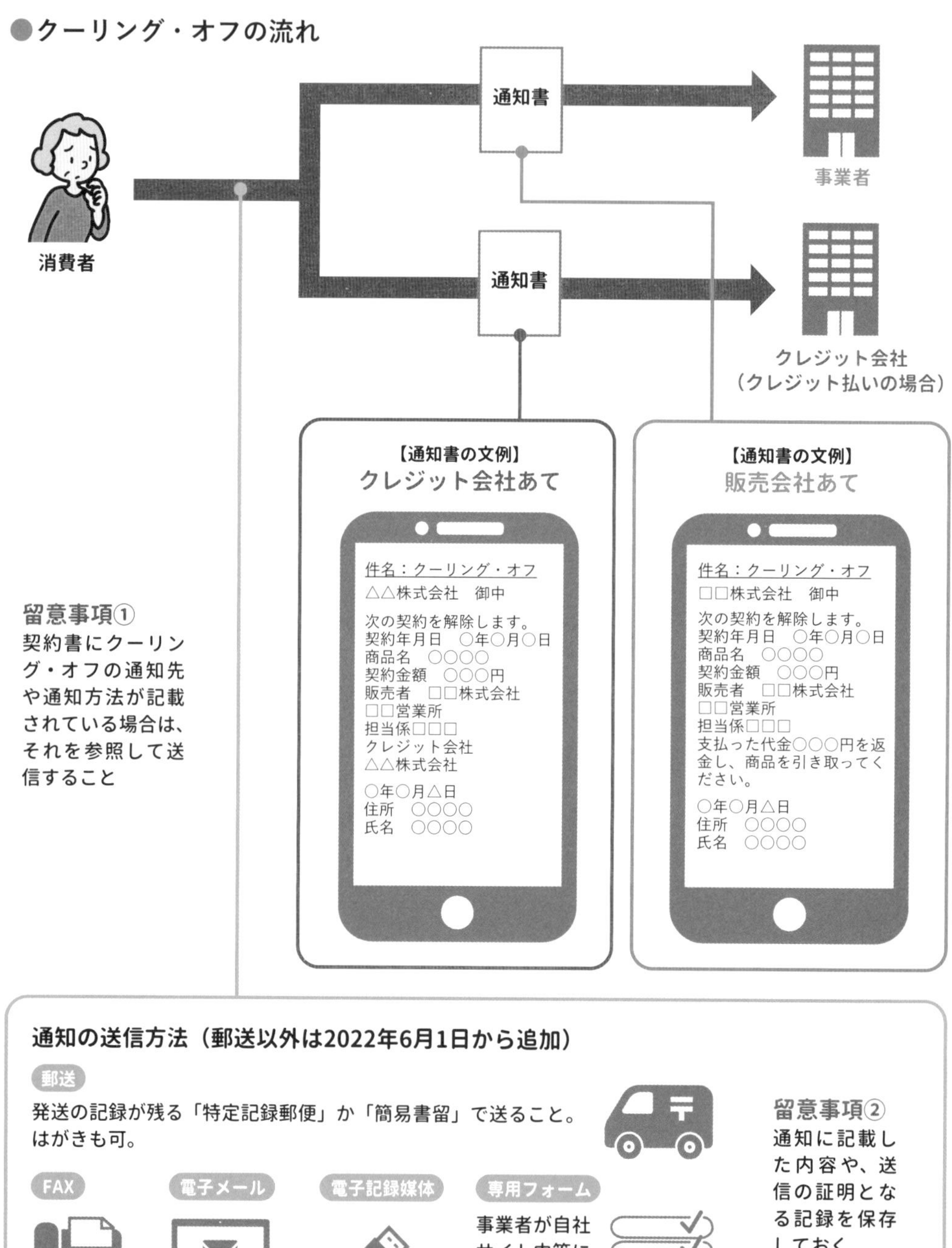


**通知の送信方法（郵送以外は2022年6月1日から追加）**

郵送

発送の記録が残る「特定記録郵便」か「簡易書留」で送ること。はがきも可。

FAX　電子メール　電子記録媒体　専用フォーム

事業者が自社サイト内等に用意

**留意事項②**
通知に記載した内容や、送信の証明となる記録を保存しておく

**クーリング・オフできる期間**

申込書面または契約書面のいずれか早いほうを受け取った日から起算して

**8日間**

| | 1 | 2 | 3 | 4 | 5 | 6 |
|---|---|---|---|---|---|---|
| 7 | 8 | 9 | 10 | 11 | 12 | 13 |
| 14 | 15 | 16 | 17 | 18 | 19 | 20 |
| 21 | 22 | 23 | 24 | 25 | 26 | 27 |
| 28 | 29 | 30 | 31 | | | |

訪問販売　訪問購入　電話勧誘販売　特定継続的役務提供

**20日間**

| | 1 | 2 | 3 | 4 | 5 | 6 |
|---|---|---|---|---|---|---|
| 7 | 8 | 9 | 10 | 11 | 12 | 13 |
| 14 | 15 | 16 | 17 | 18 | 19 | 20 |
| 21 | 22 | 23 | 24 | 25 | 26 | 27 |
| 28 | 29 | 30 | 31 | | | |

連鎖販売取引　業務提供誘引販売取引

**CHECK!!**

郵便なら期限日の消印有効。メール、フォーム等なら期限日のうちに発信を正常に終えていれば OK。うそや脅しなどで「クーリング・オフ妨害」が行われた場合、上記期間を過ぎてもクーリング・オフできる。

## ●クーリング・オフできないケース

化粧品や健康食品などの消耗品を使用・消費してしまった場合の使用済み分

路上勧誘を契機として行われる飲食店、カラオケの代金など

現金取引で総額 3,000 円未満の契約

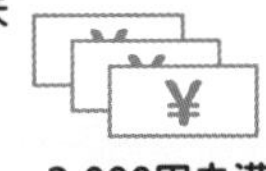


乗用自動車など適用除外にあたる商品やサービス

通信販売（事業者ごとに約款に定めて返品を実施。211 ページ参照）

## 一方的に送り付けられた商品はどうしたらいい？

あたかも契約があったかのように装って、注文していない物品を勝手に送り付け、代金を一方的に請求する手口があります。「送り付け商法」といわれるものです。

これらの物品は、**即刻処分してしまって構いません。**そもそも送り付けられた物品には売買契約が存在していないため、**受け取った側に金銭を支払う義務はありません。仮に開封や処分をしても、金銭の支払いは不要です。**

仮に支払ってしまったら…

返還を請求できます ➡ 「消費生活センター」（局番なし 188）

# 消費者契約法

消費者契約法は、特定商取引以外の商取引も含めて、消費者を不当な勧誘や契約から守ることを目的とした、包括的な民事ルールです。この法律に触れる取引であれば、クーリング・オフ期限が過ぎても取り消し可能な場合もありますので、消費生活センターにご相談ください。

## 契約の取り消し

以下のように「**不当な勧誘**」によって締結させられた契約は、**後から取り消すことができます**。また、宗教等での不当な勧誘行為による寄付については、「**不当寄付勧誘防止法**」により取り消しが認められます。

**不実告知**

重要な事項で、事実と異なることを告げた

**不利益事実の不告知**

都合の悪い事実を故意に告げなかった

**断定的判断の提供**

「確実に儲かる」などと断定して勧めた

**過量契約**

通常の量を著しく超える購入を勧めた

**不退去**

退去を促したのに帰らない

**退去妨害**

退去の意思を示したのに帰そうとしない

**不安をあおる告知**

不安をあおりセミナーやエステを勧める

**恋愛感情等に乗じた人間関係の濫用**

いわゆるデート商法

**判断力の低下の不当な利用**

加齢等による判断力低下につけこんだ

**霊感等による知見を用いた告知**

占いや霊感で不安をあおった

**契約締結前の債務内容実施**

契約前に強引に代金を請求した

**退去困難な場所への同行**

勧誘すると告げずに、退去困難な場所に同行して勧誘した

2023年6月から適用

**威迫による相談妨害**

第三者への相談・連絡を、威迫する言動を交えて妨げた

2023年6月から適用

## 時効に要注意！

契約を取り消す権利「取消権」は、消費者が誤認をしていたことに気づいたときや困惑の状態を脱したときから1年以内に行使しないと、時効により消滅します（「霊感等による知見を用いた告知」の場合は3年以内）。また契約を締結してから5年経過したときも取消権は消滅します（「霊感等による知見を用いた告知」の場合は10年以内）。

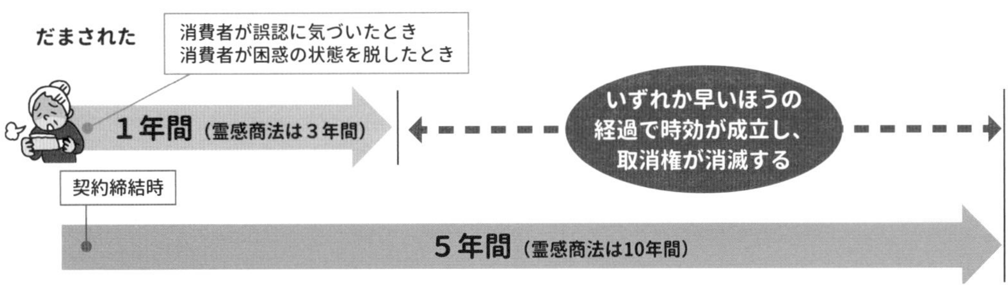


## 契約条項の無効

以下のように、**消費者の利益を不当に害する契約条項**は「**無効**」となります。

**事業者は責任を負わないとする条項**

**どんな理由でもキャンセル不可とする条項**

**消費者の利益を一方的に害する条項**

**成年後見制度の利用で契約解除となる条項**

**不当に高額なキャンセル料や遅延賠償の条項**

2023年6月から適用

不当な契約で困っている人がいたら、
「消費生活センター」につなぎましょう

**「消費生活センター」（局番なし 188）**

## 見守りと対応のポイント

### 被害防止に欠かせない周囲の「見守り」

悪質業者は、うまいこと“引っかける”ことのできた相手には、次々と悪質な取引をもちかけて、財産を巻き上げようとしてきます。そのため、周りの人が気づかないうちに被害が高額化・深刻化していることも少なくありません。被害防止には、身近な人の「見守り」がことのほか重要です。ケアマネジャー、相談支援専門員、ヘルパーなど専門職がかかわっている場合は、本人・ご家族にいつもと様子が違うところがないか、常にアンテナをはたらかせておくことが求められます。

### ●見守りの際のチェックポイント

| 家の様子 | 本人の様子 |
| --- | --- |
| □家に見慣れない人が出入りしていないか<br>□不審な電話のやりとりがないか<br>□家に見慣れないもの、未使用のものが増えていないか<br>□屋根や外壁、電話機周辺などに不審な工事の形跡はないか<br>□カレンダーに見慣れない事業者名等の書き込みがないか<br>□見慣れないところからの名刺、見積書、請求書などがないか | □定期的にお金をどこかに支払っている形跡はないか<br>□生活費の不足、お金に困っていたりする様子はないか<br>□外出が急に増えた様子はないか<br>□急に親しい人ができたような様子はないか<br>□表情が暗く、考え込んでいるような様子はないか<br>□何かに困っていて、言い出せない様子はないか |

- 家を訪問したときの様子
- 本人の様子
- お金に関することでの本人の変化（頻繁に金融機関に通うなど）

**に注意しましょう。**

## 被害を受けている兆候がみられたときの対応

最初から「これ悪質商法ですよ」と決めてかかり、「いつ購入したのですか？」「いくら払ったのですか？」などと矢継ぎ早に質問すれば、相手は心を閉ざして、その後の支援拒否にもつながりかねません。また、被害を自覚していながら、恥ずかしさや家族への申し訳なさで隠している場合もあります。そういう“心の綾”を察した声かけ・問いかけが肝要です。

**声かけ例①**

**「近所の被害」を引き合いに、情報提供の協力をよびかける**

近所で▲▲▲というような被害が相次いで発生しているそうなんです。被害拡大防止の一環として皆さんにお聴きしているんですが、何か身のまわりで思い当たることがありましたら、情報提供をお願いできませんか？

**声かけ例②**

**商品に興味を示して説明してもらい、徐々に核心に迫る**

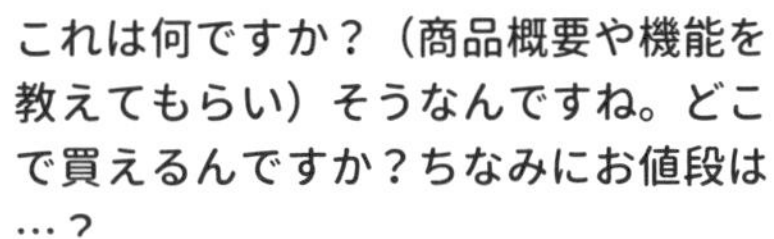

**本人が「被害を受けた」という認識を示したら、消費生活センター等の相談先につなぐ支援を行います。**

**「消費生活センター」（局番なし 188）**

## 消費生活センターへの相談の前に押さえておくべきこと

日頃から以下の５点について、事前にメモに書き出して整理しておくとよいでしょう。また、業者が発行した契約書や領収書などの書類があれば、手元に用意しておいてもらいましょう。

**①契約（購入）した日　②購入した物やサービス　③金額**
**④販売業者／施工業者　⑤契約のきっかけ**

# 3. 日常生活自立支援事業

「預金の出し入れや払い込みや重要書類の保管を確実にこなせるか心配」「１人で福祉サービスの利用手続きをするのは不安」という人を対象に、社会福祉協議会による公的サービスとして、通帳などを預かったり、日常的な金銭管理を代行したり、福祉サービスの利用援助を行う事業です。

**対象者**

認知症、知的障害、精神障害などにより、自分ひとりで日常生活上の諸手続きを適切に行えるかどうか、不安を抱えている人。ただし、判断能力が一定程度残っていることが前提です。

**CHECK!!**

日常生活自立支援事業は、本人の指示に従って“使者”として代行するものであって、本人に代わって「判断」を行うことは守備範囲外。本人に代わる判断は、成年後見制度によって対応される領域となる。

**支援（保護）の内容**

本人と社会福祉協議会で話し合って支援内容を決定します。

| 医療・福祉サービス利用の支援 | |
|---|---|
| ・サービスに関する情報提供<br>・サービスの利用やその変更・中止について、一緒に考えながら手続きを支援<br>・サービスに関する苦情解決制度の手続き支援 | |
| **日常的な金銭管理サービス（オプション）** | **書類の預かりサービス（オプション）** |
| ・医療費、税金、公共料金等の支払い代行<br>・年金、手当等の受領確認<br>・日常的な生活費に関する預貯金の出し入れ<br> | **預かりサービスの対象物**<br>・年金証書、預貯金通帳、不動産権利証書、契約書類<br>・実印、銀行印<br>・その他社会福祉協議会が適当と認めた書類<br> |

**費用**

相談や支援計画の作成は無料ですが、契約締結後に提供される支援は有料です。利用料は実施主体の社会福祉協議会がそれぞれ設定しています。

**例）東京都における標準利用料**

| 支援内容 | 標準利用料 |
|---|---|
| 福祉サービスの利用補助 | １回１時間まで 1,500 円<br>以降 30 分までごとに 600 円加算 |
| 日常的な金銭管理サービス | （通帳等を利用者が保管する場合）<br>１回１時間まで 1,500 円<br>（通帳等を社協等が保管する場合）<br>１回１時間まで 3,000 円 |
| | いずれの場合も以降 30 分までごとに 600 円加算 |
| 書類等預かりサービス | 月 1,000 円 |

## 利用までの手続き

以下のような流れとなります。

**❶相談**

利用を希望する本人の住む**市町村社会福祉協議会**に相談します。

市町村社会福祉協議会

**❷訪問調査**

社会福祉協議会の**専門員**が自宅を訪ねてアセスメントを行います。

訪問
アセスメント

**❸支援計画作成**

専門員が、本人の希望や生活状況をふまえて、支援内容を具体化した**支援計画**を作成し、本人に説明します。

支援計画の作成

**❹契約締結**

**本人と社会福祉協議会**の間で契約を締結します。

契約締結
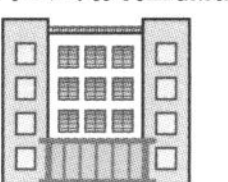

**❺支援開始**

担当する**生活支援員**が、支援計画に基づき支援を実行します。

**※ここから利用料が発生**

**専門員**

利用者や関係機関からの相談を受け、アセスメントのうえ支援計画を作成し、継続的に相談・調整に当たるコーディネーター。

**生活支援員**

専門員が作成した支援計画に基づき、専門員の指示のもと、利用者を定期的に訪問して、実際の支援を行う担当者。

# 4. 成年後見制度

成年後見制度は、認知症、知的障害、精神障害などのために判断能力が十分ではない状態の人を対象に、その「権利」や「財産」を守るための制度です。

判断能力が十分でないと、周囲に言われるがままにハンコを押して財産トラブルに巻き込まれたり、身内に貯金を使い込まれたり、悪質業者のカモにされてしまったり――というような権利侵害に遭うリスクが高まります。そこで、財産管理・処分、遺産相続、福祉施設への入退所など、いわゆる「法律行為」の全般について、意思決定と事務手続きを第三者に支援してもらったり、あるいは代理をしてもらうことにより、本人にとっての最善を確保する制度が、「成年後見制度」です。

## 法定後見と任意後見

成年後見制度は、大きく分けて「法定後見」と「任意後見」の２つのタイプがあります。

| 法定後見 | 任意後見 |
| --- | --- |
| 本人の判断能力が低下してから、親族等が家庭裁判所に後見開始を申し立てて、利用開始となるもの。誰が後見人等に選任されるのかは、家庭裁判所が決定します。 | 自身の判断能力が低下する前に、後見の「引き受け手」を決めて、契約（任意後見契約）を取り交わしておくもの。本人に判断能力の低下がみられた段階で、引き受け手（任意後見契約受任者）等が、家庭裁判所に申し立てを行い、任意後見監督人が選任されると、契約が発効します。 |
|  |  |

## 判断能力の度合いと活用する制度の目安

「日常生活自立支援事業」「法定後見」「任意後見」について、判断能力の程度と各制度の対応を示したのが、下図です。ケースによってはこれらを併用する場合もあります。

| 判断能力の程度 | | 日常生活自立支援事業 | 成年後見制度（法定後見） | 成年後見制度（任意後見） |
|---|---|---|---|---|
| 判断能力あり | | ×<br>該当しない | ×<br>該当しない | 将来に備えて、公正証書で代理人（任意後見人）と契約を結ぶ。<br>・即効型…任意後見契約と同時に任意後見監督人選任の申立てを行う。<br>・移行型…任意後見契約と委任契約を行う。<br>・将来型…任意後見契約のみを行う。<br>◆契約書は公証役場で公証人が作成します。 |
| 日常生活に不安がある | | 軽度の認知症や障害等により、自分一人では契約等の判断をすることが不安だったり、お金の管理に困っている方が対象。<br>◆利用契約には、契約の内容を理解できる判断能力と本人意思が必要になります。 | ×<br>該当しない | |
| 不十分 | 自分で契約できるかもしれないが、不安なため、援助してもらったほうがよい。 | | ◆申立てには、医師の診断が必要になります。<br>補助人の選任、補助人による支援 | 判断能力が不十分になったとき<br>任意後見人は、本人と話し合って決めた契約内容に従って支援。<br>◆家庭裁判所で本人の任意後見監督人が選任されて初めて任意後見契約の効力が生じます。 |
| 著しく不十分 | 日常的な買い物はできるが、不動産の売却など重要な財産行為はできず、常に援助が必要。 | | 保佐人の選任、保佐人による支援 | |
| 欠ける | 判断能力がないため自分だけで物事を適切に判断することが難しく、必ず援助が必要。 | ×<br>該当しない | 後見人の選任、後見人による支援 | |

出典：神奈川県社会福祉協議会パンフレット「"地域で、安心して、自分らしい生活" を実現するために「一人ではむずかしい」をサポートします～日常生活自立支援事業／成年後見制度～」p.3 をもとに作成

# 法定後見制度（担い手、業務内容、類型と権限）

## ①成年後見の担い手

後見人は、利用の申立てを受けた家庭裁判所が、「本人のためにどのような支援が必要か」などの事情を考慮して選任します。本人の親族が選任される場合もあれば、弁護士・司法書士・社会福祉士などの専門家が選任される場合もあります。

１人が選任される場合もあれば、複数人選任される場合もあります。また、後見が適正に行われているかをチェックするため、専門家を「監督人」に選ぶことがあります。

| 親族後見人 | 専門職後見人 | 市民後見人 | 法人後見 |
|---|---|---|---|
| 本人の配偶者、子、孫などの親族のなかから選任された者 | 弁護士や司法書士などの法律の専門職、社会福祉士などの福祉の専門職や団体などのなかから選任された者 | 親族や専門職以外で、地方自治体等が行う養成研修を受講するなどして成年後見制度に関する知識や技術・態度を身につけた一般市民のなかから選任された者 | 社会福祉法人や社団法人、NPOなどで利益相反のない法人が選任されて実施する後見。法人職員が法人を代理して実務を担う |

## ②後見人等の業務内容

後見人等は、本人の意思を尊重し、かつ、本人の心身の状態や生活状況に配慮しながら、本人だけでは困難な法律行為を通して、支援・保護します。法定後見の業務内容は、以下のとおりです。

| 財産目録の作成 | 今後の収支予定の作成 | 財産管理 |
|---|---|---|
| 本人の財産の状況などを明らかにして、家庭裁判所に財産目録を提出する（財産目録） | 本人の意向を尊重し、本人にふさわしい暮らし方を考慮して、今後の収支予定を立てる（収支予定） | 日々の生活のなかで、本人の預金通帳などを管理し、収入や支出の記録を残す |
| **身上の保護** | | **家庭裁判所への報告** |
| 本人の住居・治療・療養・介護等の生活全般に配慮して、住居の確保に関する契約、入退院の手続き、施設への入退所契約、介護サービスの利用手続き、必要となる費用の支払いを、本人に代わって行う | | 後見人等として行った業務の状況を、家庭裁判所に報告する（家庭裁判所） |

### ③法定後見の類型と権限

本人の判断能力に応じて①後見、②保佐、③補助―― という３つの類型があります。

**❶後見**

**常に自分一人で判断ができない状態にあり、日常生活に常に支援が必要な人に適用されます。後見を受ける人を成年被後見人、後見する人を成年後見人といいます。**

**権限**

・代理権

成年後見人は、日常生活に関する行為や結婚・離婚・養子縁組等を除く**すべての法律行為について、本人に代わって行う権限**をもっている。

・本人と第三者が交わした契約について、成年後見人は後で取り消すことができる。

・後見人が行った行為は、「本人が行った行為」として扱われる。

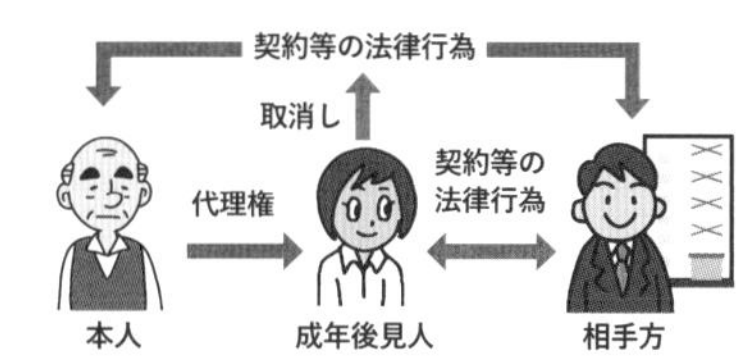


**❷保佐**

**時々自分一人で判断ができない状態にあり、日常生活のかなりの部分で支援が必要な人に適用されます。保佐を受ける人を被保佐人、保佐する人を保佐人といいます。**

**権限**

・同意権

借金、訴訟行為、相続の承認や放棄、新築や増改築など、**重要な権利義務の発生・変動を伴う行為は、「保佐人による同意」がなければ法的に有効とならない**ことになっている。

・取消権

保佐人の同意を得ないで交わされた契約について、保佐人は後で取り消すことができる。

・代理権

本人の同意を得たうえで家庭裁判所への申立てを行って認められれば、行使できる。

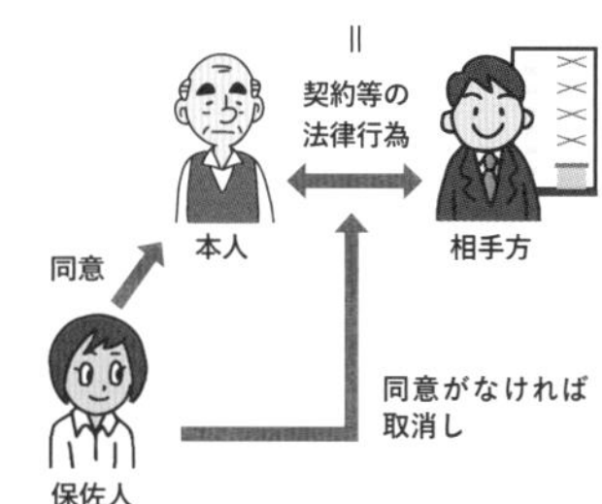


※家庭裁判所の審判により、特定の法律行為について「代理権」が付与されることもある

**❸補助**

**物事によっては自分ひとりで判断ができないことがある人に適用されます。補助を受ける人を被補助人、補助する人を補助人といいます。**

**権限**

・同意権

補助の対象者は、比較的高い判断能力を有しているので、自己決定の尊重の趣旨で、どの行為に同意権が必要かという**判断は本人自身が行い、家庭裁判所の審判により決定**することとなっている。

・代理権

保佐人と同様。

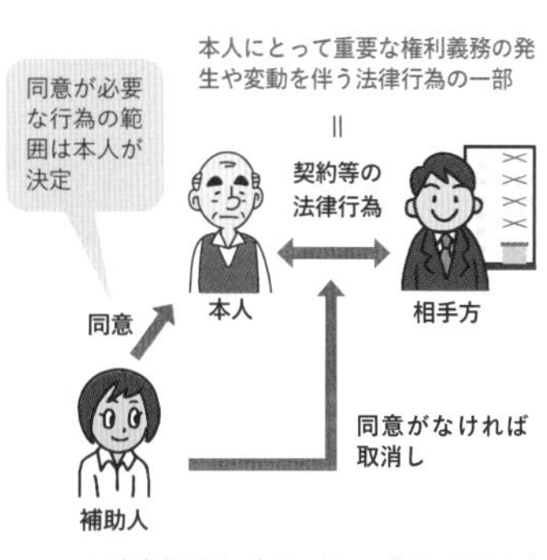


※家庭裁判所の審判により、特定の法律行為について「代理権」が付与されることもある

# 成年後見制度を利用するには

成年後見制度（法定後見）を利用するには、家庭裁判所で後見開始（または保佐開始もしくは補助開始）の審判を受け、後見人（または保佐人もしくは補助人）を選任してもらう必要があります。そのための手続きは下図のような流れとなっています。

## ●申立てから審判までのステップ

**STEP1 申立て**

本人の住所地を管轄する家庭裁判所に、「申立書」などの書類一式を提出（郵送）する。

**STEP2 審理**

家庭裁判所で書類審査のうえ、面接で申立人に対する事情の聴き取りが行われる（すでに後見人等の候補者がいる場合は同席）。必要に応じて、ほかの親族に対する意向照会、本人の判断能力の「鑑定」、本人の意思の確認（本人調査）が行われる。

**STEP3 審判**

家庭裁判所で、審理結果をもとに、成年後見／保佐／補助のどれにするか、どのような権限を設定するか、誰を担い手として選任するかが決定される。決定内容は書面で申立人、本人、後見人等に通知される。

### 「申立て」ができる人

後見開始等の審判の申立てができるのは、本人、配偶者、４親等内の親族等に限定されています（下図）。本人に親族がいない場合や、申立てに対する協力を得られない場合には、必要に応じて市町村長による申立てが行われます。

|  |  |  |  |  |  |  |
|---|---|---|---|---|---|---|
| 本人 | 配偶者 | ４親等以内の親族 | 保佐人<br>補助人 | 補佐監督者<br>保護監督者 | 検察官 | 市町村長 |

「審理」のプロセス

前ページの「STEP2：審理」では、以下のようなことが行われます。

**❶書類審査**

必要書類が揃っているか，必要事項がすべて記入されているかなどが審査されます。

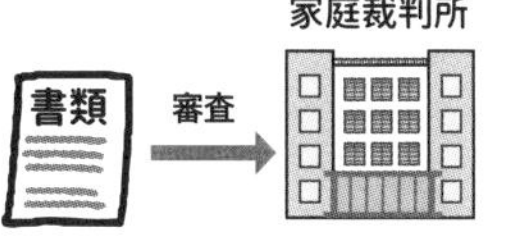


**❷面接**

申立人が家庭裁判所に出向く形で行われます。後見人等の候補者がいる場合は、一緒に面接を受けます。

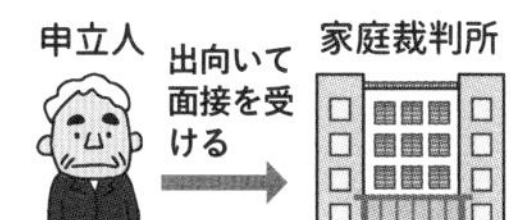


**❸親族への意向照会**

必要に応じて、本人の親族（主として推定相続人）に対して、申立てがあったことと後見人等候補者の氏名を書面で伝え、意向の確認が行われます。

**❹鑑定**

必要に応じて、本人の判断能力を医学的に判定するもの。申立て時に提出する診断書とは別に、家庭裁判所が医師に鑑定依頼をする形で行われます。10 万円程度の費用が必要です。

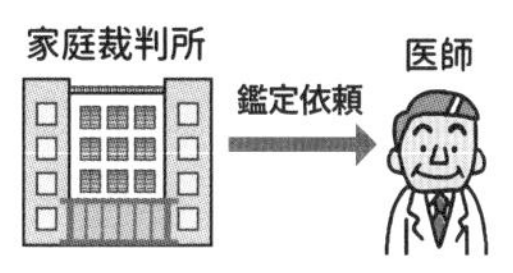


**❺本人調査**

必要に応じて、申立て内容などについて家庭裁判所の担当者が直接本人から意見を聴きます。

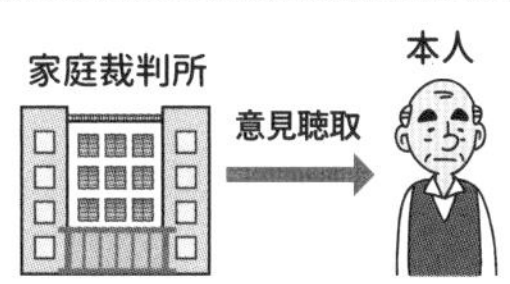


CHECK!!

- 申立てから決定まで、通常は１～３か月程度の期間を要する。
- 後見人等の人選については不服申立ての対象とはならない。

## 成年後見制度の利用に関する相談窓口

成年後見制度の利用を促進するため、多くの市町村で住民や支援者からの相談受付を行っています（「成年後見センター」や「権利擁護支援センター」といった名称の窓口です）。地域包括支援センターでも成年後見制度に関する相談を受け付けています。成年後見制度の利用が視野に入ってきたら、まず、これらの窓口に相談してみるとよいでしょう。

# 「成年後見監督人」と「後見制度支援信託」

本人の財産を保護するため、家庭裁判所は毎年、後見人等から収支や資産状況の報告を受け、監督に当たっています。それとは別に、特に必要と認めた場合に、後見人等を監督する「成年後見監督人」を選任したり、金融機関による財産管理の利用を勧めてくることがあります。

### 財産保護のしくみ①――後見人等を監督する「成年後見監督人」

後見人等の不正や怠慢を防ぐ目的で、家庭裁判所が必要に応じて選任し、後見人等の「監督」に当たらせる職責のこと。被後見人等の財産額が一定額以上(目安として1000万円以上)あり、かつ、後見制度支援信託の利用がない場合に、成年後見監督人が選任されることが多いようです。

なお、成年後見監督人を選任するかしないかは家庭裁判所の専決事項であるため、不服申立てはできません。

**監督人になる人**

弁護士や司法書士などの専門職で、裁判所が適当と認めた人

**監督人が行うこと**

定期的に財産や収支状況を確認し、助言・指導を行う。一般的には3～4か月に1回程度の頻度。

### 財産保護のしくみ②――日常経費以外は「後見制度支援信託」で管理

本人の財産保護を目的に、本人の財産のうち日常生活で使用する分を除いた金銭を、信託銀行等に信託するしくみのこと。これにより、信託財産を払い戻したり、信託契約を解約したりするには、家庭裁判所の指示書が必要になり、後見人が勝手に払い戻しや解約をすることができなくなります。なお、このしくみを利用できるのは成年後見類型のみに限られ、保佐、補助および任意後見では利用できません。

同様の機能の「後見制度支援預貯金」というしくみもあります。こちらは銀行、信用金庫、信用組合等が扱っているもので、払戻しや解約には後見制度支援信託と同様、裁判所の指示書が必要です。

**利用勧奨の対象**

一定以上の流動資産がある場合。目安とされるのは500万円以上。

**手続き**

信託銀行等との信託契約に関する事務は、通常、裁判所から選任された弁護士・司法書士等の専門職後見人が有償で行う。

# 成年後見制度の利用にかかる「費用」

## ①後見人等に支払う報酬

支払いは「後払い方式」です。後見人等となった人が、後見開始後１年ごとに家庭裁判所に「報酬付与の申立て」を行い、これを受けて家庭裁判所が後見人等の１年間の業務内容や管理財産の規模・内容をふまえて、報酬額を決定します。後見人等は、決定された報酬額を被後見人等の預貯金通帳から引き出して、受け取り完了です。これを毎年繰り返す形となります。なお、親族が後見人である場合には、報酬の受け取りを辞退する（報酬付与の申立てを行わない）ケースが多いようです。

### 報酬の内訳と水準

通常の後見業務として「基本報酬」が算定され、特別困難な事情がある場合や、訴訟・調停・不動産売却等の特別な行為をした場合に、「付加報酬」が上乗せされます。

**基本報酬**

**通常の後見事務を行った場合の報酬。管理財産額によって３段階に区分。**

| 管理財産額 | 報酬月額（目安） |
|---|---|
| 1000 万円未満 | 月額２万円 |
| 1000 万～ 5000 万円未満 | 月額３～４万円 |
| 5000 万円超 | 月額５～６万円 |

＋

**付加報酬**

●身上保護等に特別困難な事情があった場合
→基本報酬額の 50%の範囲内で相当額

●特別の行為（訴訟、調停、遺産分割、不動産の任意売却、不動産の賃貸管理等）をした場合
→相当額

## ②申立て時に必要となる費用

申立てに際して、申立人が負担することとなる費用は以下のようになります。

- 申立手数料…800 円
- 登記手数料…2,600 円
- 送達・送付費用…3,000 ～ 5,000 円程度
- 医師の診断書の作成費用…数千円程度
  ――費用は病院ごとに異なります
- 住民票…数百円／部
- 戸籍抄本…数百円／部
- 登記されていないことの証明書…300 円
- 鑑定費用…5 ～ 10 万円程度
  ――審理において必要とされた場合

## ③成年後見制度利用支援事業（申立費用・後見人等報酬助成）

収入や資産が乏しく、申立費用の支払いが困難であったり、後見人等への報酬支払いが困難であったりする場合に、市町村から助成を受けることができます。ただし、助成の対象・要件や助成額は市町村によって異なります。

# 任意後見制度

任意後見制度は、近い将来に自分自身の身に起きるであろう事態（認知症等による判断能力低下）を想定して、あらかじめ自分で選んだ人と「任意後見契約」という契約を交わしておいて、判断能力が実際に低下したらそれが発効する——というしくみです。任意後見人は、原則として誰がなってもよく（破産者、本人と訴訟をした者、不正な行為・著しい不行跡その他任意後見人の任務に適しない事由のある者を除く）、どのようなことを任せるかも二者間で柔軟に決定できます。

なお、任意後見契約は、公証役場の公証人が作成する「公正証書」で交わす必要があります。

### ●任意後見制度の枠組み

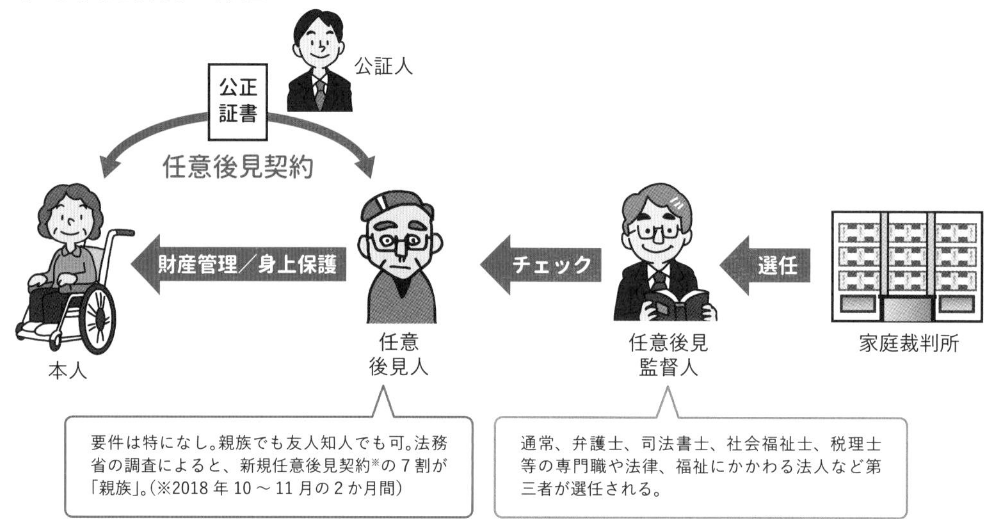


**任意後見人の報酬**

報酬の金額や支払い方法は、契約締結時に本人と任意後見人受任者の間で取り決めておく。法務省が受任者に対して実施したアンケート調査では、「無償」が約53％で最多。

**任意後見監督人への報酬**

家庭裁判所が事案ごとに、本人の財産額、監督事務の内容、任意後見人の報酬額その他諸事情を勘案して報酬額を決定する。

**【金額の目安】**

管理財産額が5000万円以下では月額１万円～２万円、5000万円を超えると月額２万5000円～３万円

## 任意後見監督人の選任と任意後見開始

本人の判断能力が低下したら、任意後見人になることを引き受けた人（任意後見受任者）、配偶者または四親等以内の親族もしくは本人が、家庭裁判所に「任意後見監督人の選任」の申立てを行います。任意後見監督人が選任されたら、その時点から任意後見受任者は「任意後見人」となり、契約の効力が発生します。

ちなみに、「任意後見監督人」とは、裁判所に代わって、任意後見人から一定期間ごとに収支報告を受け、財産目録をチェックするなどして、任意後見人が適正に仕事をしているか「監督」する人のことです。その監督人が選任されたということは、「公的にフォローする体制が整った」ということ。これをもって、任意後見が正式にスタートします。

### ●任意後見制度の流れ

|  |  |
|---|---|
| ❶任意後見人の人選 | 信頼できる人を任意後見人候補者に選びます。 |
| ❷契約内容の決定 | 具体的な支援内容、報酬額等を候補者との間で決めます。 |
| ❸契約締結 | 決まった契約内容を公正証書にして契約締結します。 |
| ❹後見登記 | 任意後見契約を結ぶと、その内容が登記されます。 |
| 判断能力低下 | |
| ❺任意後見監督人選任の申立て | 本人、配偶者、四親等内の親族、任意後見受任者のうちいずれかが、家庭裁判所に任意後見監督人の選任を申し立てます。 |
| ❻任意後見開始 | 家庭裁判所で任意後見監督人が選任され、任意後見がスタートします。 |

## 「放置」されている可能性もある？

任意後見は、監督人が選任されなければ権利擁護の機能が作動しません。しかし、監督人選任の申立て件数は低調で推移しており、「判断能力が低下しているのに申立てがなされず放置されている」ケースの存在も否定できません。これは濫用、経済的虐待にもつながりかねないハイリスクな状況です。相談援助職としては、放置されているケースを把握できた場合は、市町村の成年後見制度にかかる相談窓口に相談したり、任意後見受任者等に任意後見監督人の選任の申立てを促すなどのはたらきかけにより、速やかに権利擁護を確保する取り組みが求められます。

## ❸ 事例で学ぶ！ 制度活用術

虐待疑いの段階での地域包括との情報共有

### 虐待の可能性がある場合、当事者の「同意」なしに個人情報を地域包括支援センターと共有できる？

**A** できます。個人情報保護法の第三者提供の制限にかかる例外規定に該当します。

### ①守秘義務を負う専門職のとまどいとは？

地域で虐待防止を進めるうえで障壁となっている課題のひとつに、個人情報保護・秘密保持との兼ね合いがあります。

そもそも虐待は、家庭内の“抜き差しならない不和”に根差しています。そこには、家族間の「支配－従属構造」「交流の断絶」「無視と孤立」等々が横たわっています。当事者にとっては、世間体・社会的評価を損なう「恥ずかしいこと」「隠しておきたいこと」です。

それを業務上たまたま知ってしまった専門職には、当然ながら、職業上の守秘義務があります。機微な情報を本人の同意なしに他機関と共有してよいのか、ということは、誰しもとまどってしまうところでしょう。

### ②虐待疑い事案では同意なしでも情報共有できる

#### ── 個人情報保護法に定められる「第三者提供制限」の例外事項

このようなケースについて、東京都福祉保健財団高齢者権利擁護支援センターが、個人情報保護法第 23 条第 1 項第 4 号に拠って、次のような解釈を明示しています。

## ●虐待疑いのケースで同意なしの情報共有が許容される法的根拠

（第三者提供の制限）
第二十三条　個人情報取扱事業者は、次に掲げる場合を除くほか、あらかじめ本人の同意を得ないで、個人データを第三者に提供してはならない。
　一〜三　略
　四　国の機関若しくは①地方公共団体又はその委託を受けた者が②法令の定める事務を遂行することに③協力する必要がある場合であって、④本人の同意を得ることにより、当該事務の遂行に支障を及ぼすおそれがあるとき

**①には「地域包括支援センター」が該当する。**
**②には「高齢者虐待防止法第９条１項に従って行う事実確認」が該当する。**
**③には「高齢者虐待防止法第５条２項に基づいて保険医療福祉関係者に課せられる協力義務」が該当する。**
**④には「ケアマネジャーが介護者に『お宅で虐待が起きている可能性について関係機関と情報共有させてください』と同意手続きをとることで、その後の地域包括支援センターによる事実確認に支障を来すおそれ」が該当する。**

上記①〜④により、ケアマネジャーから委託型地域包括支援センターや区市町村職員へ、虐待の可能性にかかる個人情報を「本人の同意」なしに伝えることは適法であると解釈できる。

## 虐待疑い事案の通報や相談に「証拠」は不要

　通報や相談にあたって、「証拠」は必要ありません。虐待かどうかを判断するのは区市町村や地域包括支援センターの役割です。ケアマネジャーは、アンテナとなって予兆を察知する役割が求められます。
　なお、家族に対して「虐待の疑いがあります」などと告げてしまうと、その後、虐待対応にあたる包括職員が訪問しにくくなりますので、そこは触れずにおきましょう。

**相談援助職の心構え**

- 「虐待になる前に」相談しよう
- 「虐待かもしれない」から相談しよう
- 「支援が必要」だから相談しよう
- 「気になる高齢者がいた」から相談しよう

身体的虐待の可能性がある場合の対応

# 訪問サービス終了時に「外鍵」の施錠を家族から求められたが、どう対応したらよいか？

**A** 外鍵をせざるを得ない現状について詳しく話を聴き、状況を把握したうえで、「この件は持ち帰らせてください」と保留にして、地域包括支援センターに相談しましょう。

## ①徘徊による事故発生のリスクと「管理責任」

24時間認知症の本人につきっきりでいることはできません。日常的な買い物や、仕事などの理由で、多少なりとも家を空ける時間帯も出てきます。かといって、不在にしている間に、徘徊に伴う何らかの事故が発生して本人や第三者に被害が及ぶようなことがあったら、介護者（家族等）の「管理責任」が問われることになるかもしれません。

## ②「外鍵施錠」したら、身体的虐待の実行者になる可能性も

外からしか開けられないよう施錠して外出するということは、施錠される側からすれば、「有無を言わさず、一人ぼっちで、いつまで続くかわからないまま、閉じ込められている」状況です。場合によっては、パニックに陥ったり、あわてて転倒してけがを負うこともあるかもしれません。不信感や不安、あきらめから生活意欲が低下し、ADLが急激に低下するかもしれません。

仮に、ケアマネジャーやヘルパーが家族からの「外鍵をかけてほしい」との要請を言われたとおりに実行するなら、養介護施設従事者等による身体的虐待に当たる可能性があります。

### ③責めず、よく聴き、観察する

ただし、協力を求めてきた家族に対し、その場で「それは虐待です。許されません」「私たちまで虐待に加担するわけにはいきません」などと断罪・非難・糾弾するようなことは控えなければなりません。本人への対応に苦慮している家族を精神的に追い込んで、最悪の場合、心中や自殺に至ってしまう危険もあります。

このような場合にケアマネジャーやヘルパーがとるべき対応は、「外鍵をせざるを得ない」と家族がとらえている現状について詳しく話を聴き、状況を把握したうえで、「この件は持ち帰らせてください」と保留にして、ケアマネジャー・ヘルパー間で情報共有のうえ、地域包括支援センターに相談することです。

「外鍵をせざるを得ない」と家族がとらえている現状を把握する

- 徘徊はいつから、何をきっかけに始まった？
- どのようなときに出ていこうとする？　どこに行こうとしている？
  行って何をしようとしている？
- 直近で徘徊したのはいつか？　そのときの様子は？
- 外鍵をしないとどのような危険がどれくらいあると思う？
- そう思う根拠は？
- これまで危険な状況となったことは？
- 外鍵のほかにこれまで試したことはあったか？（どうだったか？）
- いま、外鍵をかけている時間帯・曜日は？

その場では判断を保留する

ケアマネジャー・ヘルパー間で情報共有のうえ、
地域包括支援センターに相談し、対応を協議

この件は持ち帰らせてください

## 「身体拘束が例外的に認められる場合」とは

地域包括支援センターではケアマネジャーからもたらされる情報のほか、自らも事実確認に動いたうえで、身体拘束が例外的に認められる「緊急やむを得ない場合」の３要件（切迫性、非代替性、一時性）を満たしているかどうかを判断します。

①切迫性…利用者本人またはほかの利用者等の生命または身体が危険にさらされる可能性が著しく高いこと
②非代替性…身体拘束その他の行動制限を行う以外に代替する介護方法がないこと
③一時性…身体拘束その他の行動制限が一時的なものであること

経済的虐待の可能性がある場合の対応

# サービス利用辞退を申し出た利用者。経済的虐待の可能性をふまえ、どうしたらよい？

**A** 理由を尋ね、経済的理由だったら「地域でサポートしたいので、何でも相談してください」と促して、速やかに地域包括支援センターと情報共有します。

## ①「一緒に最善の方法を探したい」と相手に寄り添う

経済的虐待であるとすれば、少しでも経済的被害を抑えるために、早急な対応が必要です。利用者が心配だから一緒に最善の方法を探したいという思いを伝えたうえで、なぜ打ち切りを希望するのかを尋ねてみることです。理由を尋ねるとき、サービス辞退の申し出をとがめるような態度・表情が出ないよう注意しましょう。

サービス辞退の理由として「経済的理由」を挙げていたら、「利用できる制度があるかもしれません。地域のネットワークでサポートしたいので、１人で抱え込まないように何でも相談してください」と伝えてみましょう。

### ●経済的虐待を受けている高齢者のサイン

- 自由に使えるお金がない。それまで買えていた生活資材が買えなくなる
- サービスの費用負担や公共料金・家賃の支払いができなくなる
- 資産の保有状況と衣食住など生活状況との落差が激しい
- 高齢者の高価な所有物が本人の知らないうちになくなる
- 高齢者名義の口座から、本人が承知していない引き出しが頻繁にある
- 高齢者に身に覚えのない借金の取立て人が訪れたり、督促状が届いたりしている

### ②「疑い段階」でも、速やかに地域包括支援センターと情報共有

さて、この「疑い段階」で構いませんので、速やかに地域包括支援センターと情報共有を図りましょう。そこから先は、地域包括支援センターが主体となり、ケアマネジャーやサービス事業所と共同歩調をとって、実態に迫っていくことになります。

経済的虐待の事実があった場合、被害拡大を防ぐために、以下のような対応がとられます。

- 年金の振込先口座を変更する
- 年金の振込先口座を出金停止とする

併せて、逆上した親戚が乗り込んでくる事態が考えられるならば、緊急一時保護のための手配、自宅復帰後の地域の見守り体制（警察との連携含む）が講じられることもあります。

●虐待が疑われる場合は速やかに情報を共有

## 「サービス辞退」は有力な手がかり

経済的虐待は、外部の人には大変見えにくいとされます。それだけに、「高齢者本人の生活や医療・介護に支障が出ている」という点は重要な判断ポイントであり、特に、「サービス辞退」も有力な手がかりとなります。

前ページで言及した「サービス終了を希望する理由」ですが、もちろんそこですぐに、経済的虐待を裏づける話は聴けないかもしれません。そうだとしても、「じゃあ大丈夫かな」と判断するのは早計です。たとえば、以下のような状況にあって、打ち明けられずにいるかもしれないのです。

・口外しないよう脅されている
・「必ず返す」という言葉を信じている
・だまされたことが悔しくて、恥ずかしい
・人を巻き込んで大事にしたくないと思っている

サービス辞退は本心からなのか、辞退せざるを得ない状況に追い込まれているのか、よく観察しながら、傾聴に努めましょう。

通販と消費者保護

# 利用者が「初回無料」「まずはお試し」の通販広告にだまされた。どうしたらいい？

A

通信販売には「クーリング・オフ制度」は適用されないので、手続き的には各事業者の約款に基づいて消費者側から返品を申し出ることになります。契約に無効な条項が含まれている可能性もあるので、まずは消費生活センターに相談しましょう。

## ①「定期購入」をめぐるトラブルが急増中

全国の消費生活センターに寄せられる相談の約３割は、通販関連のトラブルだとされます。なかでも、健康食品や化粧品などの「定期購入」に関する相談が増えています。

「初回無料」「まずはお試し」などと“お得感”を前面に打ち出して、巧妙に定期購入の契約へ誘導したり、「いつでも解約可能」とうたいながら実際はたやすく解約できないような条件をいくつも課しているなど、意図的に消費者を誤認させようとする手口が特徴です。国民生活センターでは「詐欺的な定期購入商法」などと呼称しています。

### ●定期購入トラブルの例

| CASE 1 知らぬ間に複数回購入に… | CASE 2 解約不可の契約で… | CASE 3 違約金の支払いを求められた |
|---|---|---|
| 「初回実質0円」の表示につられて1回限りのつもりで注文したら、知らぬ間に複数回購入の定期購入契約を交わしたことになっていて、2回目以降の高額な商品が続々届けられた。 | 特別価格での購入締切のカウントダウン表示に焦って注文したら、５回目までは解約不可の定期購入になっていて、解約を断られた。 | 「いつでも解約可能」「返金保証あり」という話だったので解約手続きを申し出たら、解約の条件として違約金の支払いを求められた。 |

## ②通販に「クーリング・オフ」は適用されない

通信販売には、特定商取引法に基づく「クーリング・オフ制度」は適用されず、事業者ごとに返品に関する約款＝「返品特約」を定めて、それぞれ消費者からの返品に応じています。ただし、返品特約に「一度購入したものは返品不可」などという定めがある場合は、商品に隠れた瑕疵（傷や欠陥）がない限り、原則として返品はできません。

返品特約が広告内に記載されていない取引については、「購入者が商品等を受け取った日から８日まで解約可」というルールが一律に適用されます。返品の送料は購入者負担です。

### ●通信販売における「返品」の取扱い

| | 通信販売 | | | （参考）通販以外で特定商取引法の対象となる取引 |
|---|---|---|---|---|
| | 返品特約のない取引 | 返品特約のある取引 | | |
| | | 「条件つきで返品可」とする特約の取引 | 「返品不可」の特約の取引 | |
| 返品の可否 | 可 | 特約の条件に該当する場合に限り、可 | 原則不可 | 可<br>（クーリング・オフの適用） |
| 返品可能な日数 | 商品を受け取った日から起算して８日以内 | 特約に規定 | － | 契約締結の日から起算して８日以内<br>（一部の取引は 20 日以内） |
| 返品の送料 | 購入者の負担 | 特約に規定 | － | 販売業者の負担 |

**CHECK!!**

通販で物品を購入する際は、返品特約をよく確認しておくことが大切。また、無効な条項が含まれている場合は、約款に定められた条件を満たしていなくても返品可能。おかしいと思うところがあれば、まず消費生活センターに相談を。

## 被害に遭わないための“自衛策”

定期購入をめぐるトラブルには、以下のような「自衛策」が有効です。

**【注文前】これだけは確認しておく**

□定期購入が条件になっていないか？
（定期購入の場合）回数の定めはあるか？
□支払う総額はいくらか？
□解約・返品の可否、その条件・方法は？

**【注文直前】証拠を保全する**

□（ネット通販の場合）申込み最終確認画面のスクリーンショットを撮って、表示されていた契約条件を証拠として残しておく。

**CHECK!!**

2022 年 6 月から、ネット通販事業者には最終確認画面で「基本事項」表示が義務づけられ、定期購入の場合は各回の代金・数量・支払い時期等の明示が必須となっている。それをせずに消費者が誤認し、注文に至った場合、その契約は取消対象となりうる。

特殊詐欺被害の救済制度

# 高齢者を狙った詐欺にあわないため、相談援助職としてどうアドバイスしたらいい？

**A** 被害防止対策として有効なのは、物理的に詐欺犯と「通話しない」環境をつくることです。すぐに始められることもあるので、勧めてみてはいかがでしょうか。援助職として、万一のときの救済制度についても押さえておきましょう。

## ①電話の“安全度”を高める３つの方法

オレオレ詐欺や還付金詐欺の大半は電話が主な手法となっています。被害のリスクを取り除くには、以下のような対策が考えられます。

**①留守電で受けて折り返す**

留守番電話機能を常にONに設定して、かかってきた電話には直接出ないようにする。用件のある相手は録音するはずと割り切って、必要なものにだけ折り返すようにする。

**②専用機器・サービスを使う**

迷惑電話防止の専用機器やサービスを活用する方法。通話内容を録音することを通告するものと、ブラックリストの番号を判別して自動ブロックするものがある。

**③スピーカーで通話する**

受話器を通して相手の声が耳元で聞こえると、相手がすぐ近くにいるように錯覚し、感情を動かされやすくなる。日頃からスピーカーフォンで通話することでそれを防げる。

## ②万一被害にあってしまった場合の救済制度

### ②－1．被害回復分配金（振り込め詐欺救済法）

振込先となった犯人の口座を金融機関が凍結し、その被害額や凍結された口座の残高に応じて、被害者に被害額の全部または一部を「分配」する制度です。口座から引き落とされた後では遅いので、振り込め詐欺の被害にあったらすぐに警察に通報して振込先の金融機関に連絡を入れることが大切です。なお、金銭の受け渡しに口座が使われた場合でないと、本制度の対象とはなりません。

→問い合わせ先：警察・金融機関

### ②－2．被害回復給付金支給制度

刑事裁判確定後、犯人からはく奪した「犯罪被害財産」を金銭化して、事件によって被害を受けた人に給付金を支給する制度です。被害者が複数人いて、金銭化された給付資金が被害総額に足りない場合は、各人の被害額に応じて分配されます。支給を受けるには検察官への申請が必要です。申請の受付開始時に官報や検察庁の公式サイトに掲載されますので、期間内に申請します。

→問い合わせ先：検察庁

## 宅配便の受け取りにも「防犯」の意識を

最近、宅配便を装った“押し込み強盗”が相次いでいます。段ボール箱を手に、それらしい作業服を着用して犯行に及んでいる例もあり、以下のような対策を講じることが必要になってきています。

- 荷物の送り主と品物を読み上げてもらう
- 身に覚えのない荷物である場合は、「今は受け取れないので、不在票を入れてほしい」と伝え、退去してもらう
- 荷物を手渡しで受け取らず、玄関先に置いてもらったり、コンビニなど自宅外で受け取るようにする
- 日ごろから家庭の中で、いつどこからどんな荷物が届くか情報共有しておく

刑務所から出所する親族の身元引受

# 刑務所から出所する人の身元引受人となった親族。引き受けを辞退したいと言うが、可能？

**A** 身元引受人は、いったん承諾した後でも、保護観察所に申し出ることで、辞退が可能です。本人が迷っているようであるなら、意思決定の背中を押してあげてはいかがでしょうか。

## ①戻るべき「居場所」としての身元引受人とは

刑事事件を起こして有罪の判決を受け、刑事施設で刑に服し改善更生の処遇を受けた後に社会に戻る人には、安全で安心できる「居場所」が必要です。そして、「役割」をもつことで、名実ともに社会を支える一員となります。その居場所となり、再び役割をもてるように支える存在が、「身元引受人」です。ただ、狭い意味合いでは、仮出所した人、釈放された人の行動を監督し、管理責任を負う人という意味で用いられます。

身元引受人は、出所者の両親や配偶者などの親族がなることが一般的です。「行動の監督」という役割がありますので、同居が望ましいとされますが、絶対の要件ではありません。ほかにも、雇用先の社長や上司、あるいは友人が身元引受人になる場合もあります。今後、少子高齢化が進んでいくと、高齢受刑者の出所後を高齢の親族が身元を引き受けるようなケースも増えていくかもしれません。

### ②承諾後あるいは実際に身元を引き受けてからも辞退可能

身元引受人の候補者は、受刑者本人の希望に基づき、保護観察所が引き受けの意思を確認して決まります。ただ、承諾してからも出所まで相当の期間がありますので、その間に事情が変わった場合などには、保護観察所に辞退を申し出ることができます。辞退した場合は、別の引受人候補者が探されることとなりますが、見つからなければ「更生保護施設」を引受人とするなどの方法がとられたりします。

仮出所となり、身元を引き受けて一緒に暮らしはじめたものの、継続できない事情が生じた場合は、保護観察所または保護司に相談すれば、「辞退」という扱いで更生保護施設に引き継ぐことができます。身元を引き受けてからも辞退は可能です。

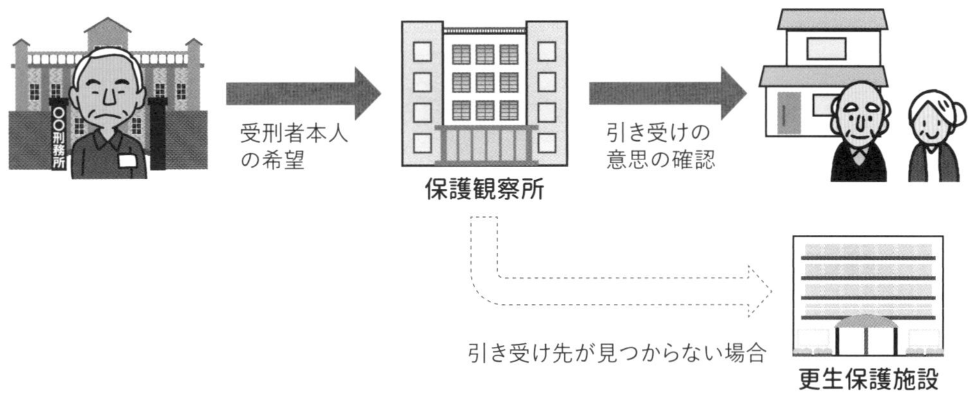

## 身元引受人が出所を「おそれている」場合は…

身元引受人を承諾したものの、金品を奪われるのではないか、暴力を振るわれるのではないか――と、出所をひどくおそれているケースもあります。できれば身元引受人は辞退したいが、辞退することで逆恨みされ、報復の対象となってしまうから、それも怖くてできない。どうしたらいい？　というように、身動きがとれなくなってしまうこともあるようです。

将来的に虐待に発展するかもしれない事案ですので、こうした相談を受けた場合には、地域包括支援センターと連携をとり、担当の保護司、保護観察所と協議して最善の方法を探る必要があります。恐怖心を抱いたまま、なし崩しに出所後の親族と同居が始まることのないよう、組織を越えての環境調整が求められます。

もちろん、福祉職として、社会復帰にこれから取り組もうという人を色眼鏡で見るようなことは厳に慎まなければなりません。誰にでも安全で安心できる「居場所」と「役割」が必要です。

成年後見人に関する苦情相談

# 成年後見人がほとんど動いてくれない。どうすればいい?

**A** 具体的に、どのように「動いてくれない」のか、どのような支障が生じているのかを、客観的事実として記録します。それをもとに成年後見人等に改善を要請、あるいは成年後見センターや家庭裁判所に相談するようにします。

## ①成年後見人等の背景はさまざま。ミスマッチもある

成年後見人、保佐人、補助人(以下、後見人等)になる人の背景は、さまざまです。本人のことをよくわかっている親族、法律・財産管理のプロフェッショナル、対人支援の専門家、地域で人の役に立ちたいと志した市民後見人——のなかから、本人(被後見人等)の状況にあわせて選任されるはずですが、うまくマッチングしていないことも、ないとはいえません。報酬は基本的に管理財産に応じた額となりますし、"質"を評価するしくみもありませんので、「ほとんど動いてくれない」という後見人等がいるのは、ある意味、構造的な問題といえます。

### ●ほとんど動いてくれない後見人等の特徴

対応が遅い

連絡がつかない

ほとんど面会に来ない

身上保護を丸投げ

## ②客観的事実を記録し、関係機関へ相談する

実際になんらかの支障が生じているなら、対人援助職として対処をとる必要があります。具体的に、どのように「動いてくれない」のか、それによってどのような支障が生じているかを、客観的事実として記録し、改善の要請や関係機関への相談を行います。

### ●ほとんど動いてくれない後見人等への対処

☑ **本人の日常生活に支障をきたすことを説明する**
後見人等は本人の決定を代理（保佐・補助）する立場であり、定期的に本人の意思や、心身の状態、生活状況を確認しなければ代理等は果たせなくなり、結果として、本人の日常生活に支障が出てしまう（現に出ている）ことを説明し、改善を求める。

☑ **改善策を一緒に考える**
後見人等の事情を聴き、対応の遅れや連絡体制の不良について、改善が困難なほどに多忙であるなら、「成年後見等の受任を継続できる状況にない」ものとして、今後の“最善の対応”を一緒に考える。

☑ **成年後見センター等に相談する**
地域の成年後見センターまたは家庭裁判所に相談すると、後見人等に注意が与えられる。場合によっては適格な後任者が検討されることもある。

※被後見人または親族（６親等内の血族、配偶者、３親等内の姻族）から家庭裁判所に、「後見人等の解任」を申し立てることは可能。この場合、成年後見人等に不正な行為、著しい不行跡その他後見等の任務に適しない事由が認められれば解任となる。ただし、「信頼できない」という漠然とした理由では解任とはならない

なお、後見人等とのコミュニケーションにあたっては、①報告・連絡・相談は確実な手段でわかりやすく、簡潔にポイントを絞って行う、②緊急時の連絡方法を念入りに確認しておく――などに留意しておくとよいでしょう。

## ③後見人等の職務の範囲を理解する

一方で、家族や援助職の側で後見人等の役割を過大に期待し、その裏返しで「ほとんど動いてくれない」と誤解している可能性もあります。その点を整理しておきましょう。

### ●後見人等の職務に含まれない行為（例）

医療同意

身元引き受け・連帯保証

結婚・離婚・養子縁組・遺言などの手続き

介護や家事

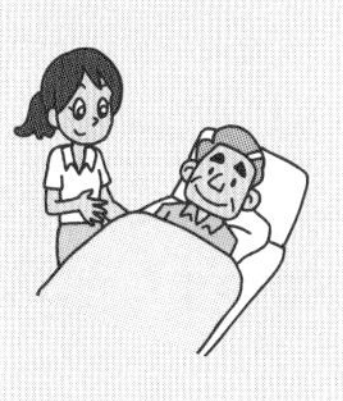

葬儀の主宰

自殺予防等に関する支援

# 長年認知症の妻を介護してきた男性が、「死んだら楽になるかな」と呟いた。どうしたらいいの？

A

「それくらいおつらいのですね」と共感をもって受け止め、「よろしければ、お話しいただけませんか？」と声をかけて、じっくり話を聴くようにしてください。そして、チームでの対応につなげます。

## ①SOSのサインとして受け止め、じっくり話を聴く

できることは、「気持ちを受け止め、相手の話をじっくりと聴く」ということです。どのようなことに苦しんでいるのか、現在抱えている課題・問題を話してもらって、共有することです。

話を聴くときのポイントは、以下のとおりです。

**傾聴のポイント**

- 真剣な態度で聴く、話す。
- 相手のペースに合わせる。
- 共感する。共感とは、自分の心の中に相手の話の状況を展開し、相手の気持ちを自分のことのように感じること。
- 「自殺」の話題となっても話題をそらさずに聞く。
- 「よくお話しくださいました。ありがとうございます」と感謝の意を示す。

## ②チームでの対応につなげる

話のなかで自殺したいという思いが語られていたら、対話の締めくくりに、「それでも、私はあなたに、死んでほしくありません」というメッセージを言葉にして伝えます。

さらに、「自殺以外の最善の解決方法を一緒に考えましょう」「私よりずっと経験豊富な専門家に加わってもらっていいですか？」というように、チームでの対応につなげていきましょう。

主たる連携先は、下図のとおりです。

●“SOS”へのチーム対応

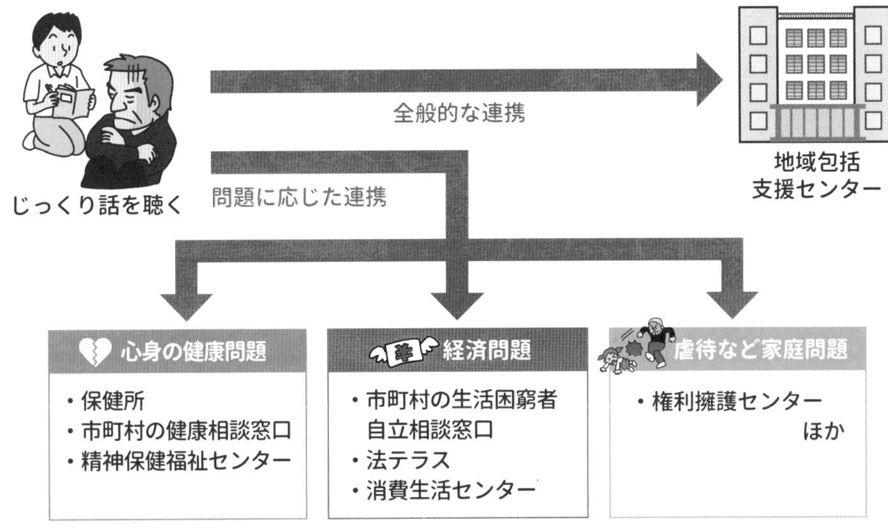

### 相談援助職は高齢者自殺予防の「ゲートキーパー」

介護保険サービスを利用する高齢者や家族にとって相談援助職は、月１回必ず言葉を交わす、最も近しい存在です。そのため、行政の進める高齢者の自殺予防施策のなかでも「ゲートキーパー」としての役割が期待されています。

ゲートキーパー（Gatekeeper）とは、「門番」という意味です。自殺予防施策での役割とは、「身近な人の自殺のサインに気づき、その人の話を受け止め、必要に応じて専門相談機関へつなぐ」という機能です。

**1 気づく**

「表情が暗い」「元気がない」等、気になる様子があったら、声をかけて話を聴く。

**2 受け止める**

相手の話をじっくりと聴き、今抱えている課題、問題を受け止める。

**3 つなぐ**

十分に話を受け止めたうえで、必要に応じ適切なサービス、相談機関につなぐ。

高齢者の万引き

# 「家族が万引きで捕まった」と打ち明けられた。何ができる？

**A** 本人・家族の話を聴き、思いを受け止めるとともに、その世帯でいま何が起こっているかを把握します。必要に応じて、医療への橋渡し、居場所とつながりの確保、不安・孤立を和らげられるようなはたらきかけをしましょう。

## ①本人・家族の思いを受け止め、事実を丁寧に把握する

私たちは社会において、法律以前に身内同士で「あなたはそういうことをする人じゃない／あたなにはそんなことをしてほしくない」という期待をかけ合って、一定の規律ある日常を生きています。その暗黙の規範が踏みにじられた家族のショックは、計りしれません。家族が何食わぬ顔をして盗みをはたらく光景は、想像するだに“悪夢”でしょう。一方で、規律ある人生を歩んできた大人が、「バレなければ構わない」と考えて一線を越えたというのは、相当のことです。

相談援助職としては、本人・家族の話を聴き、思いを受け止めるとともに、いまその世帯で何が起こっているかを丁寧に把握していく必要があります。

思いを受け止めつつ、世帯で起きていることを客観的に把握

## ②万引きの背景にある「不安」と「孤立」

高齢者の万引きの背景には、「先細る家計への不安」「頼りにできる他者の不在」があると考えられています。東京都の調査研究（2017年度）では、万引きで逮捕された高齢者は一般高齢者に比べて、「経済的支援」「身の回りの世話」「相談」などを期待できる関係性に乏しい状況にあることが明らかになっています。警視庁の調査（2015年度）によれば、高齢者の万引きの動機は、３分の２が「お金を払いたくないから」「生活の困窮」だったそうです。

また、高齢者の万引きには、認知症が影響しているケースが少なくないとされ、さらには万引き衝動を抑えられない依存症＝「クレプトマニア（窃盗症）」である可能性も考えられます。これらの場合、個人の意思だけでは防ぎようがありません。

犯罪は許されざることですが、こうした背景や可能性をふまえた適切な支援が必要です。

### ●高齢者の万引きの背景

**考えられる支援**

- ●同世代の人とコミュニケーションできる「場」（デイサービス、コミュニティカフェなど）
- ●店や警察や近所に事情を打ち明けて、理解が得られるようにはたらきかける
- ●病気そのものの治療
- ●家計改善支援

原因として
考えられること①
**心理的な問題の拡大**

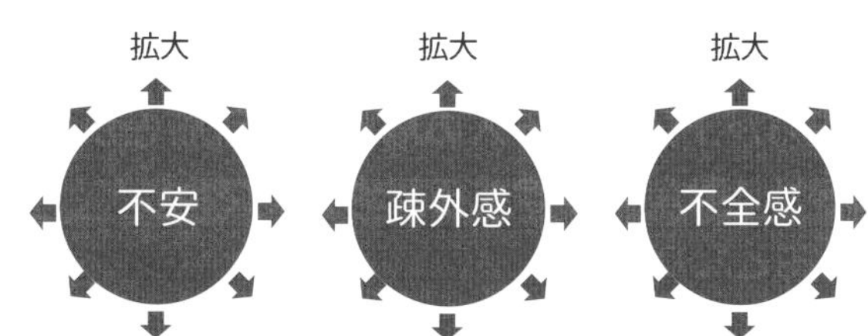


原因として
考えられること②
**安心、つながり、充足感の消失・欠落**

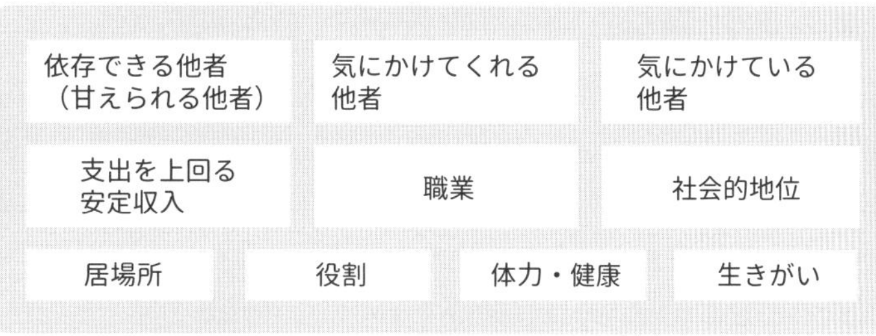


原因として
考えられること③
**疾患などの影響**

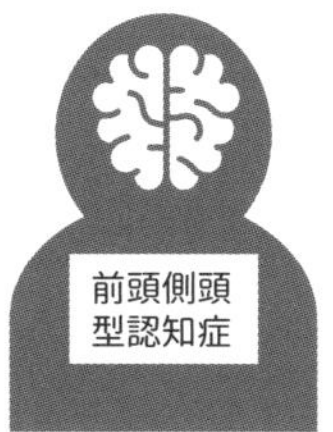


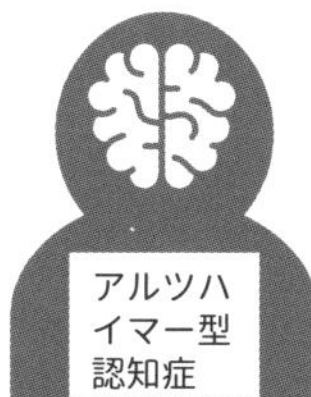


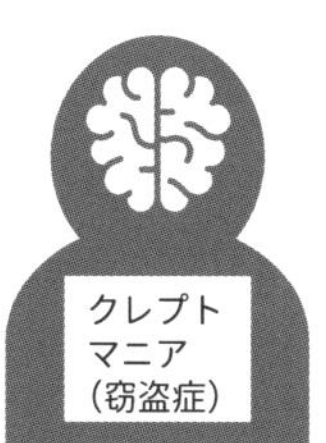

# Q10 財産管理等委任契約（任意代理契約）

## 独居で身体に障害があり、ひとりで諸手続きが難しい人は、どんな支援を利用できる？

**A** 判断能力が十分にある人の場合は、親族等から援助を得るのが難しければ、第三者と「財産管理等委任契約」を交わして、有償で“手続き代行”をしてもらう形となります。

### ①第三者に有償で手続き代行してもらう

各種支払い、口座の管理、申請や契約などの「手続きニーズ」は、認知症等により判断能力が低下した人については、「成年後見制度」や「日常生活自立支援事業」といった公的な制度でカバーされます。しかし、判断能力が十分にある人が「障害や衰弱で体の自由が利かない」「入院中のため外出がままならない」という状況に陥っても、それらの制度は使えません。親族等に援助してもらうか、それが期待できないならば第三者と私的な「財産管理等委任契約」（任意代理契約）を交わして、有償で手続き代行してもらうしかない――というのが実情です。

●財産管理等委任契約の概念図

●社会生活上の「手続き」を支援する各種制度（※財産管理等委任契約は民－民の契約）

| 支援内容 | 成年後見制度（法定後見） | 日常生活自立支援事業 | 成年後見制度（任意後見） | 財産管理等委任契約 |
|---|---|---|---|---|
| 利用条件（本人の状態） | 判断能力が不十分であること | 物事の判断に不安があるものの、契約の意味・内容を理解できること | 【契約時】契約の内容を理解できること【発効時】判断能力が不十分であること | 契約の意味・内容を理解できること |
| 実施内容 | 財産管理＋身上保護（契約・相続等の代理や取消を含む） | 福祉サービスの利用援助、日常的な金銭管理、書類等の預かり | 契約で定めた財産管理や身上保護（契約・相続等の代理を含む） | 任意に契約で定めた財産管理や手続きの支援 |
| 実施者 | 裁判所が選任した後見人等 | 社会福祉協議会の生活支援員、専門員 | 本人が選んだ任意後見人 | 本人が選んだ任意の契約相手 |
| 監督機関 | 家庭裁判所 | 都道府県 | 家庭裁判所 | なし |

## ②サービス内容や料金体系は千差万別

「財産管理等委任契約」は、当事者間で委任する手続き内容や報酬額を詰めて契約を交わします。行政による規制はなく、親族や知人・友人への委任も可能ですが、現状では「身元保証人等引き受け団体」「弁護士や司法書士などの専門士業」「社会福祉協議会」などが「業」として取り組んでいます。実施主体ごとにサービス内容や条件、料金体系、運営実態に大きなばらつきがありますので、十分に比較検討して慎重に選択する必要があります。

## ③任意後見契約とのセットが一般的

本人の判断能力が低下すると、財産管理等委任契約は継続できなくなります。なぜなら、「本人の指示に従って実行し、結果を報告し、監督を受ける」という契約の根幹が崩れるからです。このような場合に備えて、財産管理等委任契約を結ぶ際には、判断能力低下後はどうするかを定めた「**任意後見契約**」と一緒に締結するのが一般的です。また、これらに加えて、判断能力低下の兆候を見逃さないように、定期的に電話や面会で健康状態や生活状況を確認する「**見守り契約**」や、死後の後始末や事務処理を委任する「**死後事務委任契約**」がセットで交わされたりします。

### 認知症発症後の「搾取・濫用」のリスク

本人に認知症が発症しても任意後見に移行せずに放置して、そのまま財産管理等委任契約を継続しているケースもあるようです。これは、誰のチェックも受けずに財産を自由にできてしまう状況であり、搾取や濫用につながるリスクが高いと指摘されています。相談援助職としては、放置されているケースが把握できた場合は、任意後見契約への移行を促すはたらきかけが求められます。

COLUMN

# 認知症高齢者等個人賠償責任保険

## ——認知症の人の行為による損害賠償への備え

「認知症高齢者等個人賠償責任保険」をご存じでしょうか？

認知症の人の行為が原因で、第三者に被害が発生してしまった場合に、被害者への損害賠償をサポートするための保険商品です。誤って線路に立ち入って電車を止めてしまったり、他人にケガを負わせたり、物を壊したり汚したりしてしまったり……というような場合に補償対象となります。

火災保険・自動車保険・傷害保険などの「特約」に位置づけられているほか、単体で商品化されているものもあります。

### 認知症の人の損害賠償リスクに対応する自治体も

これらの保険商品を住民向けの認知症施策として活用している自治体もあります。具体的には、対象要件に該当する住民について、自治体が費用負担して民間保険会社と団体契約を交わしておいて、万一事故が発生して損害賠償が求められたときに速やかに保険会社から保険金が支払われる——というしくみです。

### ●認知症高齢者等個人賠償責任保険

**Q 対象は？**

**在宅で暮らす認知症の人**

- 「見守りネットワーク」「SOSネットワーク」等に登録することを要件としている自治体が大半

- ネットワークを要件としていない自治体の場合は、▽住民登録▽年齢▽在宅居住▽要介護（要支援）認定▽認知症の診断▽認知症高齢者の日常生活自立度▽徘徊のおそれ」などを要件としている
- 認知症高齢者以外に、障害者についても対象範囲に加えている自治体も一部ある

**Q 利用者負担は？**

- **大半の自治体**が保険料全額を肩代わりし、**本人の負担ゼロ。**
（負担を求めている自治体でも、負担額は年額数百円～1,000円台）

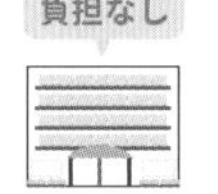


**Q 補償内容は？**

**大きく分けて、**

「個人賠償責任補償」のみを提供する自治体

「見舞費用補償」や「傷害保険」とセットで提供する自治体

**がある**

**個人賠償責任保険**

法律上の賠償責任に対して、保険金を支払い（1事故あたり最大1億～5億円）
（金額は自治体によって異なる。一部、示談交渉サービスあわせて提供しているところもある）

**傷害保険**

本人が負った傷害による死亡や後遺障害に対して補償（限度額50万円～100万円程度の設定）
（金額は自治体によって異なる）

**見舞費用補償**

賠償責任の有無にかかわらず、被害者の死亡に対する見舞費用を補償（概ね15万円程度）

# 第5章

# 年　金

# ❶「年金制度」をザックリ押さえよう!

## 「３つのリスク」に備えるしくみ

公的年金は、❶老齢（仕事からの引退）、❷障害、❸扶養者の死亡というリスクに備えるための制度です。あらかじめ保険料を拠出しておいて、リスクが顕在化したときに給付が受けられるというしくみです。これを「**国民皆年金**」といいます。

日本に住む20歳以上60歳未満の人は、全員が制度に加入し、保険料（国民年金保険料）を納めることが義務づけられています。このしくみを「**国民年金**」といいます。

これとは別に、サラリーマンや公務員を対象にした「**厚生年金保険**」というしくみもあります。目的は国民年金と同じですが、給料の額に応じて保険料が上積みされるため、その分、受給額も上積みされます。

## 働き方や婚姻関係で決まる「３つの種別」

**（1）第１号被保険者**

自営業者、農林漁業等従事者、第２号被保険者ではない労働者、学生、無職の人が該当します。各自、定額の保険料を毎月納める必要があります（2024年度は１万6980円）。

**（2）第２号被保険者**

企業や役所（事業主）に雇用され、厚生年金保険に加入している人が該当します。保険料は、給料やボーナスの一定割合（18.3％）を事業主が折半のうえ、源泉徴収して納付しています。

**（3）第３号被保険者**

第２号被保険者（65歳未満）に扶養されている年収130万円未満の配偶者が該当します。個別に保険料を納める必要はありません。

**●ライフイベントと年金種別の変化（例）**

※以下のように、各種ライフイベントによって年金種別は変更となります。

## ●年金制度全体の概要

「老齢」「障害」「生計を維持していた者の死亡」という事態に対応して所得保障するしくみ

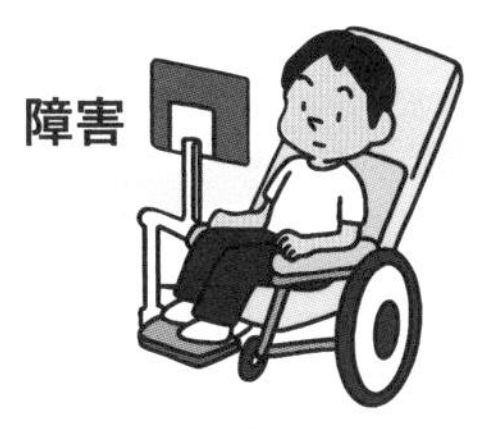

老齢給付の場合…

| 第1号被保険者 | 第2号被保険者 | 第3号被保険者 |
|---|---|---|
| 自営業者<br>学生<br>無職者 | 会社員<br>公務員 | 第2号被保険者の<br>被扶養配偶者<br>（年収130万円未満） |
| 100%　減額 | 100% | 100% |

国民年金（基礎年金）

第1号被保険者の老齢年金は、現役時代に保険料を滞納したり、免除を受けていると、その分減額される。未加入や保険料滞納の期間が一定以上あると支給されない

100% → 増額

厚生年金

第2号被保険者の老齢年金は、現役時代に納めた保険料が多いほど（年収の高かった人ほど）、額が大きくなる

| 月額 | 月額 | 月額 |
|---|---|---|
| **生涯、第1号被保険者であった人**が受け取っている平均受給額<br>5万1607円※1<br>満額の老齢基礎年金は（40年間未納なし、保険料免除なしの場合）<br>①67歳以下:6万8000円※3<br>②68歳以上:6万7808円※3 | **第2号被保険者であった期間のある人**が受け取っている平均受給額<br>老齢基礎年金<br>＋<br>老齢厚生年金<br>↓<br>14万4982円※2 | 生涯、第3号被保険者であった場合の、満額の老齢基礎年金額<br>①67歳以下:6万8000円※3<br>②68歳以上:6万7808円※3 |

第2号被保険者の国民年金保険料は、厚生年金保険料と一緒に給料から天引きされている。第3号被保険者の国民年金保険料は、配偶者の納める保険料に含まれているとみなされる。つまり、国民年金保険料を個別に納める必要があるのは、第1号被保険者のみである。

※1および※2 「令和4年度厚生年金保険・国民年金事業の概況」（厚生労働省）に掲載されている平均受給月額
※3 2024年度に適用されている年金額（未納や免除等のなかった人が受給できる額）

# ❷活用までの流れとポイント

**年金はどういうときにどれくらい受け取れるものなのかを押さえたうえで、「こういう場合は受給できない」「こういう人は受給対象とならない」などの留意事項を紐解き、それを回避する手段や、受給できるようにするための手続きについてみていきます。**

## 1. 年金の種類と受給額

公的年金制度には、「老齢給付」「障害給付」「遺族給付」という３つの給付があります。いずれも、きちんと保険料を納めていることが前提ですが、以下の場合に受給できます。

３つの給付には、それぞれ「基礎年金」と「厚生年金」があります。厚生年金は、厚生年金保険に加入していた人のみが受給できます。

**●公的年金制度の３つの給付**

# 老齢給付

65歳以上の人に対して支給される年金です。給付額は、現役時代に納めてきた保険料の総額に応じて決まります。

20～60歳の間に…
**①保険料を納付した期間**
**②保険料免除または納付猶予を受けた期間**
**③海外居住等のやむを得ない事情により未加入だった期間**

**①～③を合計した受給資格期間が「10年以上」で受給できる**

## ●老齢給付の概要

過去に厚生年金保険への加入期間があった人にのみ支給。ただし、老齢基礎年金の受給資格がない人には支給されない

65歳に達した…

老齢厚生年金
老齢基礎年金

「受給資格期間」を満たしていないと支給されない

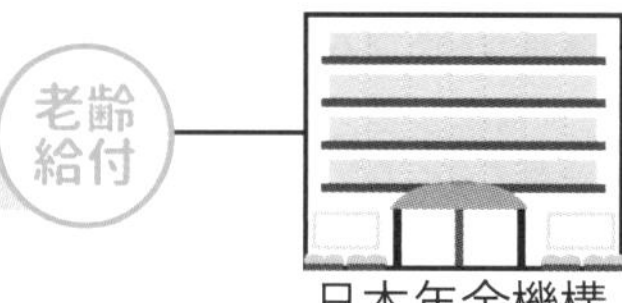


## ●受け取れる老齢給付の種類と金額

厚生年金保険に加入した期間が…

### ない人の場合

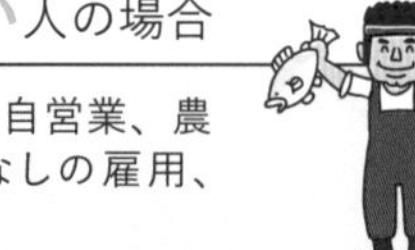

20～60歳までの間、自営業、農林漁業、社会保険なしの雇用、無職等であった人

**老齢基礎年金** のみ

2024年度は満額で
①67歳以下の人：月額6万8000円
②68歳以上の人：月額6万7808円
※保険料の減免や納付猶予を受けていたり、未加入や未納の期間があると減額

### ある人の場合

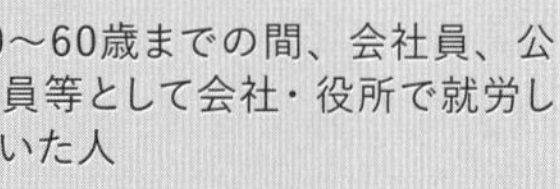

20～60歳までの間、会社員、公務員等として会社・役所で就労していた人

**老齢基礎年金**　金額は同左
＋
**老齢厚生年金**　金額は人によって異なる
＋

**加給年金**　要件①②を満たした場合

**加給年金額 2024年度**
1人あたり
**月額1万9566円**
子ども3人目以後
**1人につき6,525円**

同一生計にあって、かつ、対象者の年収が850万円未満であること

18歳到達後の最初の年度末までの子、障害等級1級または2級に該当する20歳未満の子

**要件①**
生計を維持している「65歳未満の配偶者」または「18歳未満の子」がいる

受給可

**要件②**
厚生年金保険の加入期間が20年以上

# 障害給付

65歳到達前の病気・けがで障害を負った人に支給される年金です。65歳以後に要介護になった人には支給されません。そのかわり65歳以上の人には「老齢給付（229ページ）」が支給されます。

障害給付を受給できるのは、下図の①〜③の要件をすべて満たした人です。

## ●障害給付の概要

厚生年金保険加入中の傷病が原因で障害を負った人にのみ支給。ただし、一定以上の未加入・未納の期間があると支給されない

障害厚生年金

障害基礎年金

障害給付

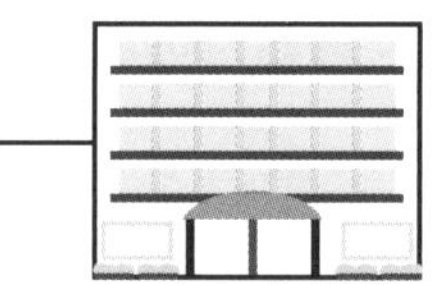

障害を負った…

［※65歳以上になってからの新たな障害は除く］

一定以上の未加入・未納の期間があると支給されない

日本年金機構

## ●障害給付の3要件

①「初診日」が65歳未満の時だった

または、初診日の属する月の前々月からさかのぼって直近1年間に「未納」がない

受給可

②障害認定基準に該当する障害を負っている

③初診日の前日時点で、保険料未納期間が全体の3分の1以下

### 補足その1：「初診日」とは？（①）

障害の原因となった病気やけがについて初めて診療を受けた日のこと。障害給付を受給するには、まずこの初診日が特定でき、かつ、初診日の時点で国民年金の被保険者（国内居住の20歳〜60歳）であるか、これに準じた状況にあること（国内居住の60〜65歳または同20歳未満）が第一条件となります。

### 補足その2：「初診日の前日時点で」とは？（③）

要は、初診日のあとで慌てて過去の滞納分を遡って納めても無効だということです。「未納期間が全体の3分の1以下」というのは、国民年金の被保険者となった日（通常は20歳の誕生日）から「初診日の属する月の前々月」までの期間のうち、①保険料を納付した月、②免除を受けた月、③納付猶予を受けた月の合計が「3分の2以上」であることを意味します。

## こんな場合は障害給付を受けられません

障害給付は、保険料納付義務を果たしてきた人でなければ受給できません。具体的には、以下の２条件のどちらかをクリアしている必要があります。

**①「初診日の属する月の前々月」からみて、過去にさかのぼって保険料納付済期間（免除や納付猶予を受けている期間も含む）が３分の2以上ある**
**②「初診日の属する月の前々月」からみて、直近１年間に保険料未納がない**

**受給できない場合**

**卒業後に就職するも退職し、その後、国民年金保険料を１回も納めることなく初診日に至った**

初診日

20 歳到達

| 加入する年金種別 | 学生納付特例 | 第２号 | 第１号 |
|---|---|---|---|
| | 学生 | 就職 | 退職　以後無職（保険料滞納） |

保険料納付済期間　✕保険料滞納期間

この期間のうち、「保険料納付済期間」＋「保険料免除・猶予期間」が3分の2を下回っているので、アウト

✕ しかも…初診日の前々月からさかのぼって１年間について保険料未納がある

１年間

初診日の前々月

**受給できる場合**

**初診日の前々月以前の１年間について、保険料免除を受けていた**

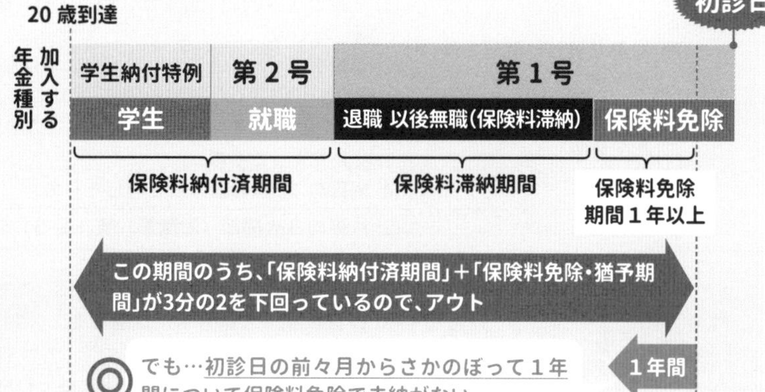

### ①障害給付の「認定基準」

給付の対象となる「障害」には、視覚障害や聴覚障害、肢体不自由以外にも、がんや糖尿病、心疾患、呼吸器疾患などの内部疾患により、長期療養が必要で仕事や生活に著しく制限を受ける状態になった場合も含まれます。また、精神障害や知的障害も含まれます。

所定の基準（国民年金・厚生年金保険障害認定基準）に該当していることが、支給要件となりますが、これは障害者手帳の認定基準とは別物です。

なお、障害認定には、生涯にわたって認定が有効な「永久認定」（脚を切断した場合等）と、本人の状態に応じて受給できる期間が設定される「有期認定」があります。有期認定の場合は、期間ごとに審査を伴う更新手続きが必要となり、結果次第では支給停止となる場合もあります。

### ●障害給付の対象となる障害

・眼の障害　・聴覚の障害　・鼻腔機能の障害　・平衡機能の障害
・そしゃく、嚥下機能の障害　・音声または言語機能の障害
・肢体の障害（上肢、下肢、体幹、脊柱）　・精神の障害　・神経系統の障害
・呼吸器疾患による障害　・心疾患による障害　・腎疾患による障害
・肝疾患による障害　・血液、造血器疾患による障害
・代謝疾患による障害　・悪性新生物による障害　・高血圧症による障害
・その他の疾患による障害　・重複障害

### ●等級区分と「障害認定基準」

重 ↑ 症状 ↓ 軽

| 等級 | 障害の程度 | 認定基準の例（「下肢の障害」の場合） |
|---|---|---|
| 1級 | 他人の介助を受けなければ生活保持がほとんどできないような状態 | (1) 両脚の用を全く廃したもの<br>(2) 両脚を足関節以上で欠くもの |
| 2級 | 必ずしも他人の介助を要するわけではないが、生活保持は極めて困難で、労働で収入を得ることはできないような状態 | (1) 両脚のすべての指を欠くもの<br>(2) 片脚の用を全く廃したもの<br>(3) 片脚を足関節以上で欠くもの<br>(4) 上の (1) ～ (3) と同程度以上の障害があり、日常生活が著しい制限を受けている |
| 3級 | 労働が著しい制限を受ける状態（労働に著しい制限を加えることを必要とする状態） | (1) 片脚の 3 大関節（股関節、膝、足首）のうち、2 関節の用を廃したもの<br>(2) 長管状骨（大腿骨または脛骨もしくは腓骨）に偽関節を残し、運動機能に著しい障害を残すもの<br>(3) 片脚をリスフラン関節（踵とつま先の中間あたりにある関節）以上で失ったもの<br>(4) 両脚の 10 本の指の用を廃したもの |
| 障害手当金 | 労働が制限を受ける状態（労働に制限を加えることを必要とする状態） | (1) 片脚の 3 大関節（股関節、膝、足首）のうち、1 関節に著しい機能障害を残すもの<br>(2) 片脚を 3 センチメートル以上短縮したもの<br>(3) 長管状骨（大腿骨または脛骨もしくは腓骨）に著しい転位変形を残すもの<br>(4) 片脚の親指を失ったもの、またはそれ以外の指を 4 本を失ったもの、その両方<br>(5) 片脚の 5 本の指の用を廃したもの |

### ②障害給付の受給額

障害給付には、「障害基礎年金」と「障害厚生年金」があります。障害年金受給の３要件を満たした人のうち、以下の人が受け取ることができます。

**①「初診日」に厚生年金保険に加入していた人（会社員や公務員）**

「障害基礎年金」と「障害厚生年金」の両方を受け取ることができます。

**②「初診日」に厚生年金保険に加入していなかった人（自営業や農林漁業等）**

「障害基礎年金」のみを受け取ることができます。

### ●受け取れる障害給付の種類と金額

厚生年金保険に…

**加入していないときに初診日がある人の場合**

自営業、農林漁業、社会保険なしの雇用、無職等のときに初診日がある人

障害基礎年金 のみ ［子の加算］

要件を満たせば上乗せ

**加入しているときに初診日がある人の場合**

会社員、公務員等として会社・役所で就労していたときに初診日がある人

障害基礎年金 ［子の加算］

＋　要件を満たせば上乗せ

障害厚生年金 ［配偶者加給年金］

| 重↑ 症状 ↓軽 | 障害基礎年金 | | | 障害厚生年金 | |
|---|---|---|---|---|---|
| 1級 | ①67歳以下の人 月額8万5000円 ②68歳以上の人 月額8万4760円 | ＋ 子の加算 ・1人目1万9566円 ・2人目1万9566円 ・3人目以降は1人につき6,525円 | ＋ | 報酬比例の年金×1.25 | ＋ 配偶者加給年金 ・1万9566円 |
| 2級 | ①67歳以下の人 月額6万8000円 ②68歳以上の人 月額6万7808円 | ＋ 子の加算 ・1人目1万9566円 ・2人目1万9566円 ・3人目以降は1人につき6,525円 | ＋ | 報酬比例の年金 | ＋ 配偶者加給年金 ・1万9566円 |
| 3級 | | | | 報酬比例の年金 【最低保障額】①67歳以下の人：月額5万1000円 ②68歳以上の人：月額5万858円 | |
| 障害手当金 | | | | 報酬比例の年金の2年分を一時金で支給 【最低保障額】①67歳以下の人：122万4000円 ②68歳以上の人：122万600円 | |

**障害基礎年金について**

- 障害の重さによって、1級と2級に分かれる。
- 18歳未満の子どもがいれば、「子の加算」が上乗せされる。

**障害厚生年金について**

- 1～3級があり、さらにそれより軽い障害でも、所定の基準を満たしていれば、「障害手当金」（一時金）が支給される。
- 1～2級で、かつ、受給者に生計を維持されている65歳未満の配偶者がいれば、「配偶者加給年金」が上乗せされる。

# 遺族給付

生計を支えている家族が死亡した場合に支給される年金です。遺族の続柄や年齢によって、受給できる場合・できない場合があります。また、死亡者に一定以上の未加入・未納の期間があると、支給されません。

## ●遺族給付の概要

## ●遺族基礎年金と遺族厚生年金の概要

| | 遺族基礎年金 | 遺族厚生年金 |
|---|---|---|
| 死亡した人<br> | 次の（1）～（3）いずれかであること<br>（1）国民年金に加入中に死亡した人で、AまたはBに該当する<br>（2）国内に住所を有する60～65歳未満の人で、かつて国民年金に加入していて、AまたはBに該当する<br>（3）受給資格期間（①保険料を納めた期間、②保険料免除または納付猶予を受けた期間、③海外居住等のやむをえない事情で未加入だった期間の合計）が25年以上ある<br>A）保険料未納が加入期間の3分の1を下回っている<br>B）直近の1年間に保険料の滞納がない | 次の（1）～（4）いずれかであること<br>（1）在職中（厚生年金保険加入中）に死亡した<br>（2）在職中（厚生年金保険加入中）に初診日のある病気やけがが原因で初診日から5年以内に死亡した<br>（3）障害等級1級または2級に該当する障害厚生年金の受給者が死亡した<br>（4）受給資格期間が25年以上ある人が死亡した |
| 受け取れる人 | （1）死亡者によって生計を維持されていた配偶者<br>（2）死亡者によって生計を維持されていた子<br>条件は、<br>（1）は18歳未満※の子がいること<br>（2）は18歳未満※であること<br>※正確には、「18歳到達後の最初の年度末」まで対象。障害等級1級または2級に該当する子は「20歳未満」と読み替え。 | 死亡者によって生計を維持されていた①～⑤の者。番号は優先順位を意味し、最も優先順位の高い遺族のみが受給できる。<br>①配偶者（夫が受給する場合は「死亡時に55歳以上」であることが要件で、支給開始は60歳から。ただし、遺族基礎年金の受給資格があれば制約は解除される）<br>②子（「18歳未満」であることが条件）<br>③父母（①に同じ）<br>④孫（「18歳未満」であることが条件）<br>⑤祖父母（①に同じ） |
| 受け取れる金額<br> | ①67歳以下の人:月額6万8000円<br>②68歳以上の人:月額6万7808円　＋子の加算<br>●死亡者が生前に保険料の減免や納付猶予を受けていても、給付額に影響はありません。ただし、一定以上の未加入や滞納があると支給されなくなります。<br>●「子の加算」とは、18歳未満の子がいる場合に上乗せされる加算です（1人月額1万9566円、3人目からは6,525円）。 | 平均標準報酬額（平均標準報酬月額）×給付乗率×加入期間×3/4<br>●加入期間が300月（25年）未満の場合は300月とみなして計算されます。<br>●18歳未満の子がいなくて遺族基礎年金の受給対象とならなかった妻で、年齢が40歳以上65歳未満である場合は、「中高齢の寡婦加算」という加算を受給できます。 |

# 年金生活者支援給付金

公的年金等の収入や所得額が一定以下の年金受給者に対して、申請に基づき「年金生活者支援給付金」が支給されます。これは、2019 年 10 月の消費税率引き上げにあわせて、消費税の逆進性を和らげる「再分配」の趣旨で設けられた恒久的な給付金です。

## ①老齢（補足的老齢）年金生活者支援給付金

給付を受けられるのは、以下の①②③すべてに当てはまる人です。

①「老齢基礎年金受給者」であること

＋

②世帯全員が市町村民税非課税

＋

③前年の公的年金等の収入金額とその他の所得の合計額※1が87万8900円※2以下

※1　非課税収入を除く
※2　毎年10月に改定

### 給付額

- 基準額は月 5,310 円（2024 年度）です。
- 保険料を滞納していた期間があれば、期間に応じて減額されます。
- 保険料免除を受けていた期間があれば、期間に応じて増額されます。

## ②障害年金生活者支援給付金と遺族年金生活者支援給付金

給付を受けられるのは、以下の①②のいずれにも当てはまる人です。

①「障害基礎年金受給者」であること
または
「遺族基礎年金受給者」であること

＋

②前年の所得額※1が「472万1000円※2＋扶養親族の数×38万円※3」以下

※1　非課税収入を除く
※2　毎年10月に改定
※3　同一生計配偶者のうち70歳以上の者または老人扶養親族の場合は48万円、特定扶養親族または16歳以上19歳未満の扶養親族の場合は63万円に置き換えられる

### 給付額

| 障害年金生活者支援給付金 | 遺族年金生活者支援給付金 |
| --- | --- |
| ・障害等級１級：6,638 円／月<br>・障害等級２級：5,310 円／月 | 5,310 円／月 |

# 2. 年金を受給するための手続き

受給にあたっては、年金を受けるための手続き「年金請求」が必要です。それぞれ所定の添付書類を用意する必要がありますが、本人等がマイナンバーを登録済みである場合や、請求書にマイナンバーを記入した場合は、「住民票」「所得証明書」の添付を省略できます。

## 老齢年金の請求手続き

年金事務所または街角の年金相談センターに、年金請求書と必要書類を提出します。なお、年金請求の受付が開始されるのは、支給開始年齢到達日（誕生日の前日）からです。

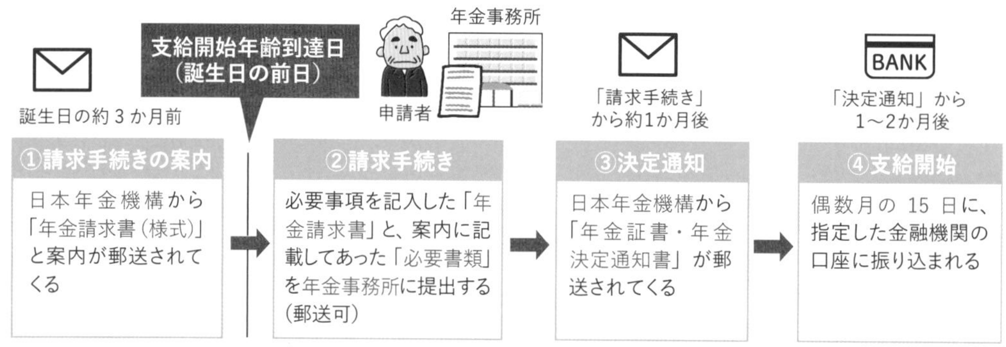


### 必要書類

**●共通して必要なもの**

| | |
|---|---|
| ①戸籍謄本、住民票等 | 支給開始年齢到達後（誕生日の前日以後）に交付されたもので、かつ、年金請求書の提出日の６か月以内に交付されたもの |
| ②受取先金融機関の通帳等 | 本人名義のもの。キャッシュカード可。コピーでもよい |
| ③印鑑 | 認印可 |

**●保険料納付済期間・保険料免除期間を合算して 25 年未満の人の場合**

| | |
|---|---|
| ①年金未加入期間に関する申出書 | 年金事務所窓口または日本年金機構のホームページで入手可 |
| ②合算対象期間に該当することを証する書類 | 本人の状況によって必要な書類が異なるので、日本年金機構のホームページ等で確認のこと |

加給年金額をあわせて請求する場合は以下が必要です。

①戸籍謄本（記載事項証明書）
②世帯全員の住民票の写し
③対象者の収入が確認できる書類（所得証明書、課税（非課税）証明書、源泉徴収票等）
④（年金受給中の人は）年金証書

# 障害年金の請求手続き

障害給付を受給するには、障害の原因となった傷病の初診日から「1年6か月」を経過した時点で、医師に障害年金請求用の診断書に所見を記入してもらい、障害年金請求書および添付書類一式とともに年金事務所または市町村窓口に提出します。これらの書類をもとに、日本年金機構が支給の可否や等級を審査します。

## ●障害年金の受給までの流れ

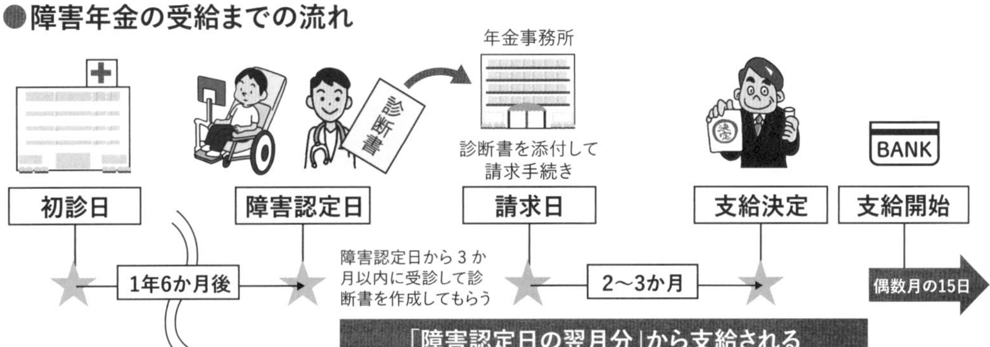


**CHECK!!**

- 診断書は障害認定日から「3か月以内」のものが必要
- 「初診の医療機関」と「診断書を作成する医療機関」が異なる場合は、初診の医療機関に初診時の状況を証明する書類「受診状況等証明書」を作成してもらうことが必要

## なぜ「初診日から1年6か月を経過した時点」なの？

医学的に「治療を尽くしたものの、さらなる治療効果が見込めず、症状が固定した状況」と見極めるうえで、その程度の時間経過が必要だから、と説明されています。年金制度では、この1年6か月後の日のことを「**障害認定日**」といいます。ただし、脚や腕を切断した場合はその時点で症状が固定していますから、切断日が障害認定日となります。ほかに障害認定日が前倒しされる例として、次のような場合があります。

| 施術・状態 | 障害認定日 |
|---|---|
| **心臓ペースメーカー** | 装着した日 |
| **在宅酸素療法** | 開始した日（常時使用の場合） |
| **人工肛門造設** | 造設した日 |
| **人工透析療法** | 透析開始日から起算して3か月経過した日 |
| **遷延性植物状態** | その状態に至った日から起算して3か月経過した日以後 |
| **脳血管障害による機能障害** | 初診日から6か月経過した日以後 |

### 後になって重症化した場合等の請求

過去に不支給決定がなされた場合や、請求せずに障害認定日から長い年月が経ってしまった場合でも、その後、症状が重症化したり、ほかの傷病による障害が加わって日常生活に支障を来たすようになった場合には、医師の診断書を得て、別途障害年金の請求手続きを行うことができます。

①既存の傷病の重症化により、
日常生活に支障を来すようになった場合

「事後重症請求」
という手続きを行います

②ほかの傷病による障害の追加で、
日常生活に支障を来すようになった場合

「基準傷病請求」
という手続きを行います

※基準傷病とは、新たに加わった障害の原因となる傷病のこと

### ●重症化した場合等の障害年金受給までの流れ

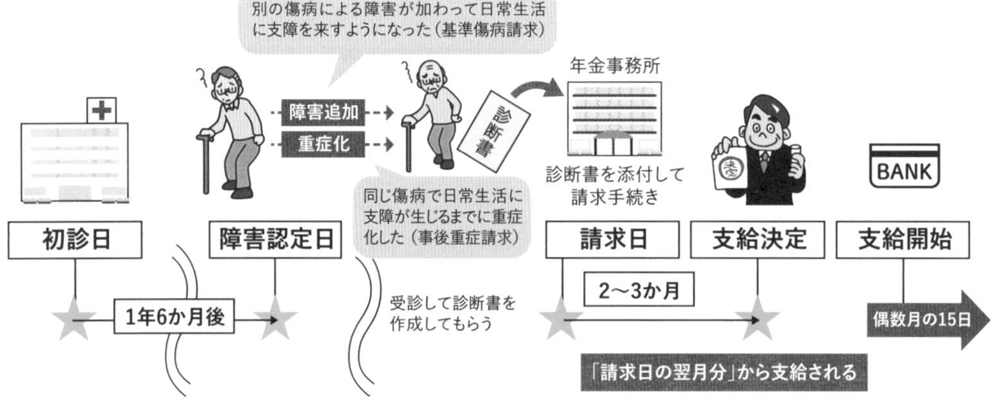


**必要書類**

| | |
|---|---|
| ①年金手帳 | 提出できないときは、その理由書が必要 |
| ②戸籍謄本、住民票等 | 支給開始年齢到達後（誕生日の前日以後）に交付されたもので、かつ、年金請求書の提出日の６か月以内に交付されたもの |
| ③医師の診断書（所定の様式） | 障害認定日より３か月以内の現症のもの |
| ④受診状況等証明書 | 初診の医療機関と診断書を作成した医療機関が同じなら不要 |
| ⑤病歴・就労状況等申立書 | 治療経過、日常生活状況、就労状況などについて記入した書類 |
| ⑥受取先金融機関の通帳等 | 本人名義のもの。キャッシュカード可。コピーでもよい |
| ⑦印鑑 | 認印可 |

「子の加算」や「配偶者加給年金額」をあわせて請求する場合は、❶戸籍謄本（記載事項証明書）、❷世帯全員の住民票の写し、❸対象者の収入が確認できる書類が必要です。

# 遺族年金

年金事務所または街角の年金相談センターに、年金請求書と必要書類を提出します。

①生計維持者の死亡

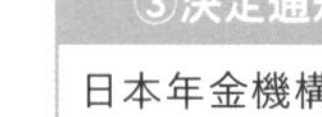

「請求手続き」から約1か月後

「決定通知」から1〜2か月後

| ②請求手続き | ③決定通知 | ④支給開始 |
|---|---|---|
| 必要事項を記入した「年金請求書」と、案内に記載してあった「必要書類」を年金事務所に提出する（郵送可） | 日本年金機構から「年金証書・年金決定通知書」が郵送されてくる | 偶数月の15日に、指定した金融機関の口座に振り込まれる |

※年金は原則、偶数月に前月・前々月の２か月分がまとめて支給される

### 必要書類

|  |  |
|---|---|
| ①故人および請求者の年金手帳 | 提出できないときは、その理由書が必要 |
| ②戸籍謄本（記載事項証明書） | 受給権発生日（死亡日）以降で提出日から６か月以内に交付されたもの |
| ③世帯全員の住民票の写し | 同上 |
| ④死亡者の住民票の除票 | 世帯全員の住民票の写しに含まれている場合は不要 |
| ⑤請求者の収入が確認できる書類 | 所得証明書、課税（非課税）証明書、源泉徴収票等 |
| ⑥子の収入が確認できる書類 | 同上。なお、高等学校等在学中の子については在学証明書または学生証等。義務教育終了前の子については添付不要 |
| ⑦市区町村長に提出した死亡診断書 | 死体検案書等のコピーまたは死亡届の記載事項証明書 |
| ⑧受取先金融機関の通帳等 | 本人名義のもの。キャッシュカード可。コピーでもよい |
| ⑨印鑑 | 認印可 |

故人や請求者が年金受給中であった場合は、年金証書を添付します。死亡の原因が第三者行為である場合は、別途に書類が必要となります。

# 3. 無年金・低年金を防ぐための手続き

## 保険料未納は「ハイリスク」

保険料未納があると、障害を負ったときに障害年金を受け取れなかったり、自分が死んだ後、遺族に年金が支給されなかったりします。リスクへの備えを欠いた危険な状態です。社会保険完備の会社に正社員として就職している人でも油断大敵。たとえば、下図のような例では、障害基礎年金も障害厚生年金も受給できず、無年金になってしまいます。

### ●保険料未納によって受給できないケース

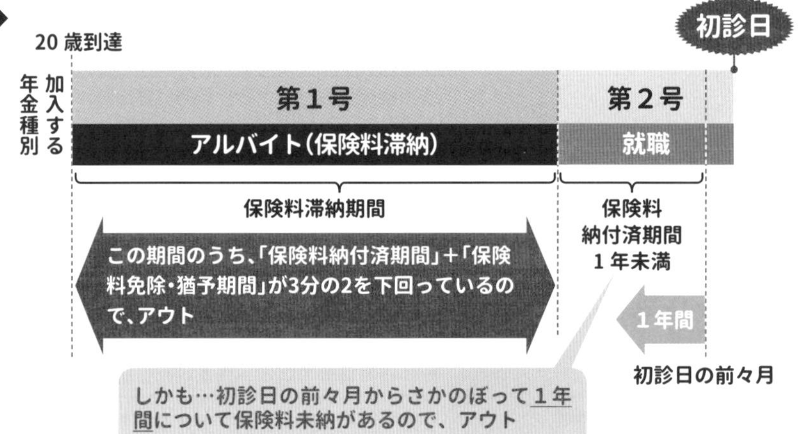

## 保険料免除・納付猶予

国民年金第１号の被保険者は、毎月の保険料を各自で納める必要がありますが、やむを得ない事情で納付が困難な場合に、申請して承認されれば、国民年金の保険料について納付の「免除」や「猶予」を受けられるしくみがあります。このしくみを利用することで、障害年金を受給できなくなるリスクは、回避可能です。過去の未納分についても、保険料の納付期限から２年以内であれば、さかのぼって申請できます。

| 保険料免除制度 | 保険料納付猶予制度 | 学生納付特例制度 |
|---|---|---|
| 所得が少なく本人・世帯主・配偶者の前年所得（申請時期が１月～６月の場合は前々年所得）が一定額以下の場合に、所得に応じて保険料の納付が、①全額、②４分の３、③半額、④４分の１の４段階で免除されるしくみです。 | 対象は20歳から50歳未満の人（50歳以上の人は対象外）。本人・配偶者の前年所得（申請時期が１月～６月の場合は前々年所得）が一定額以下の場合に、保険料の納付が猶予されるしくみです。 | 20歳以上の学生について、本人の所得が一定額以下の場合に、在学中の保険料の納付が猶予されるしくみです。家族の所得の多寡は問われません。 |

## ●国民年金保険料の「免除」「納付猶予」の所得基準

厳しい ↕ 緩い

| 区分 | 承認基準 | 前年所得が以下の計算式による金額の範囲内であること（2020 年度以前の期間にかかる免除申請は、下線部を右欄の金額で読み替える） | |
|---|---|---|---|
| ①全額免除 | 本人・配偶者・世帯主のいずれも、右の金額内の所得であること | ( 扶養親族等の数 +1) × 35 万円 + 32 万円 | 22 万円 |
| ② 4 分の 3 免除 | | 88 万円 + 扶養親族等控除額 + 社会保険料控除額等 | 78 万円 |
| ③半額免除 | | 128 万円 + 扶養親族等控除額 + 社会保険料控除額等 | 118 万円 |
| ④ 4 分の 1 免除 | | 168 万円 + 扶養親族等控除額 + 社会保険料控除額等 | 158 万円 |
| ●納付猶予制度（対象：50 歳未満） | 本人・配偶者 | （扶養親族等の数 +1）× 35 万円 + 32 万円 | 22 万円 |
| ●学生納付特例 | 学生本人 | 128 万円 + 扶養親族等の数× 38 万円 + 社会保険料控除等 | 118 万円 |

注１　①～④については、失業、事業廃止などによって著しい収入減少があった場合は、本人の前年所得は外して、配偶者と世帯主の所得が基準を満たしていれば、免除が認められる「特例」があります（→ 252 ページ参照）。

注２　上記のほか、「生活保護法における生活扶助以外の扶助等を受けている人」「障害者・寡婦・ひとり親であって前年の所得が 135 万円以下の人（2020 年度以前の期間にかかる免除申請の場合は 125 万円）」についても、申請により全額免除を受けられます。

注３　「生活保護の生活扶助を受けている人」「障害基礎年金受給者」「国立ハンセン病療養所などで療養している人」は、申請によらず、納付が免除されます（法定免除）。

### 申請手続き

市町村の国民年金担当窓口に、以下の書類を提出します。

- 国民年金保険料免除・納付猶予申請書
- 年金手帳

※失業を理由とする場合は、「雇用保険受給資格者証」または「雇用保険被保険者離職票」もあわせて提出します。事業廃止や休止を理由とする場合については、窓口に問い合わせを

## 将来の老齢給付の受給額への影響

免除や納付猶予を受けると、そのぶん将来の老齢年金受給額が目減りします。具体的には、保険料を納めた場合と比べて、全額免除の場合は「２分の１」、半額免除の場合は「４分の１」、４分の１免除の場合は「８分の１」、４分の３免除の場合は「８分の３」が目減りします。納付猶予や学生納付特例は、「１分の１」目減りします。

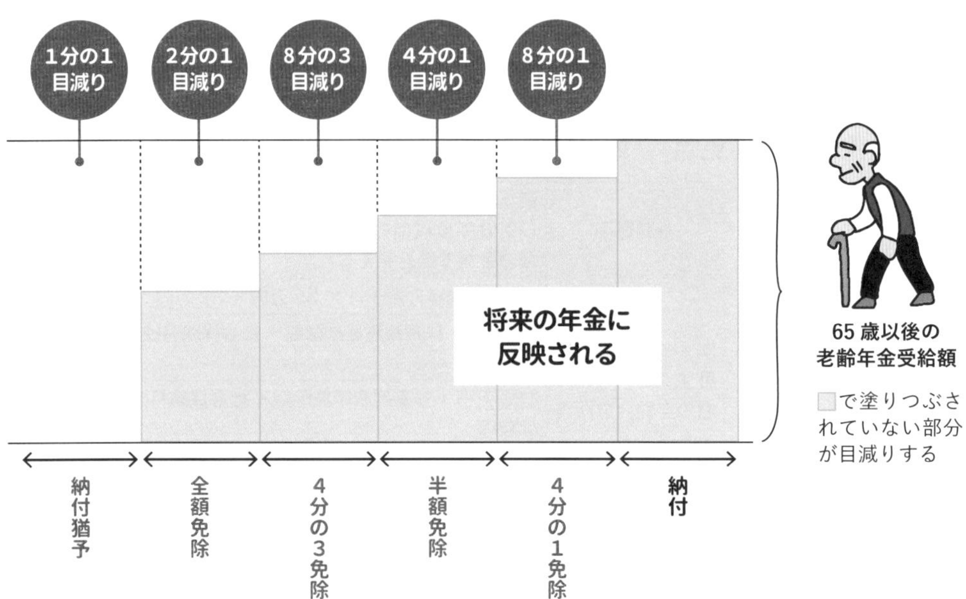


## 追納について

免除や猶予された保険料は、10年以内であれば、後からさかのぼって納めること（追納）ができます。家計に余裕がでてきたとき、さかのぼって保険料を納めることで、将来の老齢年金受給額の目減りを防ぐことが可能です。ただし、免除や納付猶予を受けてから３年度目以降の追納については、経過期間に応じて一定の加算額が上乗せされます。

## 特例等

以下のような特例的な取り扱いがあります。

### 被災者にかかる特例

震災・風水害・火災などの災害により、被保険者が所有する住宅や家財などの財産に「概ね 2 分の 1」以上の損害を受けた場合、申請に基づき国民年金保険料が全額免除となります。

### 産前産後期間の保険料免除

第１号被保険者の妊産婦について、出産予定日または出産日が属する月の前月から４か月間、国民年金保険料が免除されます。この場合、保険料を全額納付した期間とみなされ、将来の年金受給額に反映されます。

# 任意加入制度

60 歳を過ぎてもなお老齢基礎年金の受給資格を満たしていない場合は、「任意加入制度」を利用すれば、「無年金」を回避することができます。

## ①国民年金の任意加入制度

本人の申し出により、「60 歳〜 70 歳未満」の期間に国民年金保険料を納めるものです。

対象者

| 60 歳以上 65 歳未満の人 | 65 歳以上 70 歳未満の人 |
|---|---|
| ・老齢基礎年金を繰り上げ受給していない<br>・現在、厚生年金保険に加入していない | ・現在、厚生年金保険に加入していない |

手続き

年金手帳を持参して市町村の国民年金担当課に申し出ます。

## ②厚生年金保険の高齢任意加入制度

就業して厚生年金保険に加入している高齢者で、70 歳になっても老齢給付の受給資格期間を満たせない人が、本人の申し出により、受給資格期間を満たすまでの間、任意加入するものです。保険料は全額本人が負担しますが、事業主が同意すれば労使折半にすることもできます。

利用条件

老齢基礎年金の受給資格期間を満たしていないこと。

手続き

勤務している会社を管轄する年金事務所に右記の書類を提出します。

毎月の保険料納付手続きも本人が行います。事業主が同意すれば保険料を労使折半としたうえ、保険料納付事務を事業主が行うこともできます。

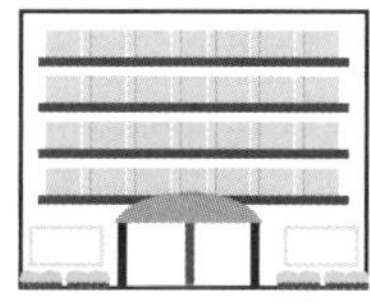


提出書類

- 厚生年金保険高齢任意加入被保険者資格取得申出書
- 年金手帳
- 生年月日に関する市町村の証明書または戸籍謄本等

障害年金の認定更新と支給停止の可能性

# 一度支給が決定した障害年金が、後になって打ち切られることってある？

**A** 「有期認定」の受給者だと、審査次第で支給停止になることもあります。主治医に診断書を書いてもらう際、症状の重さや日常生活での不自由さを、漏れなく的確に伝えられるよう準備しておく必要があります。

## ①「状態が改善した」と判定されると支給停止も

障害年金には、生涯にわたって有効な「永久認定」と、定期的に見直しのある「有期認定」の２種類があります。

「永久認定」とは、たとえば脚の切断のように、審査するまでもなく、もう元には戻らない障害として認定されるものです。一方、「有期認定」は、本人の病状により受給できる期間があらかじめ設定されていて（１～５年）、その期間ごとに障害年金受給の必要性があるかどうかが審査されることになっています。

この審査によって、「状態が改善して従来の障害等級に当てはまらなくなった」とみなされれば、少額の障害等級へと見直されたり、あるいは支給停止ということになります。

有期認定の障害年金受給者の更新手続きは、次ページ図のような流れで行われます。

### ●更新手続きの流れ（有期の場合）

**審査の年の誕生月の３か月前の月末**

日本年金機構から「障害状態確認届」という書類が送られてきます。これは主治医の診断を受けて所見を記入してもらうための様式です

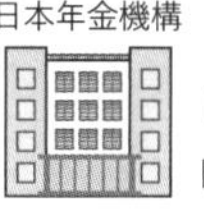

**誕生月の月末まで（必着）**

「障害状態確認届」の診断書の部分を主治医に記載してもらって、日本年金機構に返信します

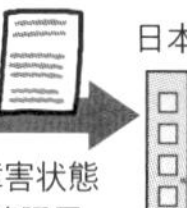

**提出締切日の３か月後**

審査の結果が郵送されてきます（変更がない場合はハガキ、変更・支給停止の場合は封書）

**提出締切日の４か月後**

等級に変更があった場合、この月から反映されます。支給停止の場合もこの月から

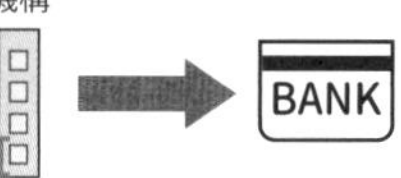


## ②診断書作成依頼には、事前メモと事後チェックを

有期認定の人は、「障害状態確認届」（主治医に記入する診断書とセットになった届出書式）を期限までに日本年金機構に提出する必要があります。

この主治医の記入した内容次第で、更新できるかどうかが分かれます。事前に症状の重さや日常生活での不自由さをまとめておいて、受診時に医師に渡すようにすると、伝え漏れもなくスムーズに運びます。医師から診断書（障害状態確認届）を受け取ったら、その場で記載内容をチェックすることが大事です。

### 働いている障害年金受給者はココに注意！

「有期認定」の障害であって、病状が改善して働き始めたような場合、直近の審査のタイミングで、障害等級が下げられたり支給停止となる可能性があります。一般的に、「働ける」＝「日常生活を支障なく営めている」と解釈されてしまうからです。

特別な勤務形態であるとか、周囲のサポートを得ながら働いているというような場合には、そのこともしっかり医師に伝えておいたほうがよいでしょう。証明のための書類を事業主に用意してもらうという方法もありますし、不安であれば更新時に社会保険労務士に依頼するという手もあります。

障害年金受給者の「法定免除」と将来の低年金リスク

# 障害年金を受給すると、将来受け取る老齢年金が減額されるって本当？

**A** 「減額」することはあります。それは、将来障害が軽くなって障害年金が受けられなくなったときに起こり、年金制度上の「落とし穴」ともいえます。

## ①障害基礎年金を受給開始すると、国民年金保険料は免除

日本国内に住む20歳以上60歳未満の人は、誰もが「国民年金」の被保険者となり、誰しも保険料を納める義務が課せられます。しかし、障害基礎年金受給者については、会社や役所等に就業して厚生年金に加入している人を除き、保険料納付義務が自動的に免除される取り扱いになっています。

通常、「免除」といえば、保険料が納められない状況であることを証明する書類をそろえて申請し、認められれば、1年限りで免除されるという制度です（申請免除）。しかし、障害基礎年金を受給している人については、審査不要で全員免除を受けられるのです（法定免除）。

- 申請免除…所得要件あり、申請して認定を受ける必要あり、1年限り（更新するには再度申請が必要）
- 法定免除…所得要件なし、申請不要、自動延長
（障害基礎年金受給者、生活扶助受給者、ハンセン病療養所入所者など）

## ②障害年金が支給停止されると顕在化する「老後の低年金」リスク

保険料免除は、給付減額と表裏一体です。たとえば、20～60歳までの40年間すべてを保険料免除された人の場合、65歳以降に受け取る老齢基礎年金額は通常の2分の1となります。

障害年金受給者の場合は、老後になってもなお障害の程度が変わらなければ、そのままの障害年金を終身受給できるので、影響はありません。ところが、障害の程度が変わって、万一支給停止にでもなると、一転、老後に受給できる年金は通常の2分の1の老齢基礎年金しかないという事態に陥ります。

## ③回避方法は、「法定免除でも任意に納めておくこと」

本事例は、障害年金が「有期認定」の場合に起こり得る事態です。このリスクを回避するには、法定免除を受けてもなお「任意に保険料を納めておくこと」しかありません。

国民年金制度には、免除期間中の保険料を経済的に余裕ができてきたときに後追いで納める「追納」という制度があります。

### ●障害年金受給者の「老後の低年金リスク」

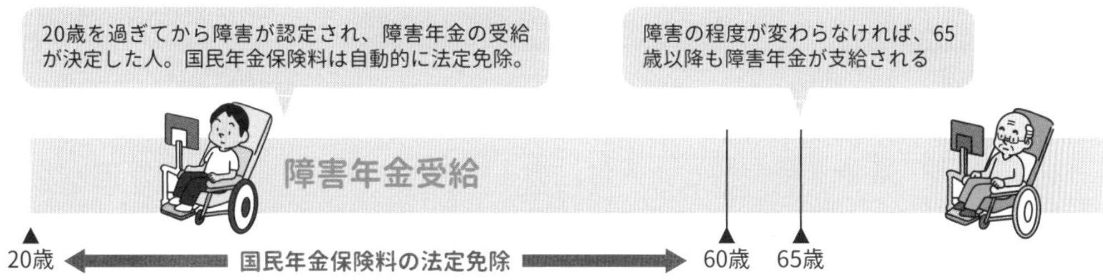


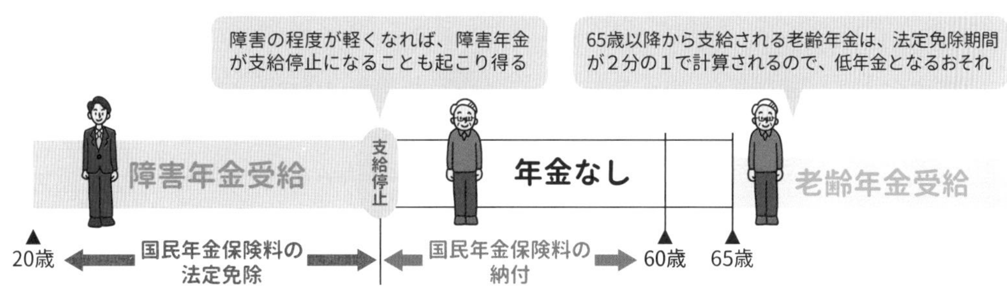

障害年金請求の年齢制限

## 65歳を過ぎてしまうと、障害年金を請求できなくなる？

**A** 事後重症請求では、請求できなくなります。現に障害を有しながら障害年金を受給せず65歳を目前にした人は、ある意味「タイムリミット」が迫った状況です。急いで手続きを進めるよう促すとよいでしょう。

### 65歳が「障害年金のタイムリミット」

障害年金は、病気やけがで障害を負った人の所得を保障する給付です。65歳以後については、老齢年金という別の給付が用意されていますので、障害年金は原則としてそれ以前に障害を負った人を対象としています。その意味では、一種の「年齢制限」という見方もできます。

現に障害を有しながら障害年金を受給せず65歳を目前にした人は、ある意味「タイムリミット」が迫った状況です。一般に障害基礎年金のほうが、老齢基礎年金よりも金額で上回ることが多いとされます。該当する人がいたら、年金事務所や年金相談センターで相談することを勧めてみてはいかがでしょうか。

●障害年金のタイムリミット

通常の請求、基準傷病請求

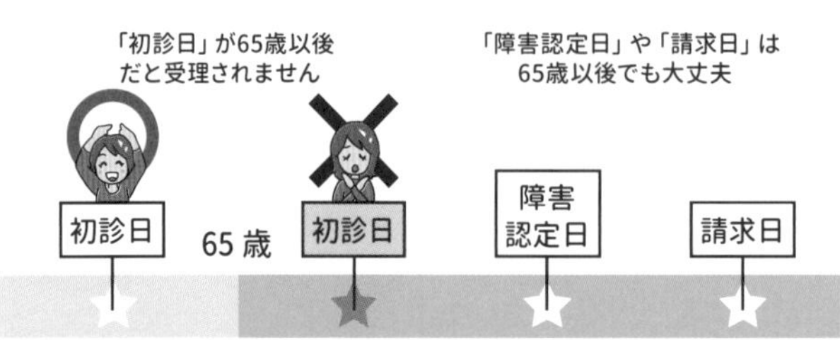


事後重症請求

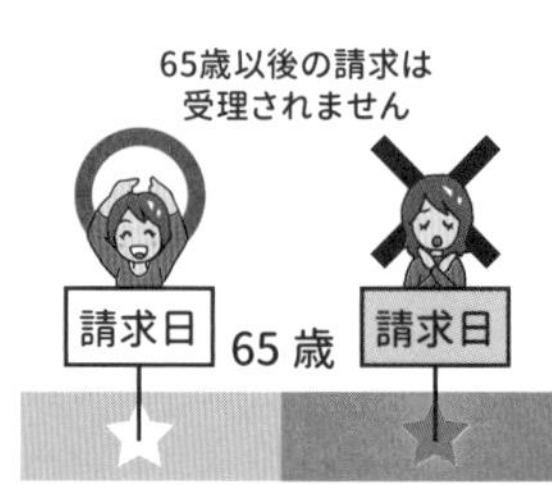

| 障害年金受給申請の留意点① | 初めて障害年金を請求する場合 |
|---|---|

●初診日（※１）が、「65 歳の誕生日の前々日」以前であることが必要です。

※ 65 歳を過ぎて国民年金の任意加入者である人、厚生年金に加入している人は、初診日が 65 歳の誕生日を過ぎていても請求可能です。

●障害認定日（※２）や年金事務所への申請日については、65 歳の誕生日を過ぎていても大丈夫です。

●ただし、老齢年金の繰り上げ受給をしていると請求不可となります。

※１　障害の原因となった病気やけがについて初めて医師または歯科医師の診療を受けた日

※２　初診日から１年６か月を経過した日、または１年６か月以内で症状が固定した日

| 障害年金受給申請の留意点② | 過去に「不該当」とされたものの、その後重症化して再度請求する場合（事後重症請求） |
|---|---|

●請求手続きを「65 歳の誕生日の前々日」までに済ませておく必要があります。請求手続きとは、請求日から３か月以内に作成された診断書とともに年金請求書を年金事務所に提出することです。

●ただし、老齢年金の繰り上げ受給をしていると請求不可となります。

**「事後重症請求」とは**

傷病によっては、障害認定日の段階では比較的軽症だったものの、後になって重症となってしまうケースもあります。“一発勝負”で障害年金の支給・不支給が決まってしまうと、このようなケースの人にとっては不利益となり、制度として公正公平とはいえません。そこで、障害認定日後に障害が悪化して障害等級に該当する状態に至ったら、その段階で請求できるようになっています。それが、「事後重症請求」です。

| 障害年金受給申請の留意点③ | ３級以下の障害のある人がさらに別の３級以下の障害を負い、あわせて障害等級２級以上の障害年金を請求する場合（基準傷病請求） |
|---|---|

●初診日が、「65 歳の誕生日の前々日」以前であることが必要です。

※ 65 歳を過ぎて国民年金の任意加入者である者、厚生年金に加入している者は、初診日が 65 歳の誕生日を過ぎていても請求可能です。

●障害認定日や年金事務所への申請日については、65 歳の誕生日を過ぎていても大丈夫です。

**「基準傷病請求」とは**

既に傷病により３級以下の障害の状態にある人が新たな傷病にかかり、それぞれの障害を併合すると障害等級１級・２級に該当する場合に、その分の障害年金を請求できます。これを「基準傷病請求」といいます。なお、65 歳になる前までに障害等級２級の受給権を持っている場合は、65 歳を過ぎても１級への額改定請求が可能です。

**CHECK!!**

65 歳以後も雇用されて厚生年金保険に加入している場合は、その限りにおいて、65 歳以降に初診日のある障害でも、障害認定基準に該当し、保険料の未納が３分の１未満であれば、受給対象となる。ただし、受給できるのは障害厚生年金のみ。

介護離職①　離職後の保険加入など

# 会社を辞めた場合、年金や医療保険はどうなる？

**A** 医療保険、年金に関する負担を最小限に抑えることを提案します。

## ①社会保険料負担を抑えるには

在職中は、医療保険は職場の健康保険に加入し、年金については厚生年金保険に加入して国民年金第２号被保険者となっている状況ですが、離職すると次のパターンＡ～Ｃまでのどれかに移行する必要があります。

●離職後の社会保険加入パターン

| | （医療保険） | | （国民年金） |
|---|---|---|---|
| 在職中 | 職場の健康保険 | ＋ | 厚生年金保険<br>（国民年金第２号被保険者） |
| 移行パターンA | 配偶者の「被扶養者」となる | ＋ | 国民年金第３号被保険者となる<br>※保険料負担なし |
| 移行パターンB | 自ら国保に加入する | ＋ | 国民年金第１号被保険者となる<br>※保険料負担あり |
| 移行パターンC | 離職前の健康保険を「任意継続」する<br>※２年が限度<br>※事業主負担分も含めて保険料負担が必要 | ＋ | 国民年金第１号被保険者となる<br>※保険料負担あり |

### ●選択のポイント

**パターンA**

医療保険も国民年金も保険料負担が発生しないため、最も家計にやさしい組み合わせです。ただし、年間収入が①130万円未満（60歳以上は180万円未満）かつ②被扶養者の収入の半分未満でなければ、被扶養者として認定されません。失業給付を受給している間は対象外とするルールを設けている保険者もあり、ハードルの高い選択肢です。

**パターンB**

国民健康保険の保険料（保険税）は、離職前の健康保険と比べて、相当程度割高となるのが一般的です。しかも離職後の無収入のときに、前年の所得から算定した保険料を納めなければならないので、家計への影響は小さくありません。ただし、非自発的離職であったことが認められれば、減免を受けられます（Q５参照）。

**パターンC**

在職中は事業主と折半していた保険料を全額本人負担とすることで、従前の健康保険に残る選択です（最長で2年間）。保険料は、①離職時の保険料もしくは②全被保険者平均の保険料額のいずれかを選択できますが、事業主との折半はなく、全額が本人負担となります。それでも給料を多く受け取っていた人はパターンBより安上がりになることもあり、国保保険料が離職後の所得で算定され直すまでの“つなぎ”で利用されたりします。離職翌日から20日以内に手続きが必要です。

## ②医療は在職中に受けておくこと

身体のことで気になることがあったら、在職中に受診しておくことが大切です。それは、万一のときに「障害厚生年金を受け取れる可能性」を残しておくためです。後になって重症化し、日常生活に支障をきたすほどの障害につながる病気を抱えていた場合、その「初診日」が在職中であるか離職後であるかで、受給できる年金額がまったく変わってきます。

### ●障害年金の給付のしくみ

| | 初診日が「在職中」の場合に受給できる年金 | 初診日が「離職後」の場合に受給できる年金 |
|---|---|---|
| 障害等級１級に該当 | 「障害基礎年金」と「障害厚生年金」 | 「障害基礎年金」のみ |
| 障害等級２級に該当 | 「障害基礎年金」と「障害厚生年金」 | 「障害基礎年金」のみ |
| 障害等級３級に該当 | 「障害厚生年金」 | 給付なし |
| 上記のいずれにも該当しないものの、労働が制限を受ける程度（労働に制限が必要な程度）の障害がある | 「障害手当金」 | 給付なし |

介護離職② 国民年金と国保の保険料減免

# 介護離職の場合、国民年金と国民健康保険の保険料は減免対象となるか？

**A** 要件を満たせば減免を受けられます。国民健康保険料の減免を受けるには、ハローワークで非自発的離職であったことの認定（特定理由離職者の認定）を得る必要があります。

## ①国民健康保険の保険料減免

国民健康保険については、倒産・解雇・雇止めなどの「非自発的離職」によって保険料の支払いが困難になった人を対象に、保険料を軽減する特例があります。具体的には、離職した本人について、前年給与所得を「100分の30」とみなして保険料算定するというものです。介護離職についても、ハローワークによって「要介護の親族に対して、離職者本人が常時介護しなければならない状況による非自発的離職＝特定理由離職者」と認定されていれば減免対象となります。

### ●国民健康保険の保険料減免に関する手続きなど

| | |
|---|---|
| 対象期間 | 離職日の翌日の属する月から、その月の属する年度の翌年度末まで<br>※申請以降の請求分のみならず、過去の請求分についても減免対象となります |
| 手続きに必要な書類 | ・軽減対象者の国民健康保険被保険者証<br>・雇用保険受給資格者証<br>・個人番号確認書類（個人番号カード、通知カード等）<br>・身元確認書類（個人番号カード、運転免許証、パスポート、在留カード等） |
| 申請窓口 | 市町村の国保担当部署 |

### 「特定理由離職者」の認定を受けるまでの流れ

**①離職前**

離職票に「親族を常時介護することによるやむを得ない離職」であることを記載してもらうように、会社に依頼しておく

**②離職後**

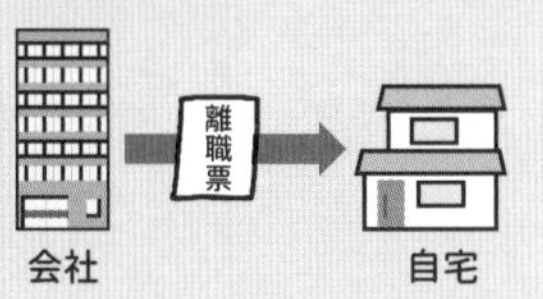


会社から離職票が郵送されてくる

**③離職票が届いたら**

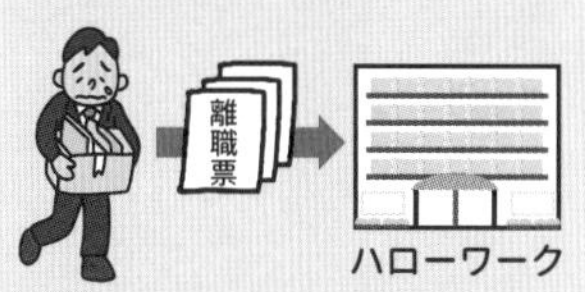


下記（A）の事項を確認し、必要な記載を加えたうえで、（B）の書類と離職票をハローワークに提出する

| (A) 離職票の確認事項と追記の仕方 | (B) 添付書類 |
|---|---|
| 離職票の「具体的事情記載欄（事業主用）」に、介護離職であることが伝わるよう記載されているかどうかを確認し、そうでない場合は、その下の離職者記入欄に必ず介護離職であることが伝わるように追記する（例：常時本人の介護を必要とする親族の傷病による離職） | ・当該親族の介護保険被保険者証のコピー<br>・当該親族と離職者との関係を示す書類（戸籍関連）<br>・ハローワークから提出要請がなされた資料（医師の診断書など） |

## ②国民年金の保険料減免

国民年金については、「失業や廃業などにより保険料の支払いが困難になった人」を対象に、保険料減免の基準が緩和される特例があります。具体的には、失業者等の本人の所得は審査対象から外され、世帯主や配偶者の所得が基準以下であるかどうかのみで審査されます。したがって、年金収入のみの老親と子（介護離職者）のみの世帯であれば、減免対象となる可能性が高いといえます。

### ●国民年金の保険料減免に関する手続きなど

| | |
|---|---|
| 対象期間 | 失業（退職日の翌日）の前月から翌々年の６月分まで<br>※申請以降の請求分のみならず、過去の請求分についても減免対象となります（ただし、申請時点から２年以内の分） |
| 手続きに必要な書類 | ・世帯主、配偶者の前年の所得を証明する書類（確定申告書の控え、住民税の課税証明書など）<br>・離職票や雇用保険受給資格者証など、失業を確認できる書類<br>・年金手帳 |
| 申請窓口 | 市町村の年金担当部署、住所地の年金事務所 |

年金の繰り上げ受給

# 末期がんで第2号被保険者の60歳の利用者。先を見据えて、年金を繰り上げて受給することは可能？

**A** 年金を前倒しで受給できる「繰り上げ受給」という制度があり、これを活用すれば最大で 60 歳から年金受給が可能です。ただ、受給月額が減額となるなどデメリットもあるので、慎重な検討が必要です。

## ①余命がある程度はっきりしている場合の選択肢として

自身の病気で余命がある程度はっきりしていて、かつ、年金受給年齢に達しておらず、ほかの所得や貯金の取り崩しだけでは家計維持に不自由があるというような場合には、「繰り上げ受給」が有力な選択肢となり得ます。

ただし、繰り上げ受給すると、繰り上げ期間に応じて年金が減額されます（次ページ参照）。さらに、配偶者が死亡しても自分が 65 歳になるまで遺族厚生年金と併給できない、障害を負っても障害年金を受けられない、一度請求すると取り消しができない、といった制限があります。こうしたデメリットも含めて情報提供してください。

## ②前倒しで受給するほど月々の年金は減額、最大で24%減

繰り上げ受給すると、1か月あたりマイナス0.4%の減額率がかかります。したがって、65歳から60歳まで60か月間を繰り上げた場合は、受け取れる年金額は24%減となります。減額率はその後、一生の間続きますので、予想に反して長生きした場合、先々の家計は相当厳しい状況になることを覚悟する必要があります。

### ●繰り上げ受給による減額のイメージ

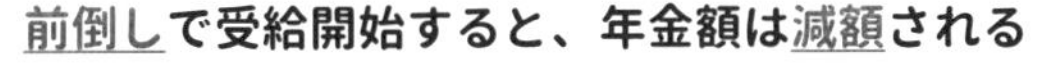


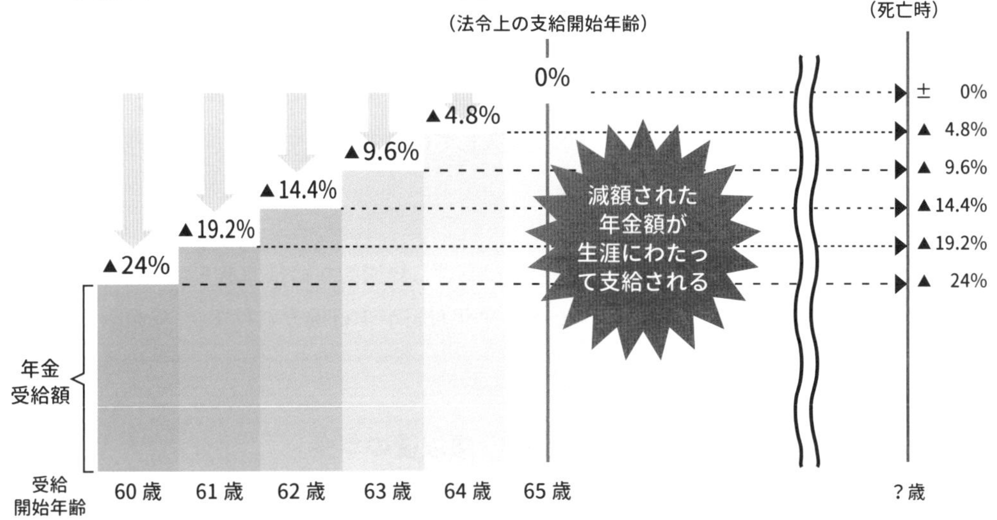

## 年金受給開始の「先延ばし」で年金額アップも

老齢年金は、受給開始を先延ばしにすることによって、受け取る年金月額を増額することもできます。これを「繰下げ受給」といいます。増額率は、1か月繰り下げるごとに「プラス0.7%」と設定されています。最長で75歳まで繰下げでき、この場合は0.7%×120か月＝84%の増額となります。

繰下げ受給は、65歳以降も働いて収入のある人にとっては、家計の長期的な安定確保という点で有効な選択肢となりますが、一方で、寿命次第では普通に受給開始したほうがトータルの年金受給額が上回っていた――というようなケースもあるでしょう。熟慮のうえでの選択が望まれます。

COLUMN

# 60歳代前半から受けられる「特老厚」

## ——年金受給開始年齢の引き上げに伴う特例

老齢年金を受け取れるのは、基本的には「65歳」からです。

ただし、男性で1961年4月1日以前に生まれた人、女性で1966年4月1日以前に生まれた人については、以下の条件を満たしていれば、60歳代前半に「特別な給付」が受け取ることができます。これを、「特別支給の老齢厚生年金」(略称「特老厚」)といいます。

【条件】

厚生年金保険または共済年金に1年以上加入していたこと＝特労厚の受給資格に必要な被保険者期間は「1年間」。

特老厚は年金受給開始年齢を引き上げる過程における経過的な給付であるため、それ以後の年齢層の人には支給されません。結果として、生年月日が1日違うだけで、「受け取れる・受け取れない」が分かれます。

### ●「60歳代前半の年金」(特老厚)と「65歳以後の年金」

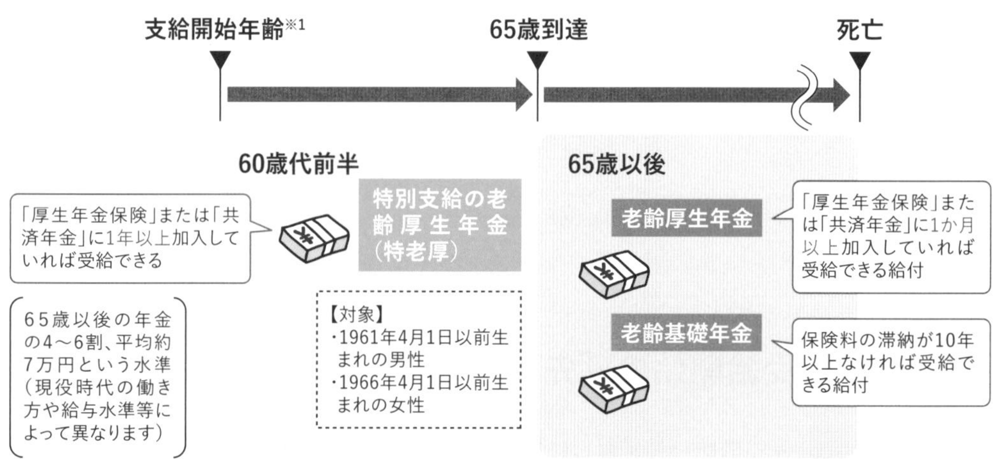


※1　支給開始年齢は生年月日によって異なります。

※2　企業や役所に正職員として勤務経験のある人の大半は、これらの条件に当てはまります。

# 第6章

# 子ども家庭福祉

# ❶「子ども家庭福祉」をザックリ押さえよう!

## 児童福祉法と「親ガチャ」

どのような家庭に生まれようとも、その境遇に左右されることなく、適切な養育を受け、その生活を保障され、愛され、保護される「権利」を、すべての子どもがもっています。

すべての子どもは、安全・安心な環境で「子どもとしての時間」を過ごし、健やかに成長・発達・自立していくことを保障されています。──少なくとも、児童福祉法にはそのように書かれています。

児童福祉法は、「親ガチャ」と揶揄されるような、どの家に生まれ育ったかによってその後の人生の可能性が決まってしまうかのごとき認識とは真逆の理念を掲げ、その実現に資する種々の施策や、それを推し進めるための体制を定めている法律です。

## 子育て家庭を行政がバックアップ

同法によれば、子どもを扶養し、保護・監督する役割は、第一義的には保護者が負うこととされています。行政（国や自治体）は、保護者がその役割を全うできるように、子育て家庭のニーズに対応した施策でバックアップする責務を負っています。

たとえば、仕事等で日中に子どもを世話できない保護者に代わって保育所で養育を引き受けるしくみ（保育・学童保育）や、子育ての不安を受け止めて助言や情報提供する相談窓口などがあります。保護者のいない子どもや、虐待などにより「保護者のもとでは子どもの最善の利益が図られない」と認められる子どもについては、公的責任のもとで保護・養育する措置がとられます（社会的養護）。

●子ども家庭福祉の施策の柱

保育・子育て支援
①地域の子育て支援

保育・子育て支援
②保育・学童保育

③ひとり親家庭支援

④社会的養護

⑤障害・医療に関する支援

## ●子ども家庭福祉分野の相談機関

**都道府県に設置**

### 児童相談所

●**設置**

都道府県、指定都市および児童相談所設置市に設置。

●**役割**

子ども家庭における専門的な相談援助を行う第一線の専門相談機関。

【具体的な機能】

- 助言・情報提供
- カウンセリングや心理療法
- 一時保護
- 要保護児童の措置
- 里親委託推進
- 家庭裁判所に対する親権喪失・親権停止の審判請求
- 市町村の後方支援　　など

### 児童家庭支援センター

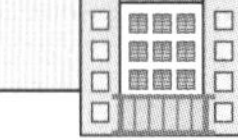

●**設置**

乳児院や児童養護施設等に併設。

●**役割**

一般の育児に関する悩みから虐待や非行など専門的知識・技術を要する相談まで幅広く受け付けて、必要な助言を行う。

**市町村に設置**

### こども家庭センター

●**設置**

市町村単位で設置

※従来の「子ども家庭総合支援拠点」と「子育て世代包括支援センター」の機能を統合させた機関です

●**役割**

すべての妊産婦、子育て世帯、子どもを対象に継続的・包括的支援を実施。妊娠期から子育て期まで切れ目なく、健康の保持・増進に関する支援のほか、子どもの状況・世帯の状況に応じたソーシャルワークを行う。支援メニューの体系的なマネジメントを行う「サポートプラン」を作成し、地域資源の開拓にも取り組む。

**日常生活圏域に設置**

### 地域子育て相談機関

●**設置**

保育所、認定こども園、幼稚園、地域子育て支援拠点などに設置。原則として中学校区に1か所。

●**役割**

妊産婦、子育て世帯、子どもが気軽に相談できる身近な相談機関。相談内容や相談者等の状況などに応じて必要な情報の提供や助言を行い、こども家庭センターと連携して必要な支援につなげる。

※独自の異なる名称・通称が付せられている場合があります。

# ❷ 活用までの流れとポイント

子ども家庭福祉領域で実施されている支援の内容等について、(1) 保育・子育て支援、(2) ひとり親支援、(3) 社会的養護、(4) 障害・医療への支援——という切り口に分け、それぞれ順番にポイントを絞って概説します。

## 1. 保育・子育て支援

### 保育・子育て支援にかかる相談機能

子どもや子育て家庭のニーズに応えられるように、保育メニューが用意されています。しかし、年齢や世帯の状況によって利用できるサービスは異なり、どれが自分に当てはまるのかを見分けるのも一苦労です。それ以前に、子育てのストレスで、自分がいま何に困っているのか、よくわからなくなってしまうことだってあります。

#### 「ひろば」で子育てコンシェルジュに相談

そこで、子育て中の保護者が、それぞれの困りごとなどに合わせて、必要な支援を選択して利用できるよう、子育て親子にとって身近な場所に、子どもを遊ばせながら気軽に相談できる“ひろば”があります。これを、「地域子育て支援拠点」といいます。就学前の乳幼児とその保護者は、誰でも利用できます（次ページ参照）。

地域子育て支援拠点は、主に保育園・認定こども園・児童館・公民館・公共施設などに開設されています。「利用者支援専門員（子育てコンシェルジュ）」が配置されていて、個別に相談を受け付けて一緒に考えたり、情報提供や支援の紹介などを行っています。

あわせて、中学校区に１か所程度、保育所・認定こども園・幼稚園・地域子育て支援拠点などが市町村から委託を受けて開設する「地域子育て相談機関」が、妊産婦、子育て世帯、子どもからのあらゆる相談に対応しています。

● 「地域子育て相談機関」や「地域子育て支援拠点」で個別相談を受け付け

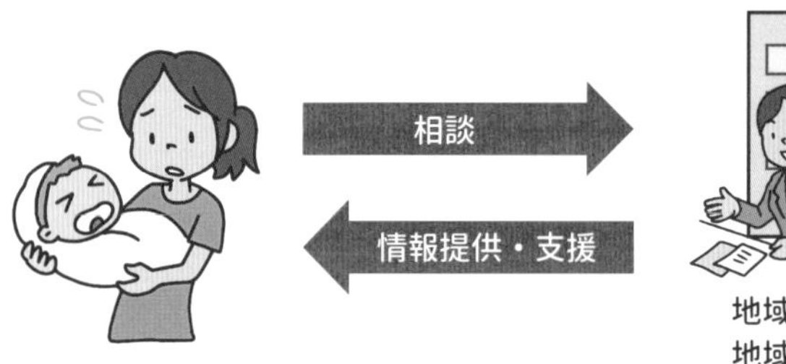

地域子育て相談機関
地域子育て支援拠点

### ●ワンストップで相談を受け付け、必要に応じて最適な社会資源につなぐ

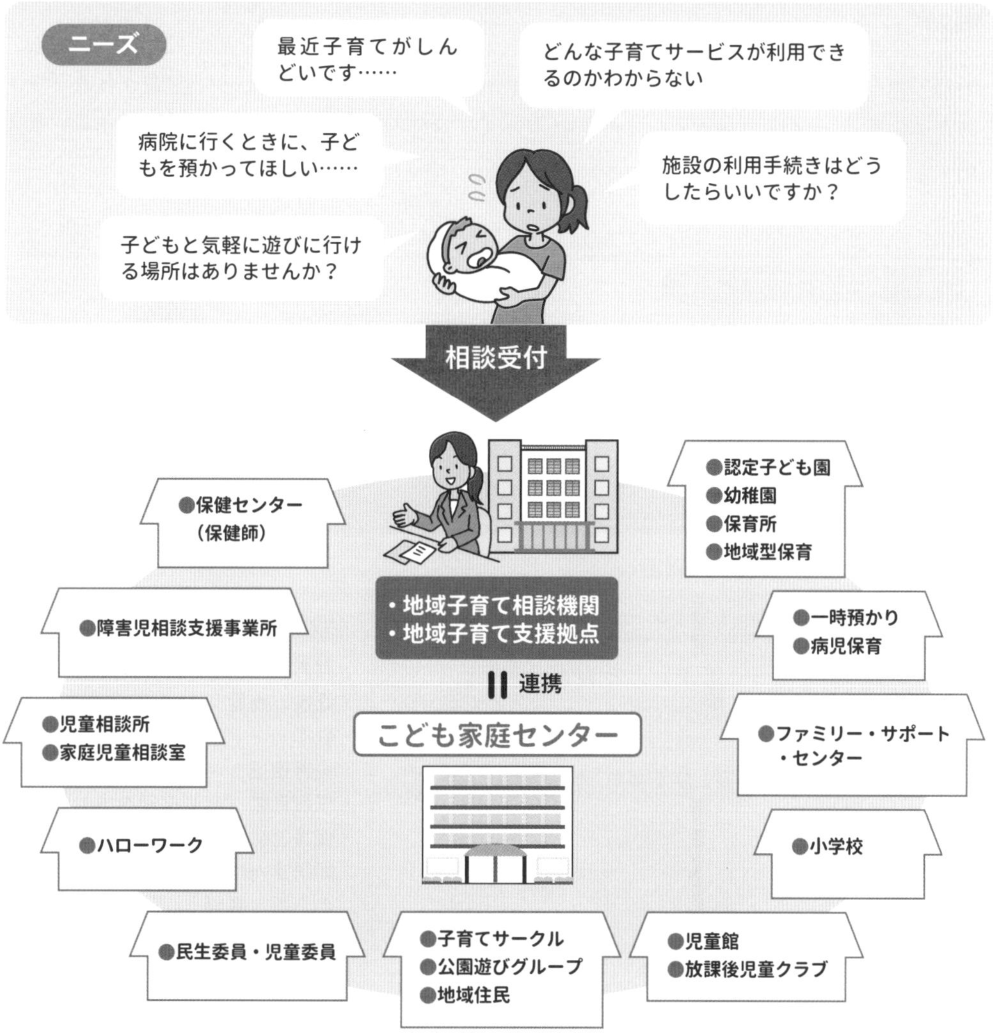

ニーズ

最近子育てがしんどいです……

どんな子育てサービスが利用できるのかわからない

病院に行くときに、子どもを預かってほしい……

施設の利用手続きはどうしたらいいですか？

子どもと気軽に遊びに行ける場所はありませんか？

相談受付

・地域子育て相談機関
・地域子育て支援拠点

‖ 連携

こども家庭センター

●保健センター（保健師）

●認定子ども園
●幼稚園
●保育所
●地域型保育

●障害児相談支援事業所

●一時預かり
●病児保育

●児童相談所
●家庭児童相談室

●ファミリー・サポート・センター

●ハローワーク

●小学校

●民生委員・児童委員

●子育てサークル
●公園遊びグループ
●地域住民

●児童館
●放課後児童クラブ

## 「地域子育て支援拠点」と「地域子育て相談機関」違いは？

「地域子育て支援拠点」は、子育て中の親子が気軽に集い、相互交流や子育ての不安・悩みを相談できる場として設置されるもので、2007年度から整備が始まった事業です。

一方、「地域子育て相談機関」は、子育て世帯、妊産婦、子どもと継続的につながりながら、支援が必要なときにこども家庭センターと連携して適時に対応できる体制を構築するために、2024年度から改正児童福祉法施行にともない創設された機関です。

双方、設置場所が重なり合いますので、両方の機能を兼ねているところが相当数にのぼるとみられます。

# 保育・子育て支援のサービス

子育て家庭は、保育所・認定こども園・幼稚園・地域型保育事業によって実施される「子どものための教育・保育」や、子育て世帯のニーズに対応した「子育て支援事業」のサービスを利用することができます。

## 子どものための教育・保育

保育園、認定こども園、幼稚園などを利用するには、市町村から「教育・保育給付認定」を受ける必要があります。利用希望世帯は、子どもの年齢と保育の必要性によって、1号、2号、3号のいずれかに判定されます。この判定結果により、利用できる施設が異なります。

### ●教育・保育給付認定

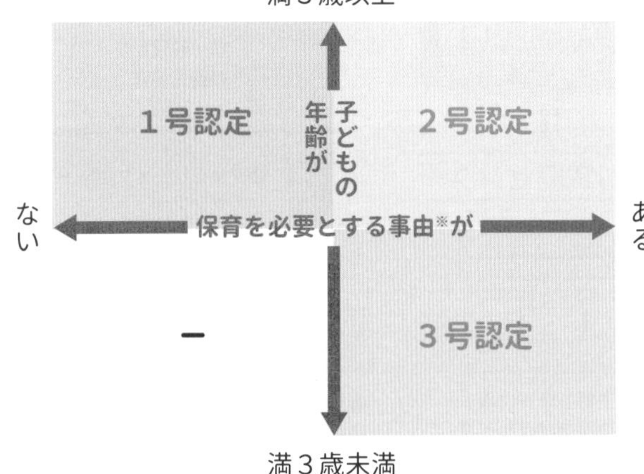


※保育を必要とする事由
- 就労
- 妊娠、出産
- 就学
- 災害復旧
- 求職活動（起業準備を含む）
- 保護者の疾病、障害
- 同居または長期入院等の親族の介護・看護　など

### ●認定区分別：利用できるサービス

**1号認定の世帯**
- 3歳以上
- 事由なし

↓

幼稚園
認定こども園

**2号認定の世帯**
- 3歳以上
- 事由あり

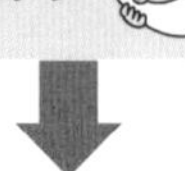

↓

保育所
認定こども園

**3号認定の世帯**
- 3歳未満
- 事由あり

↓

保育所
認定こども園
地域型保育

### ①保育所（2号認定・3号認定の世帯で利用可）

保護者が働いていたり、あるいは保護者の病気等の理由により、家庭において十分な保育が受けられない乳幼児を預かり、保護者に代わって保育する施設です。乳幼児に対する保育だけでなく、利用者や地域の子育て家庭のために、育児相談などを行っている施設もあります。

世帯の認定区分　　手続きの流れ

希望入所先を明記して市町村に利用申込み＆給付認定申請　給付認定　利用調整　保育所利用内定　保育所と契約

### ②認定こども園（1号認定・2号認定・3号認定の世帯で利用可）

就学前の子どもを対象に幼児教育と保育を一体的に行う施設です。幼稚園と保育所の両方の機能を併せもっています。地域の子育て家庭のための育児相談や、親子の「つどいの場」の提供も行っています。

世帯の認定区分　　手続きの流れ

入園希望先に直接申込み　入園内定　園を通じて市町村に給付認定申請　給付認定　園と契約

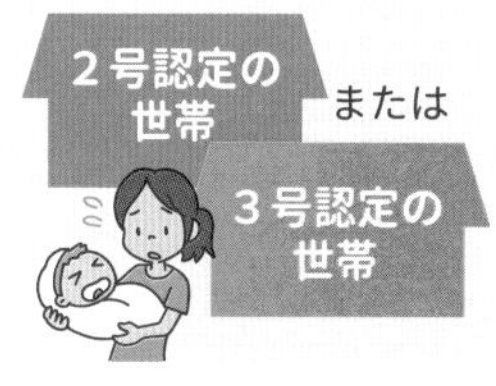


希望入所先を明記して市町村に利用申込み＆給付認定申請　給付認定　利用調整　保育所利用内定　保育所と契約

### ③幼稚園（1号認定の世帯で利用可）

義務教育とその後の教育の基礎を培うものとして、幼児を保育し、幼児の健やかな成長のために適当な環境を与えて、その心身の発達を助長することを目的とした施設です。1日4時間が標準ですが、時間外での預かり保育を実施している園もあります。

世帯の認定区分　　手続きの流れ

入園希望先に直接申込み　入園内定　園を通じて市町村に給付認定申請　給付認定　園と契約

### ④地域型保育（3号認定の世帯で利用可）

待機児童の解消のため、0～2歳児を対象として、地域の保育ニーズに対応する保育サービスです※。以下のような形態があります。利用料は市町村ごとに定められています。利用にあたっては、市町村から認定を受け、申し込みます。

※小規模保育については、地域の事情等を勘案して3～5歳児の受入れも認められています

|  小規模保育 | 家庭的保育（保育ママ） | 居宅訪問型保育 | 事業所内保育 |
|---|---|---|---|
| 比較的小規模（定員規模6人以上19人以下）の環境で実施する保育です。 | 少人数（定員5人以下）で、保育者の居宅その他の場所で実施する保育です。 | 障害・疾患などで個別のケアが必要な場合や、施設がなくなった地域で保育を維持する必要がある場合などに保護者の自宅で、1対1で保育します。 | 会社が従業員向けの福利厚生の一環として開設した保育所に、「地域枠」を設けて、従業員の子どもと地域の子どもを一緒に保育するものです。 |

#### 子育て支援事業

子育て世帯のニーズに対応するサービスです。利用にあたっては市町村に申し込みます。

**病児・病後児保育事業**

子どもが病気または病気からの回復期にあって集団保育が困難で、保護者が保育できない状況にある場合に、病院や保育所などで看護師等が子どもを一時的に預かる事業です。看護師等が病児・病後児の家庭を訪問して行うタイプの病児保育も実施されています。

**ファミリー・サポート・センター**

地域内で、①「子育てのお手伝いをしたい人」（提供会員）と、②「手助けをしてほしい人」（依頼会員）を募集して登録し、子どもの送迎や急な外出時の預かりといった具体的案件について、センターが適切に“マッチング”して、会員間の相互扶助を促すしくみです。

**学童保育（放課後児童クラブ）**

保護者が就労などで昼間家庭にいない小学生を、放課後・週末・長期休業日に児童館・公民館・小学校の余裕教室などで受け入れて、保育を提供します。職員として、放課後児童支援員が配置されています。

**放課後子ども教室**

すべての子どもを対象として、放課後や週末等に小学校や公民館等を活用し、地域の人々の協力を得て、子供たちに学習、スポーツ・文化活動、地域住民との交流の機会を提供するものです。

## 家庭支援事業

子育てをする親の負担を軽減し、エンパワメントするための訪問・通所・ショートステイによるサービスが「家庭支援事業」です。よい親子関係を築くための“学びの機会”や、子ども自身の悩みや孤立感を受け止める居場所の提供も行います。

### 一時預かり事業

保育所等を利用していない家庭向けに、日中、保育所・認定こども園・幼稚園・地域子育て支援拠点その他の場所で一時的に子どもを預かり、保育を行う事業です。レスパイト（息抜き、負担軽減）のための利用もできます。

### 子育て短期支援事業

保護者の病気や家庭の事情などで子どもの養育が一時的に難しいとき、あるいは育児不安や育児疲れなど心身の負担へのケアとして、児童養護施設や乳児院等が子どもを受け入れて、必要な日数、養育・保護する事業です。養育方法や子どもとのかかわり方に支援が必要な親子を短期間受け入れるメニューもあります。

### 養育支援訪問事業

生後４か月までの乳児がいるすべての家庭を保健師・助産師が訪問して、育児に関する不安や悩みを聞いて回る「乳児家庭全戸訪問事業」という事業があり、その過程で虐待のリスクや不適切な養育が疑われる世帯が把握された場合、さらに継続的に訪問して、伴走支援を行います（養育支援訪問事業）。

### 子育て世帯訪問支援事業

家事・育児等に対する不安や負担感を抱える子育て家庭、経済的困窮・複雑な家族構成などの背景をもつ妊産婦、ヤングケアラー等がいる家庭を対象に、居宅を訪問支援員が訪問し、家事・育児をサポートしながら不安や悩みを傾聴してエンパワメントに努め、虐待リスク等の高まりを未然に防ぐ事業です。

### 児童育成支援拠点事業

家庭や学校に身の置き所がない子どもが安心して通える居場所を用意して、食事の提供、生活習慣の形成、学習のサポート、進路等の相談支援などを行うとともに、子どもや家庭の状況をアセスメントし、適時に関係機関へつなぎます。虐待の防止や一時保護解除の家庭への円滑な復帰を狙いとしています。

### 親子関係形成支援事業

子どもとのかかわり方や子育てに悩み・不安を抱えた保護者が、親子の関係性や発達に応じた「子どもとのかかわり方」などに関する知識・スキルを身につけられるように、「ペアレント・トレーニング」を提供し、あわせて、同じような状況にある保護者同士が相互に悩みや不安を相談・共有し、情報の交換ができる場を設けます。

# 2．ひとり親家庭支援

## ひとり親家庭の生活課題

ひとり親家庭とは、母親または父親のいずれかとその子からなる家庭のことです。ひとり親家庭では、親は保護者として、「生計維持」「子育て」の負担と責任を常に１人で背負うこととなり、以下のような生活課題が絡み合った状況に直面している場合も少なくないとされます。

・経済的困窮　・就業に関する問題（再就職・転職の難しさ、低賃金・非正規雇用など）
・住居問題（家賃等の負担、保証人確保など）　・教育・進学（学習環境、費用など）
・健康問題（ダブルワーク等による過重労働、医療費負担など）
・離別親との関係（養育費履行、面接交流など）　・ＤＶ被害、虐待等

ひとり親家庭支援は、生活基盤が確保されるように暮らしや就業をサポートし、現金給付で所得の底上げを図り、世帯としての経済的自立と子どもの健やかな成長を促すものです。福祉事務所の「ひとり親支援相談窓口」で申請を受け付けています。

### ●ひとり親家庭の相談窓口

申請

福祉事務所の
「ひとり親支援相談窓口」

### 暮らしのサポート

#### ●ひとり親家庭等日常生活支援事業

ひとり親家庭の親が修学や疾病、冠婚葬祭などにより、一時的に家事援助や保育等のサービスが必要となった際に、家庭生活支援員（ヘルパー）を派遣。

#### ●ひとり親家庭等生活向上事業

・ひとり親家庭の親を対象とした「家計管理等の講習会」や「学び直し支援」
・ひとり親家庭の子を対象とした居場所の提供（放課後児童クラブ等の終了後）

#### ●子育て短期支援事業

子どもの養育が一時的に困難となった場合等に、児童養護施設等で一定期間、養育・保護を行う。

#### ●母子生活支援施設

経済的困窮やＤＶ被害を受けている母子を受け入れて保護し、自立に向けたサポートを行う施設。退所後も相談その他の援助を継続して実施。

#### ●公営住宅の優先入居

公営住宅の入居者募集・選考にあたって、自治体の裁量で一定の優遇措置を実施

#### ●生活困窮者に対する住居確保給付金の支給

(→生活困窮者自立支援制度(40 ページ)を参照)

## 就業のサポート

### ●就業・自立支援事業

就業相談、就業支援講習会、求人情報の提供、在宅就業・訓練用のPC等の貸与など。

### ●高等職業訓練促進給付金

看護師等の資格を取得するため養成機関で修業する場合に、修学期間中の生活費負担を軽減する目的で現金を支給。

【支給額】
・住民税非課税世帯：月額10万円
・住民税課税世帯：月額7万500円
※最終1年間はそれぞれ月額4万円上乗せ

### ●自立支援教育訓練給付金

雇用保険の教育訓練給付の対象となる講座等を受講し、修了した場合に、経費の一部を支給。

【支給内容】
受講料の6割相当額
※上限20万円
※1万2000円を超えない場合は支給されない

### ●ひとり親家庭高等学校卒業程度認定試験合格支援事業

高等学校卒業程度認定試験合格のための講座を受講する場合に、その費用の一部を支給。

【支給内容】
修了時に受講費用の4割（上限10万円）、合格時に同2割（合わせて上限15万円）を支給

## 所得保障等

### ●児童扶養手当制度

ひとり親世帯またはこれに準ずる世帯（父または母の一定以上の障害、生死不明、拘禁刑、ＤＶ保護命令等）で子どもを養育している保護者に対して、申請により、子どもが18歳になった年度末まで（障害児の場合は20歳未満である間）、奇数月に現金を支給。

**子ども１人の世帯**

**子ども２人の世帯**

**子ども３人以上の世帯**

※金額は2024年度のもの。所得が一定額を上回る世帯については、手当ての全部または一部が支給停止になります。

以上のほかに、子育て世帯全般を対象に月額1万円または1万5000円を支給する「児童手当」があります（p.278参照）。

# 3．社会的養護（社会的養育）

## 「社会的養護」とは

保護者のいない子どもや深刻な虐待に遭っている子どもは、行政の権限で保護され、公的責任のもとで養育されることとなります（代替養育）。具体的には、児童福祉施設への入所措置や、里親委託、養子縁組といった方法がとられます。

ただし、それは課題解決に向けて最大限の支援をしてもなお、在宅生活が困難であると認められる場合です。児童相談所や市町村のソーシャルワーカーは、できるだけ子どもと保護者がそのまま一緒に暮らし続けられるように、精神的なケア、経済的支援や就業支援、親族との関係修復のための支援などを行い、養育環境の改善に努めます。また、虐待や不適切な養育で傷ついてしまった親子関係を修復・再構築するための支援も行います（親子再統合支援事業）。これらも、社会的養護の一環です。

### ●社会的養護の対象となる児童

| 要保護児童 | 要支援児童 |
|---|---|
| 保護者のない児童、保護者による養育が不適当と認められる児童のこと。<br>【例】<br>・保護者の失踪、死亡、入院、服役などにある子ども<br>・虐待を受けている子ども<br>・家庭環境などに起因して非行や情緒障害を有する子ども　など | 保護者の養育を支援することが特に必要と認められるものの、要保護児童には該当しない児童のこと。<br>【例】<br>・強い育児不安や孤立感を有する保護者に養育されている子ども<br>・不適切な養育環境におかれている子ども　など |

### 地域のネットワークで早期発見・早期対応

要保護・要支援の状況にあっても、当事者が自ら声をあげることは容易ではありません。ましてや、それが子どもであるなら、なおさらです。そこで、養育に困難を抱える家庭を早期に発見し、速やかに適切な支援や保護を行えるように、多機関によるネットワークが市町村ごとに形成されています。これを、**「要保護児童対策地域協議会**（略称：**要対協**）」といいます

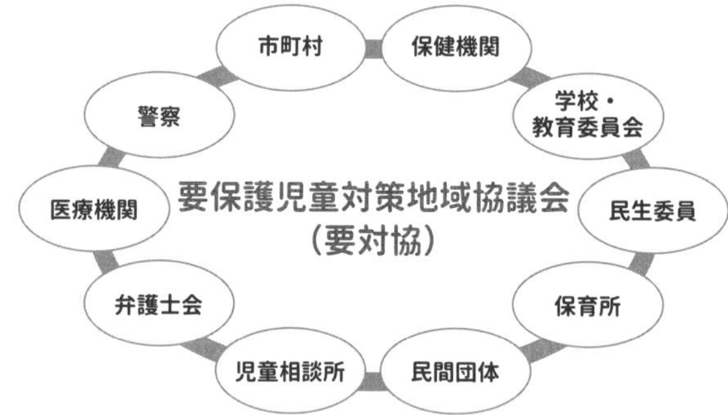

## 「施設養護」と「家庭養護」

社会的養護は大きく、①児童養護施設や乳児院に入所して養育を受ける「施設養護」と、②特別養子縁組や里親のように養育者の家庭に迎えられて養育を受ける「家庭養護」という、2つのタイプがあります。①の施設養護についても、より小規模で、地域の中で家庭的な環境で生活できる形態が制度化されています。このタイプは便宜的に③「家庭的養護」と称されます。

### ①施設養護

**乳児院**

●機能
保護者の養育を受けられない乳児を預かって養育する施設。被虐待児・病児・障害児などにも対応できる専門的養育機能をもつ。

●対象
原則として1歳未満（ただし、3歳程度まで受け入れている施設が多い）。

**児童養護施設**

●機能
家庭に代わる代替養育の場として、安定した生活を過ごせるように支援を行う施設。生活指導、学習指導、家庭環境の調整も行う。

●対象
原則として１歳～18歳未満（必要があれば0歳～20歳）。

### ③家庭的養護

●小規模グループホームケア
●地域小規模児童養護施設（グループホーム）

### ②家庭養護

**養育里親**

養子縁組を目的とせずに、要保護児童を預かって養育する里親。

**養子縁組里親**

保護者のない子どもや家庭での養育が困難で実親が親権を放棄する意思が明確な場合の、養子縁組を前提とした里親。

**専門里親**

虐待を受けた子ども、非行の問題を有する子ども、障害がある子どもなど、一定の専門的ケアを必要とする子どもを養育する里親。

**親族里親**

両親や監護する者が死亡、行方不明、拘禁、疾病による入院などにより、子どもを養育できない場合に、祖父母などの親族が引き取って養育する里親。

**ファミリーホーム**

養育者の住居で子ども5～6人の養育を行うもの。養育里親家庭を大きくした里親型のグループホーム。

## 支援を必要とする青少年へのサポート

社会的養護の措置や委託が解除されたあとも、青少年をサポートする事業があります

**児童自立生活援助事業**

義務教育が終了して、里親等への委託が解除されたり児童養護施設等への入所措置が解除された青少年を、共同生活の住居（自立援助ホーム）で受け入れて、日常生活上の援助、生活指導、就業の支援を行います。一律の年齢制限は設けられず、本人の意見・意向やおかれている状況などから支援の要否が判断されます。

**社会的養護自立支援拠点**

社会的養護経験者や虐待経験がありながらもこれまで公的支援につながらなかった青少年を対象に、相互の交流を行う場所を開設し、相談支援、一時的な滞在による生活支援・居住支援を提供します。

# 4．障害・医療に関する支援

## 障害に関する支援

障害のある子どもに対する支援制度は、「児童福祉法」「障害者総合支援法」「子ども・子育て支援法」「医療的ケア児支援法」など各法を関連させ、相互補完する形で構築されています。同年代の子どもと一緒に保育や教育を受け、障害の有無にかかわらず地域で一緒に成長できるように、障害福祉サービスが“後方支援”するという建付けです。障害特有のニーズに関しては、児童福祉法や障害者総合支援法に基づく以下のようなサービスが受けられます。

「児童発達支援センター」という拠点が、地域における障害児支援の中核的役割を担います。

### ●障害のある子どもが利用可能なサービス等

| 区分 | サービス | 内容 | 根拠法 |
| --- | --- | --- | --- |
| 訪問系 | 居宅介護 | 自宅で入浴、排泄、食事の介護等を行う | 障害者総合支援法 |
| | 同行援護 | 重度の視覚障害のある人が外出するとき、必要な情報提供や介護を行う | |
| | 行動援護 | 自己判断能力が制限されている人が行動するときに、危険を回避するために必要な支援、外出支援を行う | |
| | 重度障害者等包括支援 | 介護の必要性がとても高い人に、居宅介護等複数のサービスを包括的に行う | |
| 日中活動系 | 短期入所（ショートステイ） | 自宅で介護する人が病気の場合などに、短期間、夜間も含め施設で、入浴、排泄、食事の介護等を行う | |
| 通所系 | 児童発達支援 | 日常生活における基本的な動作の指導、知識技能の付与、集団生活への適応訓練などの支援（および治療）を行う | 児童福祉法 |
| | 放課後等デイサービス | 授業終了後または休校日に、児童発達支援センター等の施設に通わせ、生活能力向上のための必要な訓練、社会との交流促進などの支援を行う | |
| | 居宅訪問型児童発達支援 | 重度の障害等により外出が著しく困難な障害児の居宅を訪問して発達支援を行う | |
| | 保育所等訪問支援 | 保育所等を訪問し、障害児に対して障害児以外の児童との集団生活への適応のための専門的な支援を行う | |
| 入所系 | 福祉型障害児入所施設 | 施設に入所している障害児に対して、保護、日常生活の指導および知識技能の付与を行う | |
| | 医療型障害児入所施設 | 施設に入所または指定医療機関に入院している障害児に対して保護、日常生活の指導および知識技能の付与ならびに治療を行う | |

**障害児相談支援**

障害者総合支援法に基づくサービスのケアマネジメント。相談を受け、アセスメントのうえ、利用計画案や利用計画を作成。各種連絡調整。利用開始後にモニタリング。

**計画相談支援**

児童福祉法に基づくサービスのケアマネジメント。相談を受け、アセスメントのうえ、利用計画案や利用計画を作成。各種連絡調整。利用開始後にモニタリング。

※このほか、障害児を在宅で養育している世帯に支給される手当があります（p.98 参照）

**CHECK!!**

児童福祉法に基づいて提供されるサービスは、原則として「18 歳」を過ぎたら対象外となるため、そのタイミングで障害者総合支援法の給付に切り換える必要がある。ただし、障害児入所施設については、例外的に 20 歳まで延長利用が認められており、さらに 2024 年 4 月からは条件付きで 22 歳まで延長できることとなった。対象は以下のとおり。

①自傷他害や物の損壊などの強度行動障害を有する入所者

②入所開始からの経過期間が短く、自立した社会生活を送るためにはなお引き続き施設でのケアが必要な入所者

## 医療に関する支援

### 乳幼児等医療費助成制度

子どもの医療費にかかる自己負担を無償化または低額化するために、各自治体で取り組んでいる助成措置です。国による全国一律の制度ではなく、各市町村で個別に「対象年齢」や「所得制限」や「一部自己負担」などを設定しています。

### 小児慢性特定疾病医療費助成制度

小児慢性特定疾病（788 疾病：2021 年 11 月～）にかかっている子どもの医療費負担を軽減する制度があります。窓口での自己負担は２割負担となり、以下の自己負担上限額（月額）を超えた支払いが不要となります。手続きは、149 ページをご参照ください。

#### ●自己負担上限月額

<table>
<tr><th rowspan="2">階層区分</th><th rowspan="2" colspan="2">年収の目安<br>（夫婦２人子ども１人世帯の場合）</th><th colspan="3">自己負担上限月額</th></tr>
<tr><th>一般</th><th>重症※</th><th>人工呼吸器等装着者</th></tr>
<tr><td>Ⅰ</td><td colspan="2">生活保護等</td><td colspan="3">0 円</td></tr>
<tr><td>Ⅱ</td><td rowspan="2">市町村民税非課税</td><td>低所得 Ⅰ<br>（～約 80 万円）</td><td colspan="2">1,250 円</td><td rowspan="5">500 円</td></tr>
<tr><td>Ⅲ</td><td>低所得 Ⅱ<br>（～約 200 万円）</td><td colspan="2">2,500 円</td></tr>
<tr><td>Ⅳ</td><td colspan="2">一般所得 Ⅰ<br>（市区町村民税 7.1 万円未満、～約 430 万円）</td><td>5,000 円</td><td>2,500 円</td></tr>
<tr><td>Ⅴ</td><td colspan="2">一般所得 Ⅱ<br>（市区町村民税 25.1 万円未満、～約 850 万円）</td><td>1 万円</td><td>5,000 円</td></tr>
<tr><td>Ⅵ</td><td colspan="2">上位所得<br>（市区町村民税 25.1 万円以上、約 850 万円～）</td><td>1 万 5000 円</td><td>1 万円</td></tr>
<tr><td colspan="3">入院時の食費</td><td colspan="3">１／２自己負担</td></tr>
</table>

※重症…①高額な医療費が長期的に継続する者（医療費総額が 5 万円 / 月（たとえば医療保険の 2 割負担の場合、医療費の自己負担が 1 万円 / 月）を超える月が年間 6 回以上ある場合）、②現行の重症患者基準に適合するもの、のいずれかに該当。

ヤングケアラーに対する支援

## 中高生が親族を介護している世帯がある。どんな支援が必要か？

**A** 支援を増やして、子どもにかかる過重な負担を取り除くようにしましょう。安心して思いや悩みを話せる「場」の確保も大事です。

### ①成長過程で孤立するヤングケアラー

家族の介護や家事を行っている18歳未満の子どものことを「ヤングケアラー」といいます。成長過程ながら、介護や家事に追われて学業に支障を来したり、同世代の仲間と親交を結ぶ時間・機会を持てずに孤立してしまったり——といった“しわ寄せ”が問題となっています。

**●ヤングケアラーの例**

障害や病気のある家族の身の回りの世話をしている

目の離せない家族に対する見守りや声かけをしている

障害や病気のある家族に代わって家事を行っている

家族に代わり、幼いきょうだいの世話をしている

### ②背景にある「世帯全体の課題」

そもそも子どもが家族をケアせざるをえない状況は、たとえばひとり親家庭であったり、保護者が長期入院していたり、障害や依存症を抱えていたり、外国籍であったり、低所得であっ

たり――といったほかの生活上の困難から生じています。このような根本の課題についても、分野をまたいで連携しながら対応していく必要があります。

### ●ヤングケアラーの背景となる生活課題

親が長期入院

親に障害等がある

外国籍

低所得

## ③サービスを増やしてケアにかかる負担を軽減

ヤングケアラーのいる世帯を担当する相談援助職には、子どもが自分自身のことにエネルギーを注げるように、ケアにかかる負担を軽減する配慮が求められます。2024年度からは、ヤングケアラーのいる家庭も使える「子育て世帯訪問支援」というサービスが、児童福祉法のもとで始まりました。ぜひ有効活用してみてください。

あわせて、日常の出来事や感じたことを安心して話せる環境につなげて、孤立を防ぐ取り組みが必要です。

- よき「聴き手」になる
- フォーマル／インフォーマルを問わず、支援を増やす
- 気兼ねなく他者とつながれる場に案内する（場がなければつくる／つくるよう促す）
- 関係分野（教育、生活困窮、医療、多文化共生・外国人相談支援等）の機関と連携・情報共有

### 負担軽減の"さじ加減"、伴走しながら最善を図る

子どもは、現在自分が直面している状況、助けてほしいことを、必ずしも大人のように言語化できるとは限りません。ヤングケアラーの場合、自分のことを後回しにすることが習慣化してしまって、たとえしんどい状況でも、そのことに自ら気づいていないこともあります。それだけ、丁寧なアセスメントが必要です。

その一方で、ケアによる負担を「減らすべき苦役」と位置づけて、その軽減を最大目標としてしまうと、ヤングケアラーの家族を思う気持ちや役割意識を否定することにもなりかねません。思いを汲み取りつつ、人生の「選択肢」が狭まらないように、伴走しながら最善を探る取り組みが求められます。

ダブルケアへの対応

# Q2 要支援の父を世話していた母が入院して、育休明けの娘が介護者に。どのような対応が求められる？

**A** １人で抱え込んで疲弊してしまわないように、「ゆとり」をもってもらうための手立てを講じます。介護－保育でサービスを横断的に活用し、緊急時の預け先を確保し、当事者間でつながれる場をつくります。

## ①「ダブルケア」――親持ち子持ち青壮年層に共通のリスク

「父母＋その娘でシングルマザー（１人）＋孫（１人）」の４人家族で、もともと父が脳卒中による後遺障害で要支援１の状態にあったものの、母の世話によって支障なしに日常生活を送れていた。ところが、その母が転倒による骨折で入院。幸い大事には至らなかったが、「母が退院するまでの父の日中の世話や見守りをどうするか」「母に後遺障害が残った場合はどうしたらよいか」が目下の課題となっている。急きょ、介護のキーパーソンとなった娘は、ちょうど育児休業が満了して仕事復帰を果たした矢先であり、今後育児も介護もこなしながら働き続けることができるのか気に病んでいる――という事例です。

「高齢化」「晩婚化・晩産化」「世帯の小規模化」が同時進行する今日では、決して珍しい光景とはいえません。子育てと介護の責任が同時発生する「ダブルケア」は、親をもち子をもつ青壮年層に共通したリスクであるともいえます。

## ②サービス活用・緊急時の預け先確保で「ゆとり」を

ここで大事なことは、ダブルケアラーの時間的・精神的なゆとりを確保することです。

ダブルケアラーにとって“しんどい”のは、「同時に手が回らず、育児と介護に優先順位をつけざるをえないとき」であるとされます。介護を優先せざるを得ず、育児が後回しとなり、「こんなことではいけない」という罪悪感・焦燥感・自責の念が蓄積されていってしまうのです。したがって、同時集中が起きないように手立てを講じることが肝要です。余裕をもったサービス量や、送迎の時間帯が重ならないようにずらすなどの配慮が求められるでしょう。

併せて、突発的な事態にも柔軟に対応できるように、介護・保育ともに、緊急時に利用できる預け先を確保しておくことも重要です。

### ●ダブルケアラーへの対応ポイント

**よき聴き手となる**

いまつらいと感じることを吐き出してもらう

**負担の同時集中を防ぐ**

・余裕をもったサービス量
・送迎の時間帯が重ならないようにずらす　等

**緊急の預け先を確保する**

（公的な預け先）
・一時預かり、病児保育
・ファミリーサポートセンター
・子育て短期支援事業
・短期入所生活介護ほか

**関係機関間で連携する**

・地域包括支援センター
・こども家庭センター
・地域子育て相談機関　等

### 当事者同士がつながれる「場」をつくる

ケアラー同士がつながって、悩みや気持ちを安心して打ち明け合ったり、情報や経験知を交換し合ったりする「ダブルケア・カフェ」のような“場”があれば、孤立防止に非常に有効です。介護・保育で連携して、地域内での場づくりを進めてみてはいかがでしょうか。「子ども食堂」や「認知症カフェ」といった社会資源がすでに存在する地域では、そこで多世代交流を進めていくというのも一つの方法です。

## 子ども食堂の利用
## 「子ども食堂」ってどんな利用条件があるの？

**A** 大半の食堂が、対象を限定せず、どんな子も無条件に受け入れています。年齢にかかわらず、「多世代交流拠点」として運営されているところも少なくありません。

### ①一人でも行ける無料または低額の食堂

子ども食堂とは、「子どもが一人でも行ける無料または低額の食堂」のことです。保育所や学童保育のように、法令に根拠のある施設ではなく、地域のニーズを受けて自発的に創出されたインフォーマルな社会資源です。必ずしも「子ども専用」食堂ということを意味せず、なかには、「参加者の９割が高齢者」というところもあるそうです。名称も「地域食堂」「みんな食堂」などさまざまなものがあります。

子どもの居場所や孤食解消・欠食防止に軸足を置く食堂もあれば、地域住民の多世代交流促進に注力する食堂もあり、2023 年時点で全国に 9,131 か所あります。

**●さまざまな「子ども食堂」の形**

## ②多様な場所で開催、頻度もさまざま

子ども食堂に、設置や運営に関する公的な基準はありません。開催場所には、公民館や児童館などの公共施設、事務所、空き店舗、民家や個人の自宅、飲食店、医療機関や介護施設、お寺や教会などが使われています。運営主体は、NPO 法人、社会福祉法人、自治会、民間企業、協同組合、個人（食堂のオーナー、商店街の店主、PTA の有志、保育士など）とさまざまで、食材や資材、調理など運営に要する費用・人員は主に寄付やボランティアによって賄っています。自治体や企業・民間団体などによる助成を受けているところもあります。

| 料金 | 開催頻度 |
|---|---|
| 食堂ごとに独自に設定されている。<br>多くは、子ども無料～ 200 円程度、大人 200 円～500円程度。子どもについては「手伝えば無料」としているところもある。 | 月１回開催のところから、毎日開催のところまで、まちまち。食事提供以外にも、調理実習、学習支援教室、季節の行事やイベントなどを行っているところもある。 |

詳細については、自治体や社会福祉協議会の広報誌やホームページからご確認ください。また、全国単位・都道府県単位で子ども食堂を検索できるサイトがあります。

- **こども食堂などを探す（内閣府>子供の未来応援国民運動）**
  https://kodomohinkon.go.jp/help/link_kodomo/
- **ガッコム×むすびえ：こども食堂マップ**
  https://kodomoshokudo.gaccom.jp/
- **こども食堂ネットワーク**
  http://kodomoshokudou-network.com/

## 全国に広がる開設、社会のインフラに

子ども食堂は、万人に共通の“食”というニーズを通じて「誰でも気軽に立ち寄れる場」として開設されていることで、結果として、支援を要する子や保護者にとっても参加しやすい場になっています。ニーズの高まりを受け、コロナ禍となる 2020 年以降も前年比２割増しを超えるペースで増えており、地域差はあるものの、中学校とほぼ同数の開設状況となっています。

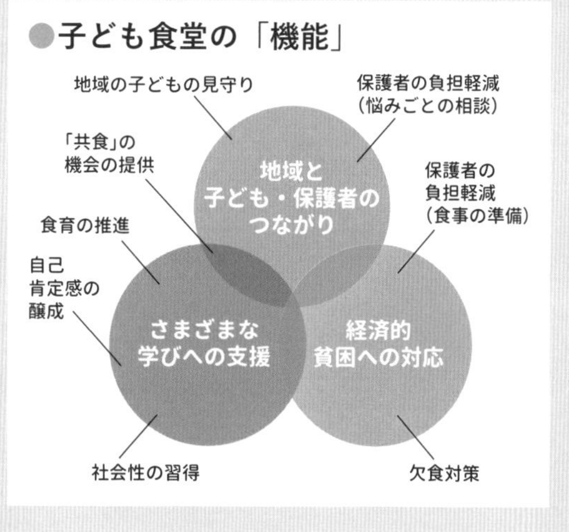

COLUMN

# 児童手当の見直し

中学生までの子どもがいる世帯に“子育て支援”の趣旨で支給される現金給付「児童手当」について、2024年10月に3つの拡充が図られます。

**①支給期間の延長**

従来は15歳到達後の年度末で支給終了であったものを、**18歳到達後の年度末**まで継続

**②第3子以降の支給額引上げ**

従来は第3子以降について、「出生後から12歳の年度末まで月1万5000円、それ以後は1万円」としていたものを、**「出生後から18歳到達後の年度末まで月3万円」**へと拡充

**③所得制限撤廃**

従来は一定以上の所得があると、支給額が引き下げられたり、支給対象外とされていたものを、**「子どもがいるすべての世帯に同じ給付額」**が支給されるように見直し

あわせて、支給回数を従来の年3回から年6回に倍増する運用改善も図られます。見直し後の児童手当は、2024年12月から支給されます。

●児童手当の拡充

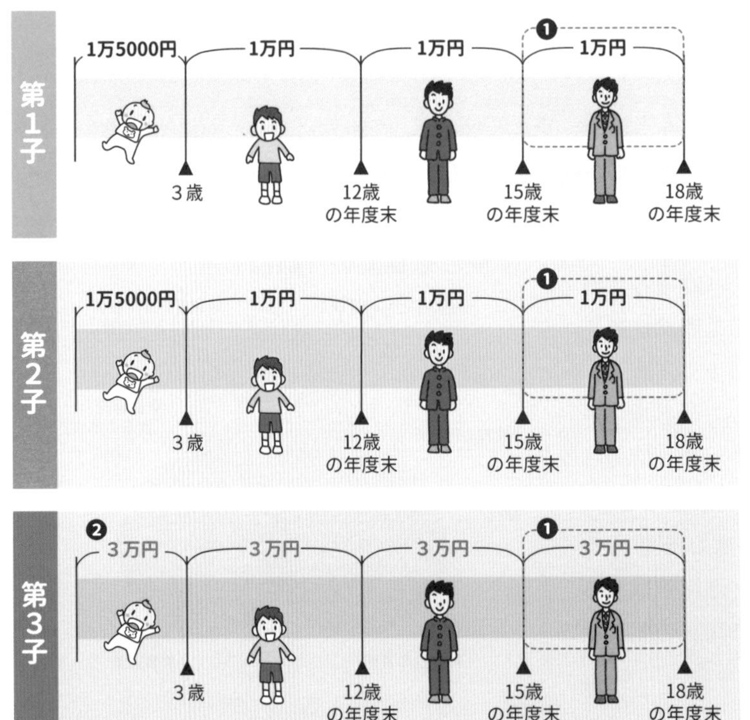


**❶支給期間延長**

15歳の年度末
→**18歳の年度末**

**❷第3子の支給額引上げ**

月1万5000円（～小学生）
月1万円（～中学生）
→**通しで月3万円**

**❸所得制限撤廃**

（従来の所得制限）
●所得が一定以上の世帯はこども1人につき一律5,000円
●所得が上限を越えた世帯は支給対象外

→**子どもがいるすべての世帯に支給されるようになる**

**★支給回数倍増**

年3回(2月、6月、10月)
→**年6回(2月、4月、6月、8月、10月、12月)**

# 第7章

# 地域共生

# ①「地域共生」をザックリ押さえよう!

## 既存制度の"穴"

社会保障制度は、暮らしの安定を損なうリスクに直面しても、貧困に陥ることなく、安心して生活を維持できるように、公的責任のもとで必要な給付や支援を行うしくみです。

ただし、リスクを想定して対象者を定め（高齢、障害、子育て家庭、低所得など）、典型的なサービスを準備して対応するものであるため、"縦割り主義"が貫徹し、あらかじめ定められた要件に該当しなければ、給付が受けられないようになっています。

そのため、制度の狭間のニーズがカバーされなかったり、生活課題が複合した世帯に対して十分な対応がとられなかったり、そもそも相談や申請をしなければセーフティネットから漏れるという"穴"がありました。

## つながりの弱体化

加えて、近年わが国では①人口減少と少子高齢化、②単身世帯の増加、③労働の非正規化といった社会構造の変化が進み、これまで人と社会をとり結んできた「血縁・地縁・社縁」の"つながり"が弱体化しています。

人と人のつながりは、いざというとき、急場をしのぐための一時的な援助や、公的支援の利用に関する助言、各種の紹介・斡旋、見守り・悩み相談など、困難や不安を軽減するセーフティーネットとなりえます。逆に、そうしたつながりがなければ、リスクはそのまま暮らしの破綻へと直結する可能性が高まります。困難を抱えてからも、周囲に支援を求められず、周囲も本人の窮状に気づかずに、さらに問題が深刻化するおそれがあります。

### ●セーフティネットをめぐる課題

**既存の社会保障制度で対応できていないニーズ**

**世帯の複合課題**
（例）
・８０５０問題
・ダブルケア
・ヤングケアラー
・虐待と精神障害

**制度の狭間**
（例）
・ひきこもり
・ごみ屋敷、孤立
・障害者手帳の取得はないが障害の疑い

**埋もれた事案**
（背景）
・支援の受け方がわからない
・支援が必要だと思っていない
・頼る人がいない
・支援や相談へのトラウマ
・周囲の見て見ぬふり

現在進行形の環境変化：世帯構造の変容 ＋ 共同体機能の脆弱化 ＋ 人口減による担い手不足

## 地域のつながり・支え合いをセーフティネットに

つながりの脆弱化は社会全体の支援ニーズを押し上げます。今後、「支え手」たる現役世代に大幅な人口減が見込まれるなか、このままではかなり厳しい近未来が予想されます。

こうした事態を打開するために、社会保障制度の見直しとともに、支援を必要とする人のニーズにあわせて適時・ピンポイントに支援が提供できるように、“横串を刺す”しくみづくりが、現在、進められています。いわゆる「地域共生社会の構築」です。

縦割りを排して、あらゆる困りごとを包括的に受け付ける相談体制を整えつつ、ニーズを満たす社会資源を地域のなかで創意工夫をもって柔軟につくり出す取り組みを促し、できるだけ多くの人が支え手の一員となって、互いに気に掛け合う地域社会に変革していこう——という一連の改革です。自ら声を上げられず支援につながることが難しい状況の人・世帯を対象とした、アウトリーチによる支援も行われます。

以上のような体制を「包括的な支援体制」と呼び、各市町村において整備することが、2017 年社会福祉法改正で努力義務に規定されています。さらに全国的に体制整備を促すための政策パッケージ「重層的支援体制整備事業」が 2020 年の社会福祉法改正で創設され、現在、普及が図られているところです。

すべての相談援助職にとって、ニーズ発見、情報連携と協働、地域づくりや関係性づくり——等々といったソーシャルワークの腕の見せ所となります。

※本章「地域共生」は、分野横断の支援・施策、支え手と支えられ手が一体となった支援体制づくり、支え合いの“つながり”づくりにかかわる施策を解説します。

### ●包括的支援体制によるセーフティネットの充実

人と人とのつながりそのものがセーフティネット

地域の居場所などにおけるさまざまな活動等

専門職によるかかわりの下、地域住民が出会い、学び合う機会

地域住民の気にかけ合う関係性

つながり・支え合い

専門職による伴走型の支援

寄り添い型の支援

時間をかけたアセスメントによる課題の解きほぐし

本人と世帯の状態の変化に寄り添う継続的な支援

多様なつながりが生まれやすくするための環境整備

専門職の伴走によりコミュニティにつなぎ戻していく観点

これらが重なり合うことで、地域におけるセーフティネットが充実していく

出典：厚生労働省資料

# ❷ 活用までの流れとポイント

重層型支援体制整備事業、ひきこもり支援、居住支援などの概要について解説します。

## 1. 重層型支援体制整備事業

重層的支援体制整備事業は、各市町村が地域共生社会づくりを進めやすいように、国が普及を図っている政策パッケージです（2024年度中に全国346市町村で導入済となる予定）。

この事業を実施している地域では、対象者の属性や世代を問わず、包括的に相談を受け止めて必要な支援を行う体制が整えられています（包括的な相談支援）。自ら声を上げられず支援につながることが難しい人・世帯を対象としたアウトリーチ支援もあわせて行われます。

さらに、個人のニーズにあわせて居場所や役割が得られるよう地域の社会資源につなぐ「参加支援」、世代や属性を越えて交流できる場や居場所が地域のなかに増えるよう側面支援する「地域づくり支援」が実施されています。

●重層的支援体制整備：3つの機能

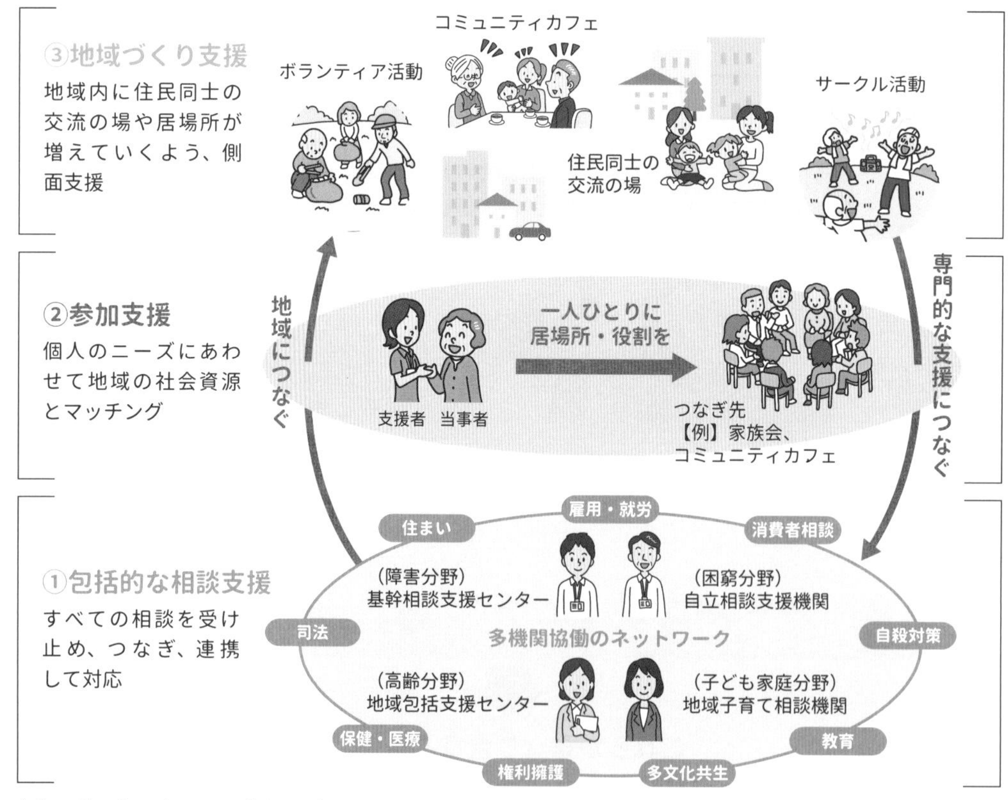


出典：香取市公式サイト「重層的支援体制整備への取り組み」をもとに筆者作成

## 相談受付の体制

基本的には従来の高齢（地域包括支援センター）、障害（基幹型相談支援センター）、こども家庭（地域子育て相談機関）、生活困窮（自立相談支援機関）の分野別の機関が対応し、そこで対応困難なケースについては「重層的支援会議」という会議体で対応するというしくみになっています。

### ●重層的支援会議と既存の窓口

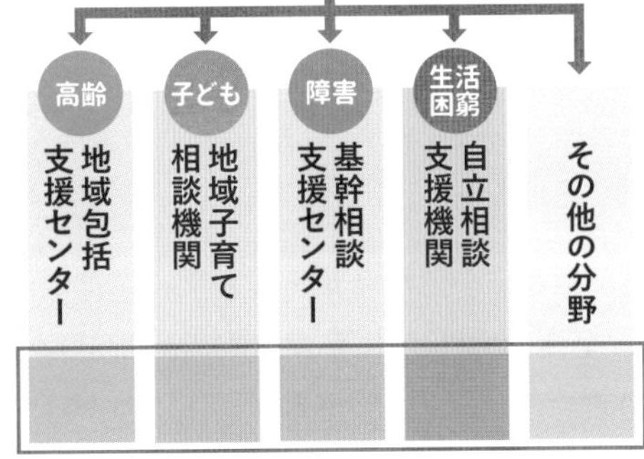


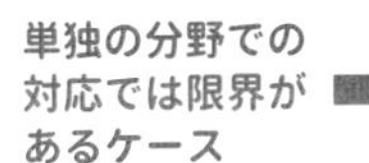


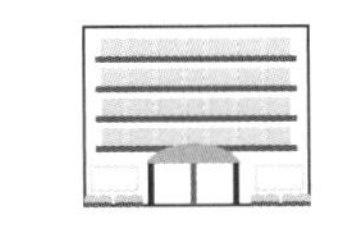

出典：「重層的支援体制整備事業に係る自治体等における円滑な実施を支援するためのツール等についての調査研究」（令和3年（2021年）3月　三菱UFJリサーチ＆コンサルティング）p.38をもとに筆者作成

生活課題を抱えた人や世帯が相談につながりやすいように、地域の社会資源との連携も積極的に図ることとしています。ふだん通っている介護予防教室やこども食堂などでのなにげない会話のなかから、深刻な生活課題から明らかになることもあるからです。

### ●相談につながるルートを広く確保しておく

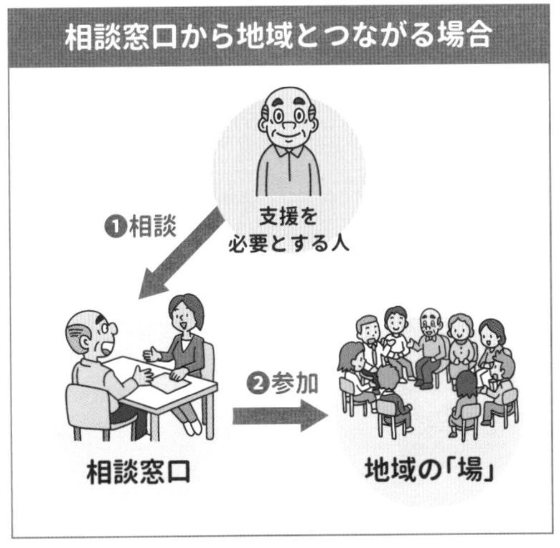

出典：「重層的支援体制整備事業に係る自治体等における円滑な実施を支援するためのツール等についての調査研究」（令和3年（2021年）3月　三菱UFJリサーチ＆コンサルティング）p.35をもとに筆者作成

# 2. ひきこもりの支援

## 「ひきこもり」の理解

ひきこもりとは、「様々な要因の結果として社会的参加（義務教育を含む就学、非常勤職を含む就労、家庭外での交遊など）を回避し、原則的には6か月以上にわたって概ね家庭にとどまり続けている状態（他者と交わらない形での外出をしている場合を含む）を指す現象概念」※です。

部屋から一歩も出ずにこもっている状態だけを指すのではなく、近所に買い物に出かける程度の外出を伴う場合も含まれます。

※引用：厚生労働省「ひきこもりの評価・支援に関するガイドライン」

### ①本人にしかわからない"生きづらさ"

ひきこもりの背景には、特定の精神疾患や発達障害が隠れている場合があります。精神保健福祉センターでのひきこもり相談来談者の調査では、全体の30%弱に発達障害の診断がついたという報告もあります。また、聴覚や嗅覚の感覚過敏や"こだわり"で本人にしかわからない"生きづらさ"に直面していることもあるとされます。

### ②誰にでも起こり得る、自分の身を守る反応

ひきこもりは、特別な人に、特別に起こることではなく、「誰にでも起こり得る、自分の身を守る反応の一つ」です。その理解に立ち、ひきこもりが原因となって現に本人・家族に生じている生活困難を軽減していくはたらきかけが求められています。

しかし、ひきこもりに対しては、未だに誤った理解・偏見が根強く存在しています。こうした誤解・偏見が、当事者や家族をさらなる自己否定へと追いやり、孤立させ、支援の手から遠ざけSOSを出せなくして、問題をこじれさせる主な要因の一つになっています。

**●ひきこもりへの誤解・偏見（例）**

本人の甘えではないか

何をするかわからない

親の育て方が悪いからだ

怠けているだけではないか

周りにいてほしくない

**こうした偏見が本人や家族を「孤立」へと追いやっている**

### ③８０５０問題

ひきこもりは青少年のみならず、全世代に起こり得るものです。ひきこもり状態の「子」が中高年、その「親」も要介護リスクの高まる後期高齢世代に達して、さまざまな生活課題が複合的に発現した状況のことを「８０５０問題」といいます。地域から孤立し、保健・福祉専門機関ともつながらず､親の入院や要介護などをきっかけに把握されることが少なくありません。

●「8050世帯」の抱える課題例

**ひきこもり本人の心身の健康状態悪化**
- 加齢による生活習慣病
- ひきこもりの長期化に伴う精神疾患

**生活困窮**
低収入・貯蓄枯渇による家計破綻、生活困窮

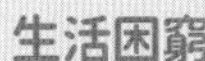

**「親なき後」への悲観**
親なき後、「どのように生きていけばよいのか」という人生への悲観・絶望

**ごみ屋敷化**
家事を担っていた親が要介護状態となったことによる「ごみ屋敷化」

**介護放棄・虐待**
親に対する介護放棄、身体的・精神的虐待。場合によっては、死体遺棄

**孤立・孤独化**
「親なき後」のさらなる孤立、孤独化

## 「ひきこもり」に関する相談窓口、支援体制

ひきこもりに関する各種相談は、以下の機関が受け付けています。

### ひきこもり地域支援センター

ひきこもり支援の総合相談窓口。全都道府県および指定都市に設置され、2022年度からは基礎自治体でも整備が進められている。

**都道府県域の支援センター**

ひきこもり支援コーディネーター（社会福祉士、精神保健福祉士等）や、法律、医療、心理、就労など各分野の専門家で構成される多職種チームが配置され、ひきこもり支援に携わる人材の養成や、市町村等の後方支援も担っている。

**市町村域の支援センター**

①相談支援、②居場所づくり、③ネットワークづくり、④当事者会・家族会の開催、⑤住民向け講演会等の開催等を総合的に実施している。「ひきこもり支援ステーション」という小規模拠点を整備して、前述の①～③に取り組む市町村もある。

### 生活困窮者自立相談支援機関

生活困窮者自立支援制度の実施機関(各市、町村の一部及び都道府県に設置)。ひきこもり、多重債務、住居喪失、ＤＶ被害等々の複合的な生活課題や、制度に該当しない相談事案も幅広く受け付け、支援につなげている「よろず相談窓口」。窓口の名称は、市町村によって「くらしサポートセンター」「生活あんしんセンター」「市民なやみごと相談窓口」などさまざま。

### 精神保健福祉センター

都道府県単位で設置されている精神保健福祉の専門機関。「こころの健康センター」という名称のところもある。ひきこもりのほか、精神保健福祉全般にわたる相談を行っており、電話や面接で相談できる。

### 保健所

地域住民の健康を支える中核施設。ひきこもり相談をはじめ、こころの健康、保健、医療、福祉に関する幅広い相談を受け付けている（電話、面談、訪問)。

## 「当事者会」と「家族会」

ひきこもっている当事者やその家族にとって心強い社会資源が、「当事者会」と「家族会」です。同じような体験をしているメンバーのなかで、偏見の目で見られる心配なしに人と交流する機会をもつことで、悩みや不安を共有して気持ちの立て直しを図ったり、気づきや新たな情報を得たりすることができます。

| 当事者会 | 家族会 |
|---|---|
| ひきこもりの当事者・経験者で構成される互助の組織で、思い思いにそこで時間を過ごせる「居場所」を運営したり、オンラインで当事者同士のコミュニケーションを図れるサイトを運営したりしています。 | ひきこもりの状態の人の「家族」によって構成される互助の組織で、「ひきこもる本人とのかかわり方」を学習したり、ひきこもり経験者による体験発表を聴いて質疑応答したり、近況報告などを行っています。 |

●ひきこもり支援施策のイメージ

家族会、当事者会

企業、商店

NPO 法人

ハローワーク

社会福祉法人

家族に対する
相談や講習会

就労に限らない
多様な社会参加

参加しやすい安心
できる居場所

民生委員

社会福祉
協議会

地域若者サポー
トステーション

・当事者会・家
族会の開催
・住民向け講演
会等の開催

アウトリーチ
支援

・居場所づくり
・ネットワーク
づくり

・来所相談
・電話相談
・オンライン相談

・来所相談
・電話相談
・オンライン相談

ひきこもり
サポーター
による支援

保健所等

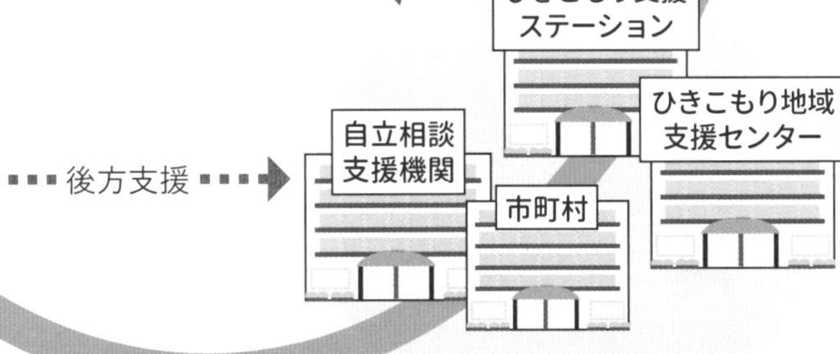


ひきこもり
地域支援
センター

後方支援

（都道府県域）

（市町村域）

# 3. 居住支援

## 住宅セーフティネット制度と居住支援

身寄りがなく収入の乏しい人は、いつ住まいを失うかわからない「住居喪失」のリスクにさらされています。低家賃の物件には限りがあるうえ、連帯保証人や緊急連絡先を用意できない時点で門前払いされてしまうことが大半だからです。

こうした状況を改善するための制度が「住宅セーフティネット制度」です。市場原理のもとでは住まいの確保の難しい人を、「住宅確保要配慮者」として定義し、家主側が"貸しやすくなるしくみ"と、借主側が"借りやすくなるしくみ"を設けています（下図）。

### ●住宅セーフティネット制度と居住支援のしくみ

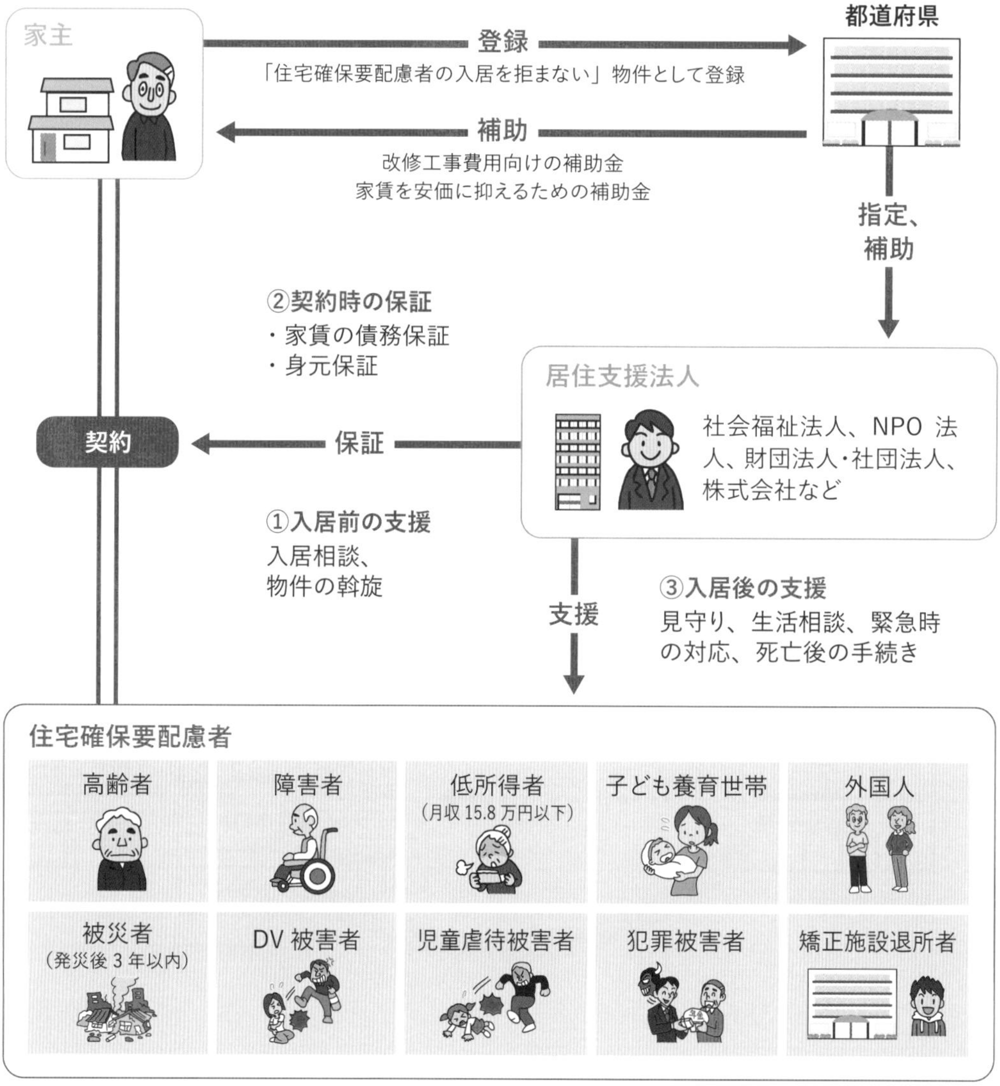

家主

都道府県

登録
「住宅確保要配慮者の入居を拒まない」物件として登録

補助
改修工事費用向けの補助金
家賃を安価に抑えるための補助金

指定、補助

②契約時の保証
・家賃の債務保証
・身元保証

居住支援法人
社会福祉法人、NPO 法人、財団法人・社団法人、株式会社など

契約

保証

①入居前の支援
入居相談、
物件の斡旋

支援

③入居後の支援
見守り、生活相談、緊急時の対応、死亡後の手続き

住宅確保要配慮者

| 高齢者 | 障害者 | 低所得者（月収 15.8 万円以下） | 子ども養育世帯 | 外国人 |
|---|---|---|---|---|
| 被災者（発災後 3 年以内） | DV 被害者 | 児童虐待被害者 | 犯罪被害者 | 矯正施設退所者 |

### ①「拒まない物件」のデータベース、国の公式サイトで公開中

「住宅確保要配慮者の入居を拒まない」と登録された物件は、「登録住宅」としてデータベース化され、国土交通省管理による公式サイトで、誰でも閲覧できるようになっています（297ページ参照）。

### ②家主の懸念するリスクを取り除く「居住支援」、地域住民との関係性づくりも

家主側の「入居拒否」は、「孤独死」「ごみ屋敷化」「家賃滞納」といったリスクを避けるための自己防衛の結果です。そのリスクを取り除くために、家賃債務保証や見守りなどの取り組み（＝いわゆる「居住支援」）が、社会福祉各制度のなかでメニュー化されています。あわせて、入居する本人にとって、その住まいが人生の基盤となる「居場所」となるように、地域のほかの住民との関係性の輪が広がるような支援を、居住支援の一環として行っている自治体もあります。

居住支援は、以下のように社会福祉各制度のなかでメニュー化されています。

#### ●「居住支援」の取り組み内容（例）

| 入居前の支援 | 契約にあたっての支援 | 入居後の支援 | 死亡後の手続き |
|---|---|---|---|
| ・相談<br>・アセスメント<br>・支援プランの作成<br>・住宅とのマッチング<br>・転居支援 | ・家賃債務保証<br>・身元保証 | ・定期訪問・モニタリング<br>・緊急時の対応<br>・地域社会への参加の誘導<br>・就労に向けた支援 | ・諸手続き<br>・戸室清掃<br>・葬儀の手配<br>・残存家財処分 |
|  |  |  |  |

#### ●社会福祉各制度の「居住支援」

**介護保険制度**

●高齢者の安心な住まいの確保に資する事業※

空き家等の民間賃貸住宅や集合住宅等に入居する高齢者を対象に、安否確認、緊急時の対応等を行う生活援助員を派遣する。

※地域支援事業の一つ

**障害者総合支援制度**

●自立生活援助

障害者支援施設やグループホーム等から地域での一人暮らしに移行した障害者等に対し、支援員が定期的に居宅を訪問して日常生活における課題を確認し、必要な助言や関係機関との連絡調整を行う。

**生活困窮者自立支援制度**

●生活困窮者地域居住支援事業

地域に単身等で居住し、親族等の支援が見込めない「孤立した生活」を送る生活困窮者等に対し、住居の確保にあたっての支援、見守りや生活相談、互助の関係づくりを行う。

**子ども家庭福祉**

●社会的養護自立支援事業等

里親等への委託や児童養護施設等への入所措置の解除後、原則として22歳の年度末まで、引き続きとどまれることとし、生活・就労相談や、賃貸住宅の賃借時等に身元保証を行う。

## ③事例で学ぶ! 制度活用術

ひきこもり支援

### 利用者宅にひきこもりの「子」が同居していることがわかった。相談援助職としてどのような対応が求められるか?

**A** 地域の専門機関と連携させてほしいと申し出て、同意を得てつなぎます。
相談援助職としては「よき相談相手」でいてください。

### ①所得、就労、医療、介護…多岐にわたる課題の可能性

ひきこもりは、「傷つくリスク」を回避するために社会的関係を自ら「断つ」行動です。それが長期化することで、「ひきこもっている」ということ自体が劣等感や孤立感を膨らませる要因になるとされています。親も含めて世帯として地域から孤立し、保健・福祉専門機関ともつながらず、親の入院や要介護などをきっかけに把握されることが少なくありません。そのときには、所得、就労、医療、介護など多岐にわたる課題が折り重なっているものです。

**ひきこもりの人のいる「8050世帯」が抱える課題例**

- ひきこもり本人の心身の健康状態悪化
- 家事を担っていた親の要介護による「ごみ屋敷化」
- 親に対する介護放棄、身体的・精神的虐待(場合によっては死体遺棄)
- 低収入・貯蓄枯渇による家計破綻、生活困窮
- 「親なき後」の人生への悲観・絶望

## ②受容し、包括につなぐ

どこまで踏み込むべきかは、判断が難しいところですが、まずは利用者（親）に対して、それまでの苦悩の日々に「ねぎらい」の言葉をかけます。そのうえで、リスクへ効果的に対応できるように「地域の専門機関と連携させてほしい」と申し出て、同意を得たうえで、それぞれの地域でひきこもり支援をワンストップで受け付けている機関につなぐようにします。なお、市町村によって窓口が異なりますので、不明な場合は市町村に問い合わせるか、地域包括支援センターに相談するとよいでしょう。なお、地域共生社会の取り組みに着手している市町村では、包括的に相談を受け止めて必要な支援を行う体制が整えられています。

### ●地域の専門機関と連携して対応する

親の苦悩を受容

リスクに対応できるよう
「関係機関との連携」を打診

同意を得て、つなぐ

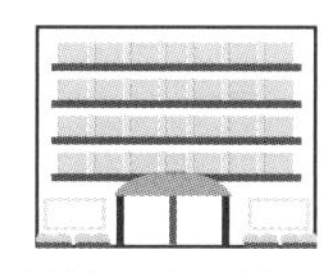

地域の専門機関

## ③ニーズに応じて重層的に支援。相談支援職も見守りの継続を

その後は、下表のような機関が連携して重層的に対応が図られることとなります。相談支援職も、利用者に最も身近な専門職として、利用者の話によく耳を傾け、変わったところがないか見守り、ヘルパーらからも情報収集し、適宜情報共有を図ることが求められます。

### ●ひきこもり世帯での主たるニーズ例と、対応する支援・窓口

| ニーズ | 支援 | 窓口・機関 |
|---|---|---|
| ワンストップ | 相談受付、連携・調整 | 地域包括支援センター<br>市町村（生活困窮者自立支援窓口） |
| ひきこもり全般 | 一次的な相談窓口<br>養成研修、後方支援 | ひきこもり地域支援センター（都道府県、市町村） |
| 親の要介護 | 介護サービス | 市町村（介護保険）／地域包括支援センター／居宅介護支援事業所／介護サービス事業者、介護施設 |
| ひきこもりの人の健康 | 医療 | 医療機関（精神科含む） |
| | 精神保健 | 精神保健福祉センター／保健所／市町村（保健センター） |
| ひきこもりの人の福祉 | 障害福祉サービス | 市町村（障害者福祉担当）／相談支援事業者／障害福祉サービス事業者 |
| 生活困窮 | 生活困窮者自立支援 | 市町村（生活困窮者自立支援窓口） |
| | 生活保護 | 福祉事務所 |
| 経済的自立 | 就労支援 | 市町村（生活困窮者自立支援窓口） |
| 社会的孤立 | 電話相談、Twitter | よりそいホットライン（24 時間 365 日対応）<br>☎0120-279-338 |

8050問題と地域づくり

## 地域の潜在的な「8050問題」への対応として、どのような取り組みが必要？

**A** ひきこもっていることを責めない人や、安心できる場所を、地域のなかで少しでも増やすことが必要です。

### ①長期化によるリスクの重複発生、共倒れのおそれも

内閣府の調査では、40～64歳の中高年世代が1,000人いれば、そのうち14.5人がひきこもり（予備群も含む）であるとされています。

ひきこもりが長期化すると、親の退職による収入減と貯蓄の目減り、親の病気や要介護、家事遂行者が不在になることによる衛生状態や健康状態の悪化——といったリスクにさらされることとなります。地域のなかで孤立した世帯では、ネグレクトによる衰弱死や共倒れのおそれがあります。

#### ●ひきこもりの長期化が招くリスク

ひきこもりの長期化 → さまざまなリスクに直面 → ネグレクトによる衰弱死、共倒れのおそれも

・親の退職による収入減
・親の病気、介護
・本人の健康状態の悪化　など

## ②当事者が声をあげられるように、地域を変える

しかし、８０５０世帯に支援を届けることは容易なことではありません。ひきこもっている本人のみならず、親も「知られたくない」との思いで子の存在を隠してしまったり、あるいは過去に相談したときのトラウマであきらめてしまったり、不信感で支援を受け付けなくなっているからです。

打開策は、環境のほうを変えることです。当事者が自ら「私（私たち）はここにいます！助けを必要としています！」と声をあげられるように、地域を変えていけばよいのです。

具体的には、以下のとおりです。

①隠さなくていいように、「ひきこもりは誰にでも起こりうる」ことを啓発する
②好奇や嘲笑、非難の眼差しにさらされることのない「安全な居場所」を増やす

## ③啓発と居場所づくりで、社会的孤立を解きほぐす

現在、都道府県や市町村では、ひきこもり当事者やその家族が身近なところで相談や必要な支援を受けられるように、相談窓口の設置や居場所づくり、関係者間のネットワーク構築、当事者会・家族会の開催などの体制調整を進めています。各相談援助職においても、以下のような行動を起こすことが求められています。地域のなかの「生きづらさ」を少しでもなくし、社会的孤立を解きほぐす実践は、誰にとっても安心して暮らせる明日を築くための営みでもあるといえます。

### 「啓発」の行動例

- 専門職同士で、ひきこもりに関して学習会や研修の機会をもつ
- 学んだ内容を咀嚼して、相談支援の場で利用者世帯に話題提供する
- 一般向けに、ひきこもりに関する講演会やシンポジウムを企画・開催する
- 利用者世帯に「どうぞお気軽にご参加ください。周りで気になる人がおられたら、お声かけをお願いします」などと呼びかける

### 「居場所づくり」の行動例

- ひきこもり当事者などが交流・仲間づくりを行えるコミュニティカフェを開設したり、開設されるように行政等にはたらきかける
- ひきこもり当事者が気軽に時間を過ごすことのできるフリースペースを開設したり、開設されるように行政等にはたらきかける
- 「居場所」に関する情報を利用者世帯に周知する

「ごみ屋敷」への対応

# 近所から苦情の出た「ごみ屋敷」がある。対応で気をつけるべきことは何か？

**A** 第三者にとってはゴミでも、本人にとっては大事な意味のあるものかもしれません。まずは主張を受容し、“ゴミ”がもつ意味合いの理解に努めながら、「困りごと」を聴き出し、支援（片づけを一部含む）を受け入れてもらうところから始めます。

## ①勝手に処分すると罪に問われることも

前提として、支援者が本人の意思に反して、ゴミを片づけることはできません。客観的に見てゴミであっても、本人が「ゴミではない」と主張すれば、それは「財産」とみなされます。本人宅に正当な理由がなく無断で立ち入れば「住居侵入罪」に、勝手に私物を処分すれば「器物損壊罪」に問われることにもなります。

どこからが許容範囲の「清潔な暮らし」なのか、厳密な基準があるわけではありません。住まいはその人にとって“ありのまま”でいられるパーソナルな空間です。第三者にとってはゴミでも、本人にとっては大事な意味のあるものなのかもしれません。

ただ、実際に悪臭や害虫などで近隣に実害が生じていたり、本人にとっても病気や転倒事故のリスクがあるなら、折り合うためのはたらきかけが必要です。

### ●よくあるNGな対応

## ②ごみ屋敷のタイプを見極めてその背景を探る

“ごみ屋敷”を形成する人には、以下の２つのタイプがあるとされます。ただ、そのどちらかの要素だけをもつということでもなく、たとえば、Ａのタイプの人が時間の経過のなかで片づけられなくなってＢの要素を持ち得るような、中間に位置するケースも少なくありません。

【A】本人の意志で集め、「ゴミ」をため込んでいるタイプ

【B】清潔保持の力や衛生概念が弱まり、結果として「ゴミ」がたまってしまったタイプ

・認知症や精神疾患等の影響による、判断・認知能力の低下
・配偶者の死亡、孤立、体力の低下、経済的困窮などによる「生きる意欲」の低下

苦情が出ていると、「ゴミをいかに排除し、清潔な環境を確保するか」ばかりを考えてしまいがちですが、場あたり的な対応では“リバウンド”の可能性も含めて、根本的な解決にはなりません。関係悪化によりさらに深刻な住民トラブルへと発展するおそれもあります。

本人の「捨ててはだめ」「要るものばかり」という主張をまず受容し、“ゴミ”のもつ意味合いの理解に努めながら、心身のアセスメントを行い、具体的な「困りごと」を聴き出します。この段階で、「ゴミ」「捨てる」「片づける」という言葉を不用意に用いないようにしましょう。この困りごとをとっかかりに、片づけを一部含むような援助を受け入れてもらい、その効果を体感してもらうところから始めます。

こうした積み重ねを経て、信頼関係を築きながら、本人の了解のもと、関係機関や地域住民とも連携しながら整理・片づけを進めていきます。

### ●生活再構築のための支援プロセス

①
・物ではなく、人への信頼感をもってもらう。
・本人の関心事、健康、生活から入る。

②
・「何も困ってない」という裏にある潜在的なニーズ（困りごと）を引き出す。

③
・潜在的なニーズ（困りごと）に気づいてもらう。

④
・困りごとを解決するため、少しの援助を受け入れてもらう。
できるだけ主体的にかかわってもらう。

⑤
・援助による小さな変化を「快」「心地よい」と感じてもらう。

**信頼を得ることで支援が広がる**

出典：岸恵美子他：セルフ・ネグレクト高齢者への効果的な介入・支援とその評価に関する実践的研究、平成 24～27 年度科学研究費助成金　基礎研究（B）をもとに作成

住宅確保要配慮者への居住支援

# アパートの建て替えで独居高齢の利用者が立ち退きを求められた。転居先は確保できる？

**A** 市町村に相談して、「居住支援」を受けてみましょう。切羽詰まった事態であれば、生活困窮者自立支援制度の一時生活支援を活用する手もあります。

## ①高齢になって生じる転居ニーズ、しかし供給は乏しく……

本事例のような場合以外にも、高齢層には「夫に先立たれて年金が減った。今より家賃の安いアパートに移りたい」「足腰が弱って、エレベーターのない３階建ては厳しい」というような“転居ニーズ”があります。しかし、身寄りがない低所得の高齢身の物件探しは、従来から難しいとされてきました（下図の「供給が乏しいゾーン」）。

●住まいの資源（持ち家・介護保険施設・障害者施設等を除く）

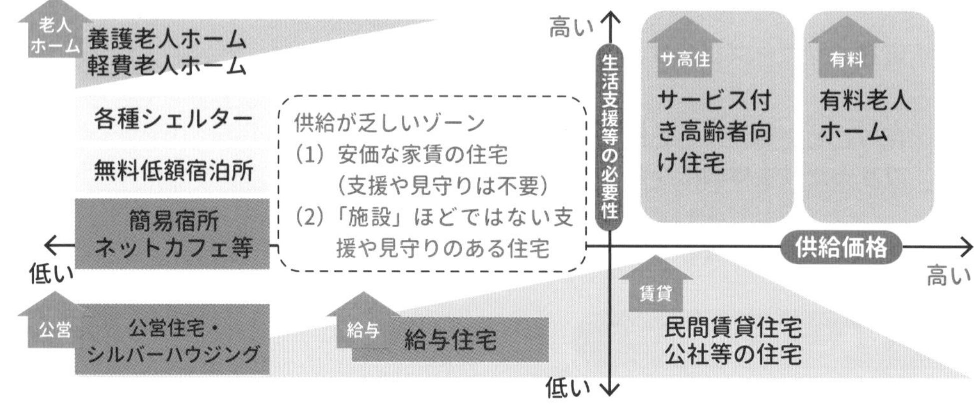

## ②「借りやすい環境」を整える施策は拡充

現在は、少しずつ状況が改善されてきています。たとえば、家主の懸念する家賃滞納や孤独死といったリスクが軽減・除去されるように、家賃債務保証や見守りなどの取り組み（＝いわゆる「居住支援」）が、社会福祉各制度のなかでメニュー化されてきました（p.288参照）。また、「入居を拒まない物件」の登録制度が創設され、改修工事等への補助金を通じて登録促進が図られています。登録された物件は、誰でも検索・閲覧できるようになっています（下図）。

今後さらに、居住支援を行う主体（居住支援法人）が賃貸住宅を借り上げるなどして住居を確保し、入居者への見守りや困りごと相談、死亡後の残置物処理をセットで提供する取り組みが、都道府県等の認定のもとで事業化される見込みです（居住サポート住宅）。

### ●セーフティネット住宅情報提供システム

**セーフティネット住宅情報提供システム**

下記ホームページから「入居を拒まない物件」を検索・閲覧できます。

https://www.safetynet-jutaku.jp

## ③まずは市町村や地域包括支援センターに相談

さて、「立ち退きを求められた人が身近にいた場合にどうしたらよいか」ですが、高齢者や障害者など「住宅確保要配慮者」に該当すれば、住宅あっせん、身元保証、家賃債務保証などの支援を受けることができます（288ページ参照）。

それらの実務を担う機関や担当部局は地域によって異なりますので、まずは市町村や地域包括支援センター、相談支援事業所に相談してみましょう。居住支援を行っている法人を既にご存じの場合は、そちらに直接相談してもよいでしょう。

### 緊急時には「一時生活支援」という手も

切羽詰まった状況の場合は、生活困窮者自立支援制度の「一時生活支援」を利用して、その間に居住支援を受けて転居先を探すという方法もあります。所得・資産要件があり、また実施している自治体は約300程度にとどまりますが（2020年度）、緊急性が高いと認められれば利用可能なので、選択肢の一つとして覚えておくとよいでしょう。窓口は、市町村の生活困窮者自立支援相談窓口です。

COLUMN

# 「孤独・孤立」の予防とソーシャルワーク

孤独・孤立は、人生のあらゆる場面で誰にでも生じ得ます。今日では、「血縁・地縁・社縁」のつながりが弱体化し、一方で、スーパー／コンビニ／インターネットを介して生活が成り立ってしまうため、自らつながりを求めて行動しなければ、簡単に孤独・孤立に陥ってしまいます。

しかし、孤独・孤立は時として、希望と生きる気力を枯渇させ、心身に有害な影響をもたらすものでもあり、深刻化すれば、もはや自己責任で解決できる次元ではなくなります。孤独・孤立問題が「社会全体で対応しなければならない課題」とされるのは、そのためです（「孤独・孤立対策推進法」が2023年6月に制定され、今春から施行されました）。

### 2つの環境づくり

対処にあたって喫緊の課題とされているのが、①孤独・孤立に直面する当事者や家族等が支援を求める声をあげやすい環境づくりと、②当事者への気づきや対処を周囲が行えるようになるための環境づくり――です。相談援助職には、これらの点を織り込んだソーシャルワーク実践を展開していくことが求められます。

## ●制度・窓口を「自分で探せる」ツール

「困っていること、悩んでいること」を選択すると、それに適合した相談窓口や制度を案内するツール（チャットボット）が、国によって公開されています。こうしたツールを利用者等に案内していくことも、相談援助職にできる孤独・孤立対策の一つです。

制度・窓口検索サイトTOP

https://www.notalone-cas.go.jp/support/

チャットボット：困りごと選択画面

あなたが困っていること、悩んでいることはどのようなことですか。

食事、住まい、家事
生活や医療に係る費用
仕事・職場
妊娠・出産
子育て
一緒に暮らしている人との関係
介護（家事や買い物、寝起き、トイレ、入浴などのお世話）
犯罪被害・消費者被害・誹謗中傷・いやがらせ
病気・依存症／社会とのつながりの回復
交通事故・災害
新型コロナウイルス関係
すでに支援制度や相談窓口を利用しているが上手くいかない、行政に対する要望・意見がある
自分の気持ちや悩みを話せる場所がない

# INDEX

## あ行



## か行

## さ行

## た行



## な行

## は行



## ま行



## や行



## ら行



## 数字・欧文

## 編集・著者・取材協力者紹介


**編集**　中央法規「ケアマネジャー」編集部

**著者**　福島敏之

総合社会保障研究所代表、社会福祉士。
東京社会福祉士会広報推進本部編集長。
蕨戸田市医師会看護専門学校非常勤講師(医療経済学)。
東京大学医療政策人材養成講座(HSP)修了。
社会保険専門誌および医薬専門誌の編集記者を経て現職。
社会保障全般、相談援助、介護報酬・診療報酬、労働などの各分野について横断的に精通し、わかりやすい解説に定評あり。

**取材協力者**　木村直子

よつばケアセンター 介護支援専門員。
ヘルス・ケア・サポート ハクビ 非常勤講師(初任者研修)。
ベネッセスタイルケア　非常勤講師(初任者研修)。
社会福祉士、精神保健福祉士、介護福祉士、認知症ケア専門士。

森田智仁

生活困窮者自立支援窓口・主任相談支援員(東京都内)。
社会福祉士。

ケアマネ・相談援助職必携
**現場で役立つ!　社会保障制度活用ガイド 2024年版**

2024年 5 月 1 日　発行

編　集　————中央法規「ケアマネジャー」編集部
著　者　————福島敏之

発行者　————荘村明彦
発行所　————中央法規出版株式会社
〒110-0016　東京都台東区台東3-29-1　中央法規ビル
TEL 03-6387-3196
https://www.chuohoki.co.jp/

本文DTP ————Isshiki
装幀・本文デザイン —Isshiki（デジカル）
本文イラスト ———吉田一裕

印刷・製本　———株式会社ルナテック

定価はカバーに表示してあります。
ISBN978-4-8243-0055-3



A055